问津录

WEN JIN LU

寻找优质语文教学资源

XUNZHAO YOUZHI YUWEN JIAOXUE ZIYUAN

冯渊 著

语文出版社

·北京·

图书在版编目（CIP）数据

问津录：寻找优质语文教学资源 / 冯渊著. -- 北京：语文出版社，2017.6 (2019.5重印)
ISBN 978-7-5187-0516-0

Ⅰ．①问… Ⅱ．①冯… Ⅲ．①中学语文课－教学研究
Ⅳ．①G633.302

中国版本图书馆CIP数据核字 (2017) 第022449号

责任编辑	张 兰	
装帧设计	王菊红 梁 明	
出 版	语文出版社	
地 址	北京市东城区朝阳门内南小街51号 100010	
电子信箱	ywcbsywp@163.com	
排 版	北京科教创新书刊社有限公司	
印刷装订	三河市嵩川印刷有限公司	
发 行	语文出版社 新华书店经销	
规 格	787mm×1092mm	
开 本	1／16	
印 张	21	
字 数	290千字	
版 次	2017年6月第1版	
印 次	2019年5月第2次印刷	
印 数	2,001-5,000	
定 价	50.00元	

☎ 010-65253954(咨询) 010-65251033(购书) 010-65250075(印装质量)

目 录
MULU

序　教研编辑，左右逢源

○ | 前言
○ | 总论

教研论文写作中的文献意识

文本解读中的文献意识

○ 分论

备课

写作评价

阅读评价

○ 后记

序

教研编辑，左右逢源

■顾之川

　　冯渊是上海静安区教育学院高中语文教研员，也兼任过《语文学习》和《语文建设》编辑。在我的印象中，语文教研员兼任语文刊物编辑的，似乎还不多见，要做好当然就更非易事，而冯渊却能"兼善"，左右逢源，以教研促编辑，以编辑助教研，而且做得风生水起，因而就显得更加难能可贵。记得在任翔教授主持的"中小学语文教育改革研究"课题会上，我们曾多次见面，我在《语文学习》上发表的《我的语文梦》就是应他的约稿写的。我也经常读到他有关语文教研、文本解读和语文高考等方面的文章，感觉他勤于学习，善于思考，学术视野开阔，分析语文问题往往能切中肯綮。最近读到他的《从考试说明与课堂教学角度看 2016 年全国卷》，进一步加深了我的这一印象。

　　由于工作关系，我结识了不少语文教研员朋友，其中不乏语文教育教学方面的专家。多年的工作和交游实践，使我对语文教研员这一特殊群体有了比较深入的认识，也很能理解他们的甘苦。说实在话，要当好一个教研员也确实不容易。在我看来，语文教研员的工作主要有三方面：一是指导所在地区的语文教学，二是组织开展语文教研活动，三是围绕语文教学开展研究。当然，其他学科的教研员也应如此。这三方面虽有联系，都是围绕着语文教学做文章，但着眼点、侧重点却又有所不同。比如，要指导语文教学，就要求教研员自己必须首先熟悉教学，对阅读、写作、口语交际、指导课外活动甚至复习备考等各种课型都要"门儿清""底儿透"。因为教研员有一项重要的日常工作，就是要经常到学校听课，听完一般还要评课，评就要评到点子上，哪些是亮点，哪些还需要改进，要评得让老师们口服心服，不能一味说好，和稀泥，更不能说外行话。开展教研活动，则要求教研员具有一定的组织协调能力，不仅要善于发现本地区的优秀教师，还要"眼观六路、耳听八方"，把外地优秀语文名师创造的好经验、好做法加以借鉴吸收，用于指导本地的语文教学，让本地老师受益。开展教学研究不仅要求教研员自己有研究能力，有扎实的学术基础，能著书立说，好的教研员往往还能带领老师们一起做研究，围绕教材、教学和考试开展课题研究，在研究中彼此容易互相启发，碰撞出智慧的火花，进而把老师们习焉不察的教学经验加以总结归纳，提升为教育教学理论，这就能把研究与教学结合起来，以教助研，以研促教，从而促进本地教师的专业化发展，多出教研成果，多出语文名师。但在现实中也颇多无奈，因为种种原因，不少教研员常常无法专心搞教研，而是陷入事务性工作，有的甚至还要兼任所在单位领导的文字秘书，以读写见长的语文教研员更是如此。

　　语文刊物编辑，工作重点却在"编"。当然，如果要作专题策划或深入访谈，那是所谓策划编辑，对编辑的要求就更高了。单就文字编辑来说，要对作者来稿进行编辑加工，有时遇到基础尚可但还需要进一步修改提炼的稿件，甚至要反复多次，发表时却只能署作者的名字，顶多在文末加个"责任编辑ｘｘｘ"，所以编辑工作又常被人称作"为他人作嫁衣裳"。我曾经在青海师范大学做过三年学报编辑，对此深有体会。我的专业本来是汉语史，但编辑部不可能每个学科都配备一名专业编辑，免不了要"跨界"，当时我不仅负责汉语言文字方面的稿件，文学、哲学、美学甚至文化学等方面的稿件也都归我负责。对编辑工作来说，要判定一篇文稿是不是符合要求，光看文字表述还不够，关键还要看内容上有没有新意。这就要求刊物编辑必须具有"衡文"的眼光，也就是刘勰在《文心雕龙》中所说的"知音"，能够在众多来稿中慧眼识珠，挑选出好的或有修改价值的稿件，然后进行编辑加工。这"衡文的眼光"不是一蹴而就的，源于编辑的自身素养与修为。人说好教师应该是一个"杂家"，其实好编辑也应如此。面对一篇文稿，你不一定要对文中论述的问题有多么深入的研究，但起码要知道子丑寅卯，明白来龙去脉，如果完全没有相关背景知识，恐怕难以取舍或判断。所以刘勰曾感叹："知音其难哉！音实难知，知实难逢；逢其知音，千载其一乎！"不过话又说回来，对编辑个人来说，这也是逼着自己不得不开阔视野、提高素养的重要途径，所以在编辑出版领域，又涌现出许多学者型编辑甚至优秀编辑出版家。记得当年我编一篇书评，评的是北京师范大学某著名哲学教授主编的《人的哲学》，我硬是把这部几十万字的大部头通读了一遍。这样不仅在编发稿件时更有底气了，也确实开阔了自己的眼界。

　　冯渊就是这样一位语文教研员，也是这样一位语文刊物编辑，而且两者做得都很出色，谓其不然，这部《问津录：寻找优质语文教学资源》就是明证。该书分总论和分论两部分，针对语文教师常感困惑的教研论文写作和文本解读，比较全面地论述了寻找优质语文教学资源的意义、途径、步骤与方法。"总论"以《愚公移山》《金岳霖先生》为例，论述一线语文教师在教研论文写作和文本解读中常常忽略的文献意识问题。既讲其"然"，又讲其"所以然"；既讲为什么，又讲怎么做。具体告诉老师们应该怎样阅读语文教研期刊，怎样搜集文献资料，现身说法，而且要言不烦，好懂管用。"分论"从备课、文本解读、阅读与写作评价等角度，用"论文案例＋推荐优质资源"的形式，提供研究相关问题的文献资源。比如，为了深入解读文本，确定教学内容，应该阅读哪些资源？在总结和反思课堂教学成果时，应该将自己的研究放在怎样的学术背景下讨论？针对教研论文写作中容易出现的问题，作者有的放矢，对症下药，将自己思考问题的路径、援引的文献资源一一呈现，尤重对语文教学与研究方法的揭示。对作者来说，很好地沟通了教研与编辑；对广大教师读者来说，则很好地沟通了教学与教研、读者与编者。所以我相信，本书不仅对一线语文教师尤其青年教师教研论文写作和文本解读具有重要的启发作用，书中对高考语文阅读和写作的思考，也很值得从事中高考语文研究的相关人员参考。

2016 年国庆节
于京东大运河畔之两不厌居

前言

在备课和课堂教学过程中，认真思考的教师常常感到困惑：为了深入解读文本和确定教学内容，应该阅读哪些资源？在总结和反思课堂教学成果时，应该将自己的研究放在怎样的学术背景下继续讨论？

寻找优质教学资源，是指备课、上课或者反思教学行为、撰写教研论文时，搜寻、筛选与自己当前关注的对象相关度最高的优质材料，这些材料主要包括前贤著述和同行成果。

无论备课、上课，还是撰写语文教研论文，我们习惯于从教学经验出发，这本是好事，但仅仅依赖个体的实践和经验，不重视他人已取得的成果，研究的深度和高度姑且不论，低层次的大量重复，可能造成资源和精力的极大浪费。

学术研究须在他人已取得成果的基础上展开，但在强调实践的中学语文教师身上，大家都有意无意忽视了这个基本要求。

基于这一认识，本书第一部分"总论"，提出语文教师的教学和研究必须有文献意识。为避免不着边际的高论，全文以案例形式呈现；为阅读方便，增加了一些链接资料，庶几可免读者翻检之累。

第二部分"分论"，从备课、文本解读、阅读评价、写作评价等角度，以"论文案例+推荐优质资源"的形式，提供研究这一问题或者类似问题的文献资源。

笔者尽可能将自己的思考过程、思考必须援引的外部优质资源一一呈现；读者可以举一反三，学会甄选文献，借助优质资源解决教学中遇到的各种问题，并在前人的基础上将研究继续深入下去。

总论

教研论文写作中的文献意识

一、从钱穆读《墨子》说起

钱穆先生早年读《墨子》，打开书一看就发现有错字，一路读下去，越读疑问处越多，于是他逐条列出，加以改正，想写一部纠正《墨子》错误的书稿。

毕竟是钱先生，知道读书作文的规矩，他马上想到《墨子》乃是传世名著，几千年来，这些错误前人不可能没有发现。于是他翻阅《辞源》，发现孙诒让著有《墨子间诂》一书，马上找来读，一读之下，发现凡是他怀疑的地方，孙诒让的《间诂》都已经一一指出，并有详细确凿证据。孙诒让读书精博，钱先生叹为观止。那一刻，钱穆方知自己孤陋寡闻，好像初生婴儿对八十老翁，觉得自己在学问上与前贤相去太远。从此钱先生用心于考据训诂之学，力求精进，终成一代大家。

 链接

孙诒让《墨子间诂》 钱穆

右图是钱穆所见的 1915 年版的《辞源》对墨子的注释，其中提到孙诒让的《墨子间诂》，《辞源》称该书"颇精博"。

孙诒让（1848—1908），字仲容，浙江瑞安人。有"晚清经学后殿""朴学大师"之誉。在经学、诸子学、文字学、考据学、校勘学以及地方文献整理等方面均有卓越成就。

《墨子间诂》，十四卷，孙诒让著。《墨子》长期以来"传诵既少，注释亦稀"，"阙文错简，无可校正，古言古字更不可晓"，清中叶才始有大量学者研究。孙诒让《墨子间诂》吸收了王念孙、王引之、俞樾等人的研究成果。

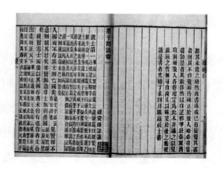

钱穆(1895—1990),江苏无锡人,字宾四。著名历史学家,与吕思勉、陈垣、陈寅恪并称为"史学四大家"。代表作有《先秦诸子系年》《中国近三百年学术史》《国史大纲》《中国文化史导论》《文化学大义》《中国历代政治得失》等。

北京三联书店1998版钱穆作品系列(30余册) 台北联经出版社1976版钱穆作品(50余册)

二、中小学语文教师写作教研论文为什么要有文献意识

钱穆先生的故事告诉我们一个简单的道理,在教学中有所发现是好事,如果只是将这个发现告诉身边的学生,对于师生双方都不失为善举。如果写下来发表,要耗费大量精力,而且要传播到更广远的地域让更多的人知晓,就要考虑一个最基本的问题:我的这个发现,别人是不是已经发现?如果别人已经撰文讨论过,且比我更周详,我再去搜罗整理,不是重复劳动吗?

作为语文教研刊物的编辑,笔者在阅读大量来稿的过程中,有一个很突出的感觉，教师对文本的解读呈现这样的现象：陈言太多，误解不少，正解罕见，新见太奇。

在听课观察中，笔者发现教师在选择和确定教学内容时十分犹豫，导致实际的教学内容芜杂模糊——想说的太多，未能提炼，缺乏针对性。一节课拉拉杂杂，蜻蜓点水，样样触及，但都浮皮潦草。究其原因，还是教师对文本的解读缺乏切己的体会，或者为追求新奇效果，解读过于随意，使得本应有边际的语文课堂，凭借"语文的外延是生活的外延"的美丽外衣，泛化为教学内容的轻率选择和随意处置。

因此，教师在课堂教学中解读文本，或者撰写教研论文，对文本探幽发微，都要有文献意识，明白在自己解读之前，这个文本前人和他人是怎么阐释的，这样可以取长补短，少走弯路，至少不走重复路；还要尽可能在前人和同行取得的成果的基础上，将阅读教学和研究继续往前扎实地推进。

本章以《愚公移山》为例，讨论承载中华优秀传统文化的古代经典的解读，强调在课堂教学和论文写作过程中，要注意培养纵向的文献考辨意识，知道文本的起源、背景和意义流变过程。下一章讨论现代文经典，强调在教学和论文写作过程中，要注意培养横向的文献意识，即关注同一时代不同研究者对某一文本的不同阐释与发现。

1. 考镜源流的重要性：知音难得

有些我们认为平淡无奇的作品，可能是绚烂至极后的平淡使我们忽视了它的经典地位；有些我们认为是不可移易的作品，其实未必是经典，我们接受的诠释只是某个时代烙下的印记。因此，需要梳理这些文本的源头，知道它们的前世今生，才好做这个文本的"知音"。连刘勰也要感叹"知音其难哉！音实难知，知实难逢；逢其知音，千载其一乎"！

还是刘勰说得好："凡操千曲而后晓声，观千剑而后识器"；"夫缀文者情动而辞发，观文者披文以入情；沿波讨源，虽幽必显。世远莫见其面，觇文辄见其心"；"洪钟万钧，夔、旷所定。良书盈箧，妙鉴乃订"。可见，要和作者做隔代知音，远非易事。语文教师面对这些熟悉的文本和陌生的作者，能不慎乎？

教师在解读文本时自作多情、谬托知已的现象不少，隔靴搔痒、仅在文本之外游移的就更多了。本章我们讨论考镜源流，就是希望语文教师解读文本时，借助章学诚的分辨和考证章句旧闻使经典内涵明晰的原意，提倡语文教师在论文写作，包括课堂教学设计教案时，明确自己所讨论问题的纵深发展过程，清楚自己当下讨论的某个问题，在语文教学研究系统里所处的位置，目前对此问题讨论的进程，在哪些方面有进展，在哪些方面还有开掘的空间。只有这样，才能辨别问题的源流，才有可能使我们的讨论逐渐清晰、透彻；才不会浪费自己的精力和课堂上宝贵的时间，浪费口舌和版面，让讨论仅仅停留在众多教师不同的"感觉"层面上，留驻在各自的小天地里，成为无益的喧嚣。

考镜源流

　　校雠之义，盖自刘向父子部次条别，将以辨章学术，考镜源流。非深明于道术精微、群言得失之故者，不足语此。后世部次甲乙，纪录经史，代有其人，而求能推阐大义，条别学术异同，使人由委溯源，以想见于坟籍之初者，千百之中不十一焉。（［清］章学诚《校雠通义》序）

　　文本解读的深切、独到、准确，是语文教学的追求，也是语文教师的功力所在。文本解读人言人殊也许是常态，但研读文本不能仅从个人感悟出发，还要特别关注文本传播流变过程中的源流问题。有全局视野，且"瞻前顾后"，方能更接近正解。

2. 讨论的源起

语文教学要走正道[1]

　　现在有一种很时兴的说法，叫"深度解读"。对文本挖掘得深一些，当然是十分必要的。但"深度"者，"深"而有"度"之谓也。如果脱离了文本实际和学生实际，一味求深，语不惊人死不休，甚至变成了刻意求"异"求"怪"，那就把语文教育引上邪路了。

　　有些"新生代"语文老师思想敏锐，见解独到，读书较多，令人钦佩，但有时候他们的长处恰恰成了他们解读文本、实施教学的负担。某名师教学朱自清的《背影》，当起了街头的拆字先生，将"背影"解为"生之背，死之影"，并滑稽地用朱自清发短信来证明自己解读的高明。有人教学《窦娥冤》，拈出窦娥三桩誓愿的"亢旱三年"，经过层层演绎，得出一个十分怪异的结论——

---

[1]　钱梦龙，李华平. 语文教学要走正道 [J]. 语文教学通讯，2015（1）.

窦娥是一个因为个人冤屈而危害社会的危险分子。

有位"新生代名师"执教《愚公移山》，学生在他"诱导"下，思维像无拘无束的小马驹，到处狂奔乱窜，居然得出令人目瞪口呆的结论：

原来这个要子子孙孙挖山不止的老愚公竟是一个狡猾、毒辣、自私、疯狂、愚蠢、一根筋的"害群之马"！

这位老师尚嫌不够，还请出了两位外国人对中国古代寓言中的这个"疯老头"评头品足，虽然只是播放采访录音，但教师这一奇思妙想的"神来之笔"确实构成了我们语文课堂里一道怪异的风景。

我们实在说不清这是一堂什么课，总之不像是语文课，因为老师和学生恰恰都忘记了一项最基础的语文知识：这是一篇"寓言"，不是历史，也不是纪实文。这样解读课文，只能把语文课引上"四不像"的邪路。

钱梦龙三十多年前因为《愚公移山》一课成名天下知，"新生代名师"对愚公形象的颠覆自然要引起钱先生的质疑和驳难。

钱梦龙等提出当下有些文本解读使得语文课走上了邪路，争论的焦点是《愚公移山》到底该怎么解读。我们阅读钱梦龙的文章后肯定会有自己的想法，如果将这些想法付诸文字，或者将这些想法渗透到我们的课堂教学中，首先要思考的是：他们发生争端的根源在哪里？

钱梦龙认为"新生代名师"上《愚公移山》问题的症结在：不了解寓言的功能，不了解解读寓言应持的眼光。诸子在著作中援引寓言的唯一目的是传达某种思想；大量引用寓言故事，是形象化说理的需要。我们还要知道：寓言故事在不同的篇章里，承载着不同的说理功能。更要明白：不同时代可能会有不同的解读，要遵从文化传播的规律。

寓言、故事多为虚构，能起到说理作用即可；不必以文学眼光推求其细节，不必讨论真实性（可靠程度）。

明白这些，我们自然会认同钱梦龙的观点。但是，"新生代名师"错在哪里？仅仅是不明白寓言的功能吗？寓言真的不能进行颠覆性解读吗？这就需要我们进行文献梳理，才可能得出令人信服的答案。

顺便说说，反对别人观点，撰写文章陈述自己看法时，要以理服人，建议遵循以下几条基本原则：

1. 尊重对方的探索愿望，理解、宽容对方得出的结论（不赞同对方观点，但要明白对方思考的路径）；

2. 针对核心问题，在同一层面，周到严密地陈述自己的看法，同时能为自己所持的观点提供清晰的证据链；

3. 吸纳前人和同人观点中合理的部分，理性、客观、公正地分析和探究问题，得出目前条件下能得出的结论；

4. 不放言无忌，不言不及义，不讨论与本话题无关的问题，不借助名家对自己的美誉来证实自己所持之观点。

钱梦龙与"新生代名师"对于《愚公移山》的解读和课堂处理有严重的分歧，下文就以《愚公移山》为例，详细梳理相关文献，就这一问题，做深入讨论，作为文本解读要有文献意识的典型案例。

三、文本解读的文献意识：以《愚公移山》为例

今天，大家对愚公移山的故事耳熟能详，且对其主旨烂熟于心。但是，愚公移山的故事真的只能这样解读吗？借用鲁迅的话："从来如此，便对吗？"何况，未必是从来如此。因此，我们这里强调考镜源流，梳理分析一个话题的原始文献，才有可能理清争议的要害，做出清醒的判断。

"愚公移山"出自《列子·汤问》。

1.《列子》是一部怎样的书？

庄子在《逍遥游》里说列子可以"御风而行"，列子的学说近于庄周，但在当时的影响未必很大：《庄子》在讨论各家各派学问的《天下》篇里，评论过墨翟、宋钘、尹文、田骈、慎到、惠施等人，赞美了关尹、老聃，也叙述了自己，却不见涉及列子；《荀子》讨论六家学说，评析十二个代表人物的《非十二子》篇也不提列子；司马迁《史记》中没有一个字提及列子，因此有人怀疑列子是庄子虚构出来的。

不过，《战国策》《尸子》《吕氏春秋》都提及列子，列子应该实有其人。

《列子》真伪

《汉书·艺文志》记载《列子》一书有八篇，是经过刘向、刘歆父子整理的，但是这本书早已散佚。今天我们看到的《列子》是东晋时期张湛发现的。他在注释《列子》时说，该书是他祖父从外舅王弼等人家里发现的，经过拼合、整理、校勘才有如今的面貌。今天的《列子》是伪书，这本伪作真正的作者是谁，我们已经难以确知了。马叙伦推测，列子应该是魏晋时期的人搜集《管子》《晏子》《论语》《山海经》《墨子》《庄子》《韩非子》《吕氏春秋》《淮南子》《说苑》《新序》《新论》等书的言论，汇聚而成的。刘向认为：列子"本于黄帝老子，号曰道家。道家者，秉要执本，清虚无为，及其治身接物，务崇不竞，合于六经"。

与庄子研究相比，列子的研究相对较少，历代对《列子》的注疏解释，情况如下：

晋　张湛　注

唐　卢重玄　解

唐　殷敬顺　释文

宋　陈景元　释文补正

宋　徽宗　义解

宋　范致虚　解

宋　江遹　经解

宋　林希逸　口义

民国　萧登福　语译

现代　杨伯峻　列子集释

2.《汤问》的主旨

《汤问》是《列子》八篇里的一篇，记载了商汤和大臣的对话，一共讲了15个奇诡的故事，这些寓言故事的主题是：人不可固执于一孔之见，不要被外在的概念左右；而要打破智力局限，开阔视野。如："小儿辩日""火浣之布"等故事说明天下之大，虽圣人也有不知之事，断不可固执己见、徒凭经验。"薛谭学讴""钟期知音""甘蝇善射"等故事则告诉人们，强中自有强中手，不可自以为是。

寓言（故事）在诸子著作中承担着不同的说理功能。《庄子》《列子》《韩非子》《吕氏春秋》《淮南子》诸子中的寓言，有些可能有民间故事的雏形，有些可能就是作者随性创作妙手偶得的故事，因为目的是使"道"传播得更广泛，而广泛传播的前提就是通俗、形象、易懂。

形象的故事方便人们理解，也容易造成人的歧解和误解。因为不同的人，对同一个形象可能从不同的角度观察，获得差异甚大的理解。对于寓言的这一特点，詹明信说得十分透彻："寓言具有极度的断续性，充满了分裂和异质，带有梦幻一样的多种解释，而不是对符号的单一的表述。……我们对寓言的传统概念认为寓言铺张渲染人物和人格化，拿一对一的相应物作比较。但是这种相应物本身就处于文本的每一个永恒的存在中而不停地演变和蜕变，使得那种对能指过程的一维看法变得复杂起来。"[1]

这是寓言在传播过程中产生多解的主要原因，教师从不同角度解读也就获得了天然的理由。

不同的思考者援引同一则寓言，传达的却是各自不同的思想。同理，从诸子原书中剥离出来的单独呈现的一则寓言，不同的读者，完全有可能得出不同的理解。

下面，我们分析《汤问》中寓言主旨的流变。

3.《汤问》中主旨古今基本一致的寓言

火浣之布

周穆王大征西戎，西戎献昆吾之剑、火浣之布。剑长尺有咫（一尺八寸），练钢赤刃（纯钢利刃），用之切玉如切泥焉。火浣之布，浣之必投于火；布则火色，垢则布色；出火而振之，皓然疑乎雪。皇子以为无此物，传之者妄。萧叔曰："皇子果于自信，果于诬理哉！"[2]

这个故事编造了一种削玉如泥的剑和火烧不坏的布，那个时代，这种剑和布是常人不可能想象的，所以皇子认为不存在这类东西完全符合常理。列子说这个故事的意思是，你没见过怎么就能判断没有呢，你也太自信了吧。

---

［1］ ［美］詹明信.晚期资本主义的文化逻辑［M］.陈清侨等译.北京：三联书店，1997：528.

［2］ 杨伯峻.列子集释［M］.北京：中华书局，1979：189～190.

人啊，不要固执已见。——想想也是，今天我们早见过削铁如泥的机器和火烧不坏的布（石棉）了。

甘蝇善射

甘蝇，古之善射者，彀弓而兽伏鸟下。弟子名飞卫，学射于甘蝇，而巧过其师。纪昌者，又学射于飞卫。飞卫曰："尔先学不瞬，而后可言射矣。"纪昌归，偃卧其妻之机下，以目承牵挺（织布机的踏板）。二年之后，虽锥末倒眥（眥：上下眼睑的接合处），而不瞬也。以告飞卫，飞卫曰："未也，必学视而后可。视小如大，视微如著，而后告我。"昌以氂（氂：牦牛尾）悬虱于牖。南面而望之。旬日之间，浸大也；三年之后，如车轮焉。以睹余物，皆丘山也。乃以燕角之弧、朔蓬之簳（簳：箭杆）射之，贯虱之心，而悬不绝。以告飞卫，飞卫高蹈拊膺曰："汝得之矣！"纪昌既尽卫之术，计天下之敌己者一人而已，乃谋杀飞卫。相遇于野，二人交射，中路矢锋相触，而坠于地，而尘不扬。飞卫之矢先穷，纪昌遗一矢，既发，飞卫以棘刺之端扞之，而无差焉。于是二子泣而投弓，相拜于涂，请为父子，剋臂以誓，不得告术于人。[1]

这是个神乎其技的故事。列子说这个故事是强调强中还有强中手，看待事物，不要仅凭自己的经验，视野越开阔，才越有可能接近事物的真相。

薛谭学讴

薛谭学讴于秦青，未穷青之技，自谓尽之，遂辞归。秦弗止。饯于郊衢，抚节悲歌，声振林木，响遏行云。薛谭乃谢求反，终身不敢言归。

秦青顾谓其友曰："昔韩娥东之齐，匮粮，过雍门，鬻歌假食。既去

---

[1] 杨伯峻. 列子集释［M］.北京：中华书局，1979：182 ~ 184.

而余音绕梁欐（lì，屋梁），三日不绝，左右以其人弗去。过逆旅，逆旅人辱之。韩因曼声（长声）哀哭，一里老幼悲愁，垂泪相对，三日不食，遽而追之。娥还，复为曼声长歌。一里老幼喜跃抃舞（抃，biàn，拍手表示欢欣），弗能自禁，忘向之悲也。乃厚赂发之。故雍门之人至今歌哭，放（仿）娥之遗声。"[1]

秦青果然是高人，学生薛谭要一辈子虚心学习了。

韩娥悲声动人，也算一绝。

以上几个故事无非说天外有天人外有人，因此，不可局限于一己之见。这就是《汤问》的主旨。

4.《汤问》中旨趣古今歧异的寓言

伯牙善鼓琴，钟子期善听。伯牙鼓琴，志在登高山，钟子期曰："善哉！峨峨兮若泰山！"志在流水。钟子期曰："善哉！洋洋兮若江河！"伯牙所念，钟子期必得之。

伯牙游于泰山之阴，卒逢暴雨，止于岩下；心悲，乃援琴而鼓之。初为霖林之操，更造崩山之音。曲每奏，钟子期辄穷其趣。

伯牙乃舍琴而叹曰："善哉！善哉！子之听夫！志想象犹吾心也。吾于何逃声哉？"[2]

对俞伯牙和钟子期的故事，我们太熟悉了。冯梦龙据此创作的小说《俞伯牙摔琴谢知音》收入《警世通言》第一卷，使得知音的形象更加丰满和深入人心。有趣的是，《汤问》记载的这则故事，重点根本不在知音相赏。钟子期的技艺高于伯牙，这一点让伯牙敬佩，也让俞伯牙无处可逃——怎

---

[1]　杨伯峻.列子集释[M].北京：中华书局，1979：177～178页.

[2]　同上注，第178页。

么我弹什么你都懂？烦不烦！伯牙困扰的是：我如何能隐匿自己的心声呢？列子说这个故事，强调的还是天外有天人外有人：伯牙你再了不起，逃不了钟子期的手掌心。

明乎此，我们回头看《汤问》中的"愚公移山"，看看这个故事在《汤问》中承载的是不是我们今天理解的意义。

杨树达杨伯峻叔侄

杨树达（1885—1956），湖南长沙人。语言文字学家。字遇夫，号积微。先后任职于湖南省立第一师范学校、北京高等师范学校、清华大学国学研究院。新中国成立后任湖南省文史研究馆馆长。毕生从事汉语语法以及文字学研究和教学。长于金石、甲骨和古文字训诂、音韵及汉语语法、修辞等。主要著作有《中国语法纲要》《词诠》《高等国文法》《积微居文录》《中国修辞学》《周易古义》《老子古义》《论语古义》《积微居小学金石论丛》《春秋大义述》《积微居金文说》《积微居小学述林》《积微居甲文说·卜辞琐记》《积微居金文余说》《论语疏证》《汉书窥管》《中国文字学概要：老清华讲义》等。上海古籍出版社出版有《杨树达文集》（杨伯峻主编）。

杨伯峻（1909—1992），原名杨德崇，湖南长沙人，著名语言学家。 1932 年毕业于北京大学中文系，后历任中学教员、中山大学讲师、北京大学中文系副教授、中华书局编辑等。主要作品有《论语译注》《孟子译注》《列子集释》《春秋左传注》《中国文法语文通解》等。

5.《列子·汤问》中的"愚公移山"原旨焉在

前文提到的钱梦龙与"新生代名师"对愚公解读的歧异，反映的是当今语文课堂教学中不同的价值观。在讨论这些问题时，争论双方各执己见，很难有最后的结论。后来者遇到类似的问题时，仍然各从己见，许多问题就会沉陷于无休止的争论中，一场场喧嚣之后，语文教学现状依旧。

本章针对这一问题，讨论如何追本溯源，了解经典文本的意义流变过程，省察文本，在文本解读和选择合适的教学内容的过程中，尽可能取得共识。下面详细梳理愚公移山故事的历代诠释过程。我们只有知道了这个故事的原初意义和各个时代的流变意义，才有可能在今天肯定、否定或者提出某一种意见时言之有理，持之有据。观点不同的人也会理解并尊重对方。

在《汤问》中，"愚公移山"和"夸父追日"两个故事是并提的，今天我们不会觉得这两个故事的意旨有何不同，但是列子笔下的这两个故事，主旨却完全不一样。

列子讲愚公移山的故事，旨在打破世人急功近利的眼光，称颂愚公的"忘怀以造事，无心而为功"；而"夸父追日"则是批评夸父"恃能以求胜"，徒有勇力，做无理违道的事。

两个故事褒贬判然，两者差别在于愚公循道顺道，而夸父违道逆道。这与今天对这两个故事的理解很有差异，我们细说端详。

（1）晋代的解释

前文说到，今天流传的《列子》一书，出自晋代张湛之手。如果《列子》之前没有史书记载愚公移山故事，那么最早的解释者就是张湛了。张注如下：

夫期功于旦夕者，闻岁暮而致叹。取美于当年者，在身后而长悲。此故俗士之近心，一世之常情也。至于大人以天地为一朝，亿代为瞬息，忘怀以造事，无心而为功。在我之与在彼，在身之与在人，弗觉其殊别，莫知其先后，故北山之愚，与嫠妻之孤，足以晒河曲之智，嗤一世之惑。悠悠之徒，可不察与？[1]

多数人目光只能看到眼前的事功，如果做一件事马上有回报，就去做；如果旦夕之间没有回报，就不去做；并且视那些愿意做当下看不到效果的事情的人为愚者。万一这个愚者后来感动了上天，原来根本看不到出路的事情一下子被解决了，又会吸引从前冷漠的旁观者。

我们也知道这种人"眼皮子浅"，但有些实用主义深入骨髓的读者，大都属于"期功于旦夕者"。张湛认为，这世间就是有一种人跟世俗之人不同，他"以天地为一朝，亿代为瞬息，忘怀以造事，无心而为功"，超越了窒碍局限，视通万里，看到了永恒；所以，他不急不慢，从容坚定，哪怕是所有的功利主义者都来嘲笑他，他还是"虽千万人吾往矣"。

我们都知道：他，就是愚公。

列子阐释的主要是道家的思想，在他笔下，移山这项体力劳动，不过是遵循"道"的行为。愚公原来是一个不汲汲于事功的得道者（只问耕耘，不问收获）。

（2）唐代的解释

到了唐代，卢重玄这样解释：

俗安所习而随于众，众所共者，则为是焉。虽嗜欲所缠，从生至死，

---

[1]　杨伯峻.列子集释［M］.北京：中华书局，1979：161.

生既流荡无已，死又不知所之。愚者营营于衣食以至终，君子营营于名色以至死，咸以为乐天知命，自古而然。若夫至学之人，必至于求道，忘生以契真。闻斯行诸，不计老少，穷生不闻神，或感而自通，故易曰寂然不动，感而遂通。然后形碍之可忘，至平之理畅矣。[1]

世俗之人，要么求衣食之饱暖与甘肥，要么求现世之虚名与利禄；这些人在道家看来，就像被太行、王屋二山阻碍了清明的心智，冥顽不化，不明白生命的意义，生既流荡无已，死又不知所之；只有得道之人，就像愚公，挖山不止，心智的阻碍终于被打通，而"一厝朔东，一厝雍南"正好象征了"形碍之可忘，至平之理畅矣"的求道得道后的"无垄断焉"的清明境界。

（3）宋代的解释

且看宋代江遹的《经解》：

人生妄计我体，增长己慢，亏隔于道，奚啻二山之塞。如俾其亦能忘智虑，而无矜其血气，诚之不已，而不以死生为间，未必不于一息之顷，能顿释诸有而通于道也。[2]

普通人不懂得道的妙处，与道有阻隔，这种阻隔比太行王屋二山还厉害。如果人能忘记智慧，不夸耀自己的血气之勇，倒有可能在某一时刻突然明白了"道"，放下了一切世俗的东西而去追寻道。

再看林希逸的《口义》：

此章其言似迂阔，然以形容不已之意，却甚有味。释氏言补陀大士，

---

[1] 杨伯峻.列子集释［M］.北京：中华书局，1979：161.

[2] 萧登福.列子古注今译［M］.台北：文津出版社，1990：449～450.

初修行时，穷苦而无所见，将下山，遇人于水边磨铁尺。问之，曰："磨此何用？"曰："将以为针。"大士笑之，曰："汝岂愚邪？铁尺可磨为针乎？"其人曰："今生磨不成，后生亦磨不成？"大士大悟，再归补陀，而后成道。似此之言甚迂，某尝以为有味，有益于学者，若人皆存此心，何事不可为，何学不可成也。东坡曰："徐徐而为之，十年之后，何事不立？但恐此意不坚，行之不力耳。"[1]

林希逸一眼看出《列子》中愚公故事的"迂阔"，不过，他指出了寓言的旨意在于存一份持久努力的心思，并从愚公移山的行为想到了佛教传说中磨铁成针的故事，这个铁尺磨针的故事曾经套在李白的头上，小学语文教材上出现过，大家耳熟能详。林希逸将磨铁成针与愚公移山故事类比，这个解读已经慢慢接近今天理解的愚公移山的主旨了。

（4）后世的演绎与传播

据詹丹的研究和梳理，愚公移山故事的后人接受和文字传播，表现为三种方式。其一是类书的收录。唐代白居易、宋代祝穆编撰的类书都有"愚公移山"的条目。其二是直接以愚公移山为题目，进行文学创作。唐代丘鸿渐创作的《愚公移山赋》，对移山造成的石崖倾崩、树林倒卧、禽兽惊走等，有较多的铺排描写。其三也是最为常见的一种，就是把愚公移山作为一种典故在诗文中加以运用和发挥。值得注意的是：这一典故与夸父逐日、精卫填海、鲁连蹈海、张生煮海等精神实质相似的故事，在后代文人笔下，常常通过对偶并举的方式，一再被提及。从南北朝文人庾信到清代诗人查慎行都有吟咏，说明这一典故

[1] 萧登福.列子古注今译［M］.台北：文津出版社，1990：450.

深入人心。[1]

现代社会对愚公形象的解读，以傅斯年为早。傅斯年提倡积极的人生态度，举出了愚公移山这则寓言：

"子子孙孙，无穷匮也，而山不加增，何苦而不平"一句话，尤其好。我们可以从这里透彻地悟到，人类的文化和福利，是一层一层堆积起来的，群众是不灭的，不灭的群众力量，可以战胜一切的自然界。末一节话虽荒唐，意思乃是说明努力的报酬。但能使群众永远努力做去，没有不"事竟成"的。我们想象人生，总应当遵从愚公的精神。我的人生观念就是"愚公移山论"。简捷说罢，人类的进化，恰合了愚公的办法。人类所以能据有现在的文化和福利，都因为从古以来的人类，不知不觉地慢慢移山上的石头土块；人类不灭，因而渐渐平下去了。[2]

傅斯年的解读，更具现代意义的社会历史发展观，一种对人类文明发展进步的深刻认同。

对夸父逐日的解读

宋代江遹《列子经解》：日影果何物哉？不量力而追之，役于妄见耳。由有妄见，是生爱渴。爱渴内存，虽竭河渭，不足以止其焦火之热，故卒渴死于道也。逮其既死，弃其杖，尸膏肉所浸，乃生邓林，弥广数千里焉。夫以一身之泽，浸润所弃之杖，而生数千里之林，乃不足以润一身之枯骨，妄见蠹身，

［1］ 詹丹.寓言、愚公形象和主体的建构［J］.上海师范大学学报（哲学社会科学版），2012（1）.

［2］ 傅斯年.傅斯年全集（第一卷）［M］.长沙：湖南教育出版社，2003：93～94.

有如此者。[1]

　　列子认为：愚公不汲汲于事功，夸父则太自不量力。强调"妄见"的可怕，人一旦存此念，就会万劫不复。

6. 初步的结论

　　列子认为夸父仅凭一己之力是不自量力，是否暗示了愚公靠集体力量（包括邻居儿童和子子孙孙）更具现实性？如果这样理解，愚公移山的勇毅精神岂不是要大打折扣？因为，夸父凭一己之力做不可能的事，比愚公动员一批人做不可能做的事，不更伟大吗？

　　如果单从现实可能性考量，愚公凭借集体力量成功的可能性好像是大一些；但是，夸父的行为也可能会感召同类者，继续追随他未竟的理想。

　　如果夸父单凭一己之力是妄举，愚公借助后世子孙的力量也未必就能实现他的理想——"新生代名师"引导学生质疑就是从"愚公未必有绵绵不绝的后代，后代也未必愿意移山"展开，他们质疑的是愚公移山也可能是妄举。

　　遗憾的是教师没有引导学生回到寓言旨意的深切理解上来，教师也被学生散漫的思维带到了另一条路上去。——没有必要区别这两人的行为，因为他们都在做一件不可能的事。

　　我们应该关注的是：如何面对降临在我们面前的不可能解决的困境。

　　看看中外寓言神话故事是怎样描述这种人类面对的共同困境的：

---

[1]　萧登福.列子古注今译［M］.台北：文津出版社，1990：452.

寓言故事	出典	共同点	道家诠释	儒家诠释
夸父逐日	《山海经》	人类如何面对自身力量无法完成的任务？	不自量力	知其不可而为之的勇毅，为承担天下而劳瘁己身。
愚公移山	《列子》		循道而行	
精卫填海	《山海经》			

神话传说	出典	诠释
希绪弗斯	希腊神话	希绪弗斯太聪明得罪了诸神，诸神惩罚他推一块巨石，巨石刚到山顶就滚下来，希绪弗斯用尽全力再将它推上山；他周而复始从事这一无效劳动。诸神认为这是对他最严厉的惩罚。
	［法］加缪的代表作	以整个身心致力于一件看似没有效果的事业，但他对生命的激情和对神的蔑视使自己变得无比强大，从而超越命运的摆布。
吴刚伐桂	中国神话	炎帝的孙子与吴刚妻子有染，被吴刚杀死，炎帝遂让其砍伐月宫中不死的桂树，随砍即合，炎帝用这种无休止的劳动惩罚吴刚。

佛经里也有类似的"鹦鹉灭火"的故事：

昔有鹦鹉飞集陀山，乃山中大火，鹦鹉遥见，入水濡羽，飞而洒之。天神言："尔虽有志意，何足云也？"时曰："常侨居是山，不忍见耳！"天神嘉感，即为灭火。[1]

《太平广记》《佩文韵府》等书记载过这个故事，胡适、余英时等在表达故国情怀时也多次说过这个故事。

"愚公""精卫""鹦鹉""夸父"成了一类形象，即"知其不可为而为"的勇毅，为承担天下而劳瘁己身的英雄群像。西方存在主义哲学家加缪改写的希腊神话故事也阐释了近似的道理。存在主义哲学认为，当人

[1]　［清］周亮工.书影［M］.上海：上海古籍出版社，1981：44.

对世界的理性充满幸福的热望时，真实接触的却是一个毫无意义杂乱无章的世界。渴望幸福，追求永生，最终难逃一死的宿命。人感到了存在的荒谬。人们不禁追问：上帝造人，让我们在苦难中挣扎，不停地追求所谓的幸福，为什么拒绝让我们在幸福中沉醉获得永生？面对这种荒谬，有的人选择了自杀，有的人选择了随波逐流，存在主义者选择了坚持奋斗，努力抗争。——面对已经给定的命运：山横亘于前，海渊深莫测，巨石循环滚落，这是我们逃不掉的宿命，怎么对待它？哲学家用寓言显示了我们生存的困境，给出了选择的启示，目的是让我们深思自己的命运。这就是愚公、精卫、希绪弗斯这些故事的意义。

在这种语境下说"移山不如搬家"，已经不是在一个层面讨论问题了。一些人认为这种新的解读也有一定道理，其实这是从寓言面前转过身去的自说自话，是对寓言原旨的故意疏离。正如卡夫卡说人生困境有如沙漠，你必须面对这片沙漠，这是无从选择的。卡夫卡以沙漠设喻，是激发你思考：如何面对人生的绝境。如果你说我干吗要穿过沙漠，那已经是另一个话题了。

大山横断人类的出路，暗示了人类生存的困境，移山是不可为之举，所以有人认为荒谬愚蠢，哲人运用寓言的目的是告诉我们，面临荒诞的命运，我们应持什么态度。这是问题的核心，任何逃开话题的议论，无论多么热闹，都与本题无关。

批判性思维，或者说思维的基本要求是针对同一论题，在同一层面上发表看法。没有针对性的放言高论，是对语文课堂的游戏和亵渎。

从以上的梳理，我们可以得出这样一个结论：

《列子》记载愚公移山和夸父逐日两个故事有明显的对比用意，贬夸父而褒愚公，这是典籍的原初旨意。今日我们将夸父逐日的主旨与愚公移山完全等同，这是寓言传播过程中产生的意义变化，如果夸父逐日可以变得与愚公移山主旨一致，那么，愚公移山的意义指向继续发生新的变化，也是可以理解的。但这并不意味着我们可以任意割裂历史，随心所欲地解读。这是我们赞同钱梦龙质疑"新生代名师"的立足点。要提出新解当然可以，但要理解经典的整个流传过程：知道脉络，才可能知道走向。

上文说的是历代对于某一种书中著录的寓言的不同解读，显示了同一则材料在不同时代的意义流变过程；下面讨论秦汉时期不同的著作（诸子散文）对类似材料的近似书写，要传达的却是差异很大的思想观念。这两种现象都在提示我们：解读文本要有纵深的文献意识；任何创新解读都要有凭借，不能凌空蹈虚，不能做不经之谈。

四、同一寓言材料的不同功能：以"宋人献玉"为例

在先秦和秦汉典籍的流传过程中，从《左传》到《新序》，"宋人献玉"这个故事的主要情节没有变化，故事主旨却发生了微妙的变化。

1.《左传》：喻示"怀璧其罪"的文化背景，赞美拒绝受礼的美德

"宋人献玉"故事首见于《左传·襄公十六年》：

宋人或得玉，献诸子罕。子罕弗受。献玉者曰："以示玉人，玉人以为宝也。故敢献之。"子罕曰："我以不贪为宝，尔以玉为宝，若以与我，皆丧宝也。不若人有其宝。"稽首而告曰："小人怀璧，不可以越乡。纳此以请死也。"子罕置诸其里，使玉人为之攻之，富而后使复其所。[1]

宋国人在送玉之前，担心玉有假，将玉送给治玉的专家鉴别过了，没想到还是被子罕拒绝了。宋人为什么要送玉给子罕？据宋人自己的解释是"小人怀璧，不可以越乡"，杜预对"不可以越乡"的解释是"必为盗所害"，

---

[1]　左丘明撰，杨伯峻编著.春秋左传注［M］.北京：中华书局，1990：1024.

但是，子罕请人雕琢玉璧出售之后还是给了宋人一笔钱，让人疑惑的是，带了一大笔钱的宋人，在回乡途中仍然会受到盗贼的侵害，因此，"小人怀璧"不是担心被盗贼惦记，而是按照当时礼制，普通平民不能持有贵重的玉璧。如果普通平民得到了玉璧，必须交给官府，以免祸端；宋人送玉给子罕不是巴结他，而是基于"怀璧其罪"的文化背景。

"怀璧其罪"语出《左传·桓公十年》，意思是：一个人本来没有罪，却因为拥有宝玉而获罪（后比喻有才能而遭受忌妒和迫害），这是"宋人献玉"故事暗示的另一层意思。当然，子罕不接受平民献玉的美德也是《左传·襄公十五年》记载这个故事的目的。

2.《韩非子》："子罕不欲玉"是有更高远的追求

以上是公元前六世纪的记载。公元前三世纪的《韩非子·喻老》在叙述"宋人献玉"故事时，旨意又发生了新的变化。

> 宋之鄙人得璞玉而献之子罕，子罕不受，鄙人曰："此宝也，宜为君子器，不宜为细人用。"子罕曰："尔以玉为宝，我以不受子玉为宝。"是鄙人欲玉，而子罕不欲玉。故曰："欲不欲，而不贵难得之货。"[1]

故事末尾新增了一个议论句"欲不欲，而不贵难得之货"，这句话出自《老子》第六十四章："是以圣人欲不欲，不贵难得之货"，意思是：把不追求当作自己的追求，因而不看重那些难得的财物。

---

[1]　韩非子著，陈奇猷校注. 韩非子新校注［M］. 上海：上海古籍出版社，2000：449.

《韩非子·喻老》用二十五则历史故事和民间传说分别解释了《老子》的十二章（其中《德经》八章，《道经》四章）主旨，连同《韩非子·解老》在内，这些重要篇章既使得《老子》的玄妙思想得到形象化的解释，也使得韩非子的刑名法术之学有了比较精深的理论凭借。

《韩非子》在叙述"宋人献玉"的故事之后，又用王寿接受了徐冯的意见焚其书而扬其灰（弃圣绝智），列子批评宋国人用象牙雕琢树叶（强调顺应万物的自然生长）等故事，诠释了《老子》第六十四章的主旨。

这个故事在韩非子笔下，由"不接受普通人认为贵重的礼品"抽象提炼为"把不追求当作自己的追求"的一般规律，即：有更高追求的人不在乎那些普通人在乎的东西。

3.《吕氏春秋》："所宝异也"是证明节用薄葬才更恒久

在与《韩非子》几乎同一时期的《吕氏春秋·孟冬纪》"异宝篇"也有"宋人献玉"的故事：

宋之野人，耕而得玉，献之司城子罕，子罕不受。野人请曰："此野人之宝也，愿相国为之赐而受之也。"子罕曰："子以玉为宝，我以不受为宝。"故宋国之长者曰："子罕非无宝也，所宝者异也。"[1]

吕不韦对《吕氏春秋》"十二纪"的定位是"所以纪治乱存亡也，所以知寿夭吉凶也，上揆之天、下验之地、中审之人，若此，则是非可不可无所遁矣"，他希望借"十二纪"的编写囊括当时的所有知识系统。《吕氏春秋》的思想是"兼儒墨，合名法"。

---

[1] 陈奇猷.吕氏春秋校释［M］.台北：华正书局，1988：552.

"宋人献玉"故事收在《吕氏春秋·孟冬纪》，按照当时天人相应的知识格局，"孟冬"代表立冬时节万物终成，政令是谨守盖藏、防备边境，同时注意丧葬仪式，考核百工绩效。其中"异宝""节葬""安死""异用"等篇都是说丧葬之事，引申墨家的薄葬主张。

在"异宝"篇里，在"宋人献玉"故事之前，还有两个故事。一是孙叔敖劝儿子要接受大家都认为不利的地方作为封地，这样才能长久享有。《吕氏春秋》评价道："孙叔敖之知，知不以利为利矣，知以人之所恶为己之所喜，此有道者之所以异乎俗也。"二是伍子胥从楚国出奔到吴国时，江上渔翁帮其渡江，伍子胥以千金宝剑答谢被渔翁拒绝。

三则故事汇在一起，孙叔敖以"不利为宝"，渔翁（江上之丈人）"以义为宝"，子罕"以廉为宝"：旨在说明，以利益财物（好的封地、宝剑、玉石）为宝是世俗的浅见，只有超越利益财物，才能保持恒久。作者以此说明以财物厚葬是不长久的，倡导墨家的薄葬思想。

不过，陈奇猷认为，"异宝"篇中述孙叔敖戒其子勿受利地，以为常人所谓利者实不利，与《老子》第二章"天下皆知美之为美斯恶已，皆知善之为善斯不善已"同一旨趣。伍子胥的故事和宋人献玉的故事，陈奇猷认为也是发挥《老子》第三章和第六十四章"不贵难得之货"之论；因此，"异宝"篇为道家者流之作也。

4.《淮南子》："子罕不利宝玉"是为了精神自由

公元前二世纪，淮南王刘安在继承先秦道家思想的基础上，综合了诸子百家学说中的精华，主持撰写了《淮南子》，在该书《精神篇》中也提到了子罕不受宝玉的故事。

尧不以有天下为贵，故授舜；公子札不以有国为尊，故让位；子罕不以玉为富，故不受宝；务光不以生害义，故自投于渊。由此观之，至贵不待爵，至富不待财。天下至大矣，而以与佗人；身至亲矣，而弃之渊；外此，其余无足利矣。此之谓无累之人。无累之人，不以天下为贵矣。[1]

《精神篇》继承了老庄豁达豪放的气魄，强调无为处世，不以外物累身，指出要"轻天下，细万物，齐生死，同变化"，只有"无累之人"才算是懂得了人生的真谛。

《精神篇》记载宋人献玉被子罕拒绝，不是赞美子罕的品德廉洁，而是以子罕、季札、许由、务光等这些高蹈之人的行事方式，证明"至人"深切懂得"大义"，连"天下"（天子的权势）都不值得图谋，那些普通人斤斤计较的财物，就根本不值一提。

《精神篇》认为，人应该追求的是"爱养其精神""抚静其魂魄，不以物易己，而坚守虚无之宅者也"，简单地说，就是不为物役，求得精神的彻底自由。

5.《新序》："不贪"乃最要珍惜的美德

公元前一世纪刘向纂辑《新序》。刘向身处的西汉王朝由于宦官外戚相继擅权正日趋没落，刘向作为汉宗室，力图挽回颓局，不断上书言事。刘向搜集古人现成的成败得失故事，目的在于作为谏净的辅助，而非编纂史籍，因此《新序》所载故事与前代文献有出入，还有的故事结尾部分由刘向加了按语，目的都在于劝诫统治者。

"宋人献玉"的故事经历代流传，最后被刘向收入《新序》的"节士篇"。"节士篇"共二十九个故事，主题是表彰守节之士。刘向认为人民"贪、

---

［1］ 刘安编，张双棣撰．淮南子校释［M］．北京：北京大学出版社，2013：772.

争"不能守节，是因为人主怀有私心，不能身行礼义的结果。所谓节士，包括冒死进谏、据事直书、守信、不贪、不避死、不欺心、不苟取、不降敌、不食夺国者之禄、不以争得财、替下级官员承担责任、忠孝不能调和时自己死、受人之惠则死人之难等。其中"不贪"说的就是本故事中的子罕。

《新序·节士篇》对这个故事的记载基本同于《吕氏春秋》，都在故事末尾加了一段：

今以百金与搏黍以示儿子，儿子必取搏黍矣；以和氏之璧与百金以示鄙人，鄙人必取百金矣；以和氏之璧与道德之至言以示贤者，贤者必取至言矣。其知弥精，其取弥精；其知弥粗，其取弥粗。子罕之所宝者至矣。[1]

《吕氏春秋》到"其取弥粗"结束，最后一句"子罕之所宝者至矣"为刘向所增。——刘向认为，子罕的"不贪"才是至高无上最要珍惜的。

与这个故事可互为印证的还有随后的"郑相不受鱼"的故事：

昔者，有馈鱼于郑相者，郑相不受。或谓郑相曰："子嗜鱼，何故不受？"对曰："吾以嗜鱼，故不受鱼。受鱼失禄，无以食鱼；不受得禄，终身食鱼。"[2]

 链接

新序

《新序》，西汉刘向撰。原本三十卷，至北宋初仅存十卷。后经曾巩搜集整理，仍为十卷。全书分类编纂，包括《杂事》五卷，《刺奢》一卷，《节士》一卷，《义勇》一卷，《善谋》二卷。

《新序》中的许多故事采自诸子史传的史事和传说，除最后一卷是汉代故事，其他均为春秋时期故事。

---

[1] 刘向编著，石光瑛校释.新序校释［M］.北京：中华书局，2001：915～916.
[2] 刘向编著，石光瑛校释.新序校释［M］.北京：中华书局，2001：917.

《新序》通行本共有166个条目，绝大部分条目是对《吕氏春秋》《韩诗外传》《史记》《战国策》以及《春秋三传》《庄子》《荀子》等著作的材料摘录或转述。内容包括德治仁政、贤人治国、民本、从善纳谏等。

《新序》的思想基础是儒家学说，强调统治者必须为人正直，要多听民众意见和留心贤能有德之士，同时指出，贤士应负担起劝谏国君的职责。

综上，宋人献玉这个故事在流传过程中获得了许多新的意义，丰富了原来传说的内涵，这也是中国古代典籍传播过程中常有的现象，值得关注。诸子在引用同一个故事时会做不同方向的引申，对相同的材料做不同角度的解读。

6. 初步的结论

诸子引用同一则故事（寓言）说理，各有目的。今人也有权对经典重新阐释。阐释、翻案的基本要求是：对原始材料的诠释可以有更多视角，但应持之有据，且尊重高明的见识；慎言断裂的随感，拒绝前后矛盾的臆说（断）。

王元化曾说，怕读惊天回视的翻案文章，通过本章的分析，我们认为，对传统经典文本的解读，在提出新说时要有充足的证据；铁案如山，才发诛心之论。

 链接

王元化最怕读的两类文章

现在有人说，要把诸葛亮拉下神坛。我不同意。这些人不管事实如何，更不做研究，就是想吸引眼球。我在80年代就说过，平生最怕读两种文章，一种是惊天回视类的翻案文章，一种是意在求胜类的商榷文章。这不是做学问求知、求真的态度。诸葛亮不是没有局限性，但是他代表着一种精粹，他的《出师表》是很能说明问题的。要把他待价而沽，说他去蜀国是为了谋一个高位，是缺乏说服力的。为曹操翻案，有些材料过于生僻、牵强，不足以说明问题。[1]

[1]　赵兰英.与王元化先生的几次漫谈［N］.文汇报，2014-12-6.

总论

文本解读中的文献意识

前面讲到要正确解读传统的经典文本，需要从纵深的角度把握历史文献，方能在传统解读和创新解读之间找到平衡。

这里讨论如何解读当下的经典文本。

一、从定期翻检期刊说起

书的出版速度相对较慢，而语文教研类刊物一般是月刊，比较能够反映学术的最新动态，尤其是一些文选类的刊物，如复印资料，或者某些杂志的"观点"文摘栏目，都能及时传播语文教学研究信息。因此，定期浏览教研杂志很有必要。

1. 期刊简介

语文教学研究类杂志的办刊单位主要是师范类大学文学院（中文系）和教育出版社。

中小学语文教学研究类的杂志主要有《中学语文教学》（首都师范大学主办）、《语文建设》（教育部语言文字报刊社主办）、《语文学习》（上海教育出版社主办）、《语文教学通讯》（山西师范大学主办）、《中学语文教学参考》（陕西师范大学主办）。

《语文月刊》（华南师范大学主办）、《中学语文》（湖北大学主办）、《语文教学与研究》（华中师范大学主办）、《小学语文》（人民教育出版社主办）、《小学语文教师》（上海教育出版社主办）、《小学语文教学》（山西师范大学主办）、《语文天地》（哈尔滨师范大学主办）、《语文知识》

（郑州大学主办）、《学语文》（安徽师范大学主办）、《现代语文》（曲阜师范大学主办）等也值得关注。

还有一些以"语文"为刊名的杂志，不是基础教育语文教学研究类期刊，一种是高校（研究所）主办，以从事语言学研究的人员为读者对象的期刊，如《中国语文》（中国社会科学院语言研究所主办，研究汉语的历史和现状，包括语音、词汇、语法、文字等；研究并介绍国外语言学的理论和方法）、《语文研究》（山西省社会科学院主办，发表汉语本体研究成果为主的语言学专业刊物）等；还有一些是面向中小学生的教学辅导类杂志，此不赘述。

当然，不以"语文"命名的也有一些是语文教学研究必须关注的期刊，即一些综合性的教育研究刊物和专业性的研究期刊，如《课程·教材·教法》（人民教育出版社主办）、《中国考试》（教育部考试中心主办）、《考试研究》（天津人民出版社主办）、《上海教育科研》（上海教育科学研究院）、《教育研究与评论》（江苏凤凰教育出版社主办）等。

一些师范类大学的学报办有基础教育版，或者设有基础教育研究栏目，发表中小学语文教学研究文章，也应予以关注。

另外，中国人民大学复印报刊资料中心出版的《高中语文教与学》《初中语文教与学》《小学语文教与学》是对全国各地各类报刊已经发表的语

文教育教学研究文章的选载，是语文教学研究的重要参考资料。

2.语文教研期刊阅读建议

语文教师要从事教学研究，应随时追踪语文研究刊物上的成果和动向。

中国知网（http://www.cnki.net/）等网站提供了期刊电子文本，一些学术杂志的微信公众号也提供了免费的电子文本，如《高中语文教与学》的微信公众号就提供了 1995 年以来的杂志电子稿，查阅非常方便，可及时关注。

翻阅杂志，不是每篇都要细读，也不能太草率。建议分为必须翻阅的杂志和一般性的浏览。如果教学中遇到了困惑，或者需要查阅一些课文的解读和设计，可以针对性地搜集文献；如果想就自己关心的某个问题发表看法，也可以此为核心词搜索相关文献。这类文章自然要细读。如果只是一般性地了解当下动态，浏览即可。

从杂志类型来看，"核心期刊"一般来说质量要好一些（当然也有特例，不必在此纠缠）。"核心期刊"的评定有相关数据认定，应有一定科学性；在有限的阅读时间里当然推荐阅读核心期刊，不过，读者心目中享有较好声誉的期刊也应在推荐之列。

核心期刊

国内有 7 大核心期刊（或来源期刊）遴选体系：

1．北京大学图书馆"全国中文核心期刊"；

2．南京大学"中文社会科学引文索引（CSSCI）来源期刊"；

3．中国科学技术信息研究所"中国科技论文统计源期刊"（又称"中国科技核心期刊"）；

4．中国社会科学院文献信息中心"中国人文社会科学核心期刊"；

5．中国科学院文献情报中心"中国科学引文数据库（CSCD）来源期刊"；

6．中国人文社会科学学报学会"中国人文社科学报核心期刊"；

7．万方数据股份有限公司"中国核心期刊遴选数据库"。

高等院校认定的"核心期刊"主要指南京大学"CSSCI"期刊。"CSSCI"期刊只设置"教育"大类，入选的如《课程·教材·教法》（人民教育出版社主办），《全球教育展望》（华东师范大学主办），《教育发展研究》（上海市教育科学研究院主办）等。基础教育领域的语文教学研究类杂志没有一本入选"CSSCI"期刊。

基础教育领域认定的"核心期刊"主要指北京大学图书馆的"全国中文核心期刊"，该"核心期刊"每四年评选一次。先后获得北京大学"全国中文核心期刊"的中小学语文教学研究类杂志有《语文建设》《语文学习》《中学语文教学》《语文教学通讯》《中学语文教学参考》等。

提醒：在查阅某个方向的研究成果时，应锁定一些重要的学者，要知道他基本上在什么刊物上发表文章，包括教育类刊物，不能只局限于熟知的语文教研刊物。建议从中国知网上按作者搜索，追踪他的论文。特别要关注那些设有专栏的作者的文章，或者杂志连续性发表的系列文章。

二、形成文献意识的目的

1.文本解读现状

上好语文课需要很多能力，其中最为核心的能力是文本解读与教学设计能力。教师在解读文本时通常有几种形态：

第一，扎实稳健型。依据教师教学用书提供的资源，有自己的思考，但不求新异，能将经典文本的核心要素传递给学生。

第二，强制解读型。有想法，语不惊人死不休，求新求异，可能会带来思想冲击，但也很可能误人子弟。

第三，真切深入型。观点醒人耳目，有合理的理据支撑。

建议：吸纳各家解读的合理成分，寻找名家解读的"最大公约数"，在此基础上，传授语文知识，培养学生语文能力。

2. 文献帮助我们定好研究坐标

我的解读，可能早就有人说过；可能早被人批评指谬；可能是他人说法的不同表达；为了我的解读更有价值，必须梳理文献，知道我的意见在所有研究中所处的位置。然后，纠正自己的"误解""曲解""不求甚解"，在已有文献的基础上，整合资源，为课堂教学（教学设计）所用；更进一步，才可能有所创新。

文本解读关注的是一篇篇课文，对课文的解读，需要关注文本内容指涉的对象（如所写之人，所论之事），有时还需要了解文本作者、写作意图等背景资源。

汪曾祺的《金岳霖先生》[1]可谓现代散文的经典文本，本章以此为例，讨论文本解读的文献意识，即如何搜集相关研究文献，在此基础上如何对本文进行解读。

三、怎样搜罗文献：以散文名篇《金岳霖先生》的解读为例

《金岳霖先生》是一篇怀人散文，所记对象为著名逻辑学家。根据文本选入单元的教学要求，这类文本的解读，在教学处理上可深可浅。本文入选

---

[1]　丁帆，杨九俊主编. 高中语文教材（必修二）［M］. 南京：江苏凤凰教育出版社，2014.

苏教版高中语文教材（必修二），文字清通，明白如话，初中生应该也能读懂。该单元名称为"慢慢走，欣赏啊"，除本文外，本单元文章还有《荷塘月色》（朱自清）、《林黛玉进贾府》（曹雪芹）、《祝福》（鲁迅）、《边城（节选）》（沈从文）。编者将本文与《荷塘月色》组成一个板块，名称为"一花一世界"。而将后三篇文章组成的板块命名为"永远新的旧故事"。由此可见，本单元文章的主题和文体差异较大，教师处理的空间较大，难度也相对增加了。

解读这类文章，首先，最好能了解被记叙的人物的生平概貌。对于一个学者，最重要的就是他的著述。遗憾的是，许多人关注金岳霖的生活故事，而对于他的专业著作知之甚少，在立论时就不免过多地从普通人的生活的角度揣测了。

也许有教师提出异议，如果是居里夫人或者爱因斯坦，难道要读他们的著作？或者，叙述的对象如果是杨绛笔下的"老王"，哪有什么资料参考？

说得对。本章只是以《金岳霖先生》为例，分析一些已经发表的解读文章，从中看出这些文献的优点和不足。有人或许要循此追问，你凭什么说别人的文章是正确的还是错误的？这个问题问得更好，也关系到我们下面要介绍的重要路径。

我们认为，如果对金岳霖的学术追求和学术成果多一些了解，对汪曾祺这篇文章的微言大义，可能会有更多的认识。因此，建议语文教师在处理现代文经典文本时，可以做一件辛苦的文献梳理工作。这个梳理包括两个部分，一是金岳霖的著述和传记，二是语文教学研究者对这篇课文的解读文章。如能较为全面地掌握第一类文献，自然就对第二类文献的正误有判别能力了。阅读第一类文献是掌握原初资料，阅读第二类文献是为了避免研究的重复。

这是本章从文献意识的角度提出解读建议的目的。即：多看看人家就此问题说了什么，怎样说的；然后根据自己对更大范围文献（包括金岳霖的著述、别人纪念金岳霖的文章、金岳霖的年表年谱等）的掌握获得的认识，看他人的文章哪些地方说得很清楚，哪些地方说得还不足，或者竟说错了，这就是自己发表看法、撰写解读文章、改进课堂教学的起点了。

循此，讲《跨越百年的美丽》（梁衡，入选上海版高中语文教材），讲《邂逅霍金》（葛剑雄，入选上海版高中语文教材），讲《老王》（杨绛，入选多种版本教材），要阅读的文献除了别人发表的解读文章，还要关注居里夫人、霍金的学说本身，当然这些内容对于语文教师是很陌生的，那至少要多读几本这类人物的传记，从人格（学术追求，而不是生活琐事）角度了解这些人物不同凡响之处。"老王"虽没有著述，杨绛的著述多的是啊，从中可以看出她的情怀，帮助我们理解这篇课文。

1. 文献一：这个人物的著述和关于这个人物的著述

以《金岳霖先生》为例，读这篇课文，如果想深入探讨，下面几类书可以翻阅。

（1）第一类：回忆录和传记

本人撰写的回忆录、自传，他人撰写的生平传记和学术评传，都应关注。

提醒：本人撰写的回忆录未必完全准确真实，由于作者回忆往事时年龄偏大，记忆衰退造成的无心误记，或者本人有意回避的误记漏记，都是存在的；他人撰写的也未必客观，有些作者过多以己意揣测，而他的学术研究方向与个人修为与

传主未必在一个层次上，也难免出现一些臆度。这些现象常常会碰到，特别是阅读了较多的文献之后，所以要学会分辨。当然，分辨能力也有赖于阅读者自身的综合修养，所以要多读、慎思、明辨。

下面三本书基本可以帮助我们了解金岳霖的生平和学术成就。（一些专业期刊上还有不少讨论金岳霖学术成就和思想变迁的文章，有兴趣的教

师也可以搜寻阅读。）

①《哲意的沉思》，金岳霖著，刘培育编，百花文艺出版社1999年版。"哲意"一词与"诗意"相对，出自金岳霖的重要著作《知识论》。本书五个部分，共24万字，第一部分是金岳霖自己撰写的回忆录，占全书的三分之一篇幅；后四部分主要是学术随笔和序跋信件等。金岳霖自己撰写的回忆录是许多研究者讨论金岳霖生平和思想的重要依据。这是原始材料，应重点关注。

②《金岳霖的回忆与回忆金岳霖》（增补本），刘培育主编，四川教育出版社2000年版。（该社1995年曾出版过本书的初版。）

以上两本书的整理者都是刘培育，刘培育是中国社会科学院哲学所研究员，金岳霖1964年招收的研究生，著作有《形式逻辑原理》《先秦逻辑史》《中国逻辑史》（第2卷）《中国古代哲学精华》《金岳霖思想研究》等。

两本书的第一部分都是金岳霖自己的回忆，内容大致相同。关于这段回忆录，刘培育有一段说明文字：

金岳霖（1895—1984）是我国现代著名的哲学家，逻辑学家，一代宗师。他晚年在老朋友的建议下撰写回忆录，每天想到什么写什么，多则几百字，少则几十字，从1981年到1983年断断续续地写了100个片段，内容涉及与他交往密切的老朋友，个人经历和治学活动以及生活情趣等等。这些回忆，对于我们了解龙荪师和他同代学者的思想与情趣，了解他们所生活的时代，都十分珍贵，读起来也极为有趣。

为了便于读者阅读，我对各片段的内容和顺序做了一些调整，把回忆录分为三个部分49段，并在每段前面加了提要式的标题，文中加了少量注释。此外，对个别文字做了订正。特此说明。

刘培育

1992年12月15日

左图是《金岳霖的回忆与回忆金岳霖》（增补本）中"金岳霖的回忆"的部分目录：

金岳霖100个片段的原文我们看不到，刘培育据此整理出来的片段，是我们了解金岳霖生平的重要资料。

值得注意的是第二本书的"回忆金岳霖"部分，收录了金岳霖的领导、师友、学生的近50篇文章，汪曾祺的《金岳霖先生》也名列其中。其他的如：

《向金老学习，不断追求进步》（胡乔木），《回忆金岳霖先生》（陈岱孙），《金老的道德文章》（贺麟），《金岳霖先生教我怎样去思考》（乔冠华），《忆金先生一堂教学和两则轶事》（任继愈），《忆龙荪师以及他对超名言之域问题的探讨》（冯契），《金岳霖——我最"老"的"老"朋友》（于光远），《怀念金岳霖先生》（汝信），《从金岳霖先生想到的一些事》（［美］王浩），等等。

回忆金岳霖的名人

胡乔木（1912—1992），江苏盐城人。曾任中国社会科学院院长、中共中央书记处书记、中共第十二届中央政治局委员等。有《胡乔木文集》行世。

陈岱孙（1900—1997），福建省闽侯人。著名经济学家、教育家。1928年起任清华大学经济系教授和系主任。新中国成立后任中央财经学院（现中央财经大学）第一副院长，北京大学教授、经济系主任等职。

乔冠华（1913—1983），江苏省盐城人，早年留学德国，获哲学博士学位。曾任外交部部长等职。冯亦代评价他："我每天读着《时事晚报》，老乔用'乔木'

这一笔名写的政论。每读一文，心头如饮一瓢清泉，不仅彻凉，而且眼睛也跟着亮起来。""秉情旷达，恃才傲物，当初不求闻达，而闻达自至，盖时势使然；不期蹭蹬，而蹭蹬及身，亦时势使然，可悲也夫！"

于光远（1915—2013），上海市人，原姓郁，名锺正。1936年毕业于清华大学物理系。建国前任北京大学图书馆系教授，中共中央宣传部理论宣传处副处长等职。1948—1975年在中共中央宣传部工作。1975年后任国家计划委员会经济研究所所长、中国社会科学院副院长。著有《政治经济学》《碎思录》等。

贺麟（1902—1992），四川金堂人，1926年毕业于清华大学。哲学家、哲学史家、教育家、翻译家。"新心学"的创建者。著有《近代唯心主义简释》《文化与人生》《当代中国哲学》等

任继愈（1916—2009），山东平原人。哲学家、佛学家、历史学家，曾任国家图书馆馆长。师从贺麟。1942年至1964年在北京大学哲学系任教。1964年，负责筹建国家第一个宗教研究机构——中国科学院世界宗教研究所，任所长。著有《汉唐佛教思想论集》《中国哲学史论》《任继愈学术论著自选集》《任继愈学术文化随笔》《老子全译》等；主编《中国哲学史简编》《中国哲学史》《中国佛教史》《宗教词典》《中国哲学发展史》等。2014年12月国家图书馆出版社出版了《任继愈文集》。

冯契（1915—1995），原名冯宝麟，出生于浙江诸暨。哲学家、哲学史家。代表作"智慧说三篇"（《认识世界和认识自己》《逻辑思维的辩证法》《人的自由和真善美》）和"中哲史两论"（《中国古代哲学的逻辑发展》《中国近代哲学的革命进程》）。

汝信（1931—），江苏苏州市吴江人。美学家、哲学家。1949年毕业于上海圣约翰大学。曾任中国社会科学院副院长，兼任口华美学学会会长，中国政治学会会长等。著有《西方美学史论丛》《西方的哲学和美学》《美的找寻》《论西方美学与艺术》等，2005年上海辞书出版社出版了《汝信文集》。

王浩（1921—1995），数理逻辑学家、计算机科学家、哲学家。祖籍山东德州市齐河县，生于山东济南。1939年进入西南联大数学系学习，1943年获

学士学位后又入清华大学研究生院哲学部学习，师从金岳霖。1946年，获美国国务院奖学金，去哈佛大学留学。后在哈佛大学、牛津大学任教。1972年以后，王浩数次回国。1983年，获得国际人工智能联合会与美国数学会首届"里程碑奖"。1985年兼任北京大学教授；1986年兼任清华大学教授。主要著作有《数理逻辑概论》《从数学到哲学》《超越分析哲学——公平对待我们具有的知识》等。

以上主要是生活类传记，要了解学术思想，最好看"思想评传"。见下书。

③《金岳霖学术思想评传》，王中江、安继民著，北京图书馆出版社1998年版。下图是该书的目录。评传主要介绍了金岳霖的哲学体系和逻辑体系，分析了金岳霖的思想变迁过程。书末的附录一《金岳霖年谱简编》对我们廓清一些疑问很有帮助。附录二对研究金岳霖思想起到了导航作用。

目　录

（2）第二类：学术著作

一般读者会对传主的生平、情感经历比较感兴趣，但真正了解一个学者，还是要看他的著作。

金岳霖的主要著作有三本，都是新中国成立前的著述，一些在新中国成立后才出版。主要有《逻辑》（商务印书馆1949年版），《论道》《知识论》（商务印书馆1987年出版，其时作者已经身故）。新中国成立后的著作有《罗素哲学》《形式逻辑》等。

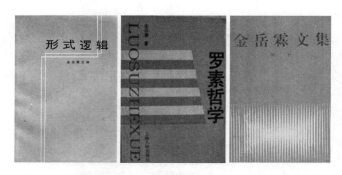

1994年，甘肃人民出版社出版由他的学生周礼全（中国社会科学院哲学研究所研究员）主编的《金岳霖文集》（四卷本），基本搜罗了金岳霖的主要文章。

以上说的是我们要掌握的关于"传主"的文献，不是说这些书都要去一一精读，而是说这是我们研读一篇经典课文时，搜罗文献的大致路径。

当然，关于作者汪曾祺的文献也可循此路径搜罗。此处不赘述。下面主要讨论另一条路径，即当下的期刊中，发表了哪些讨论这篇课文的值得关注的文章。

2. 文献二：期刊中解读此文的重要文章

研读现代文学经典文本（教材中的"定篇"），除了搜罗上文所说的文献，我们有必要阅读同行们已经发表的与本课文相关的文章。

在中国知网输入"金岳霖先生"篇名搜索，我们发现有一百多篇文章。有一些是研究金岳霖思想的学术论文，与语文教学关系较远。因此选择文献时要及时甄选，否则陷于文献的汪洋大海，研究也容易失去方向。

本文最初发表于 1987 年第 5 期的《读书》杂志，2004 年收入苏教版高中语文教材，2005 年该教材开始广泛使用，2005 年第 10 期《语文学习》杂志发表的浙江教师张弛的《〈金岳霖先生〉备课参考》，应该是从教学角度研究本文的第一篇文章。此前的二十多篇文献与金岳霖的学术思想有关，与本文的教学无关。此后的文献主要是从教学角度讨论本文的。截至 2016 年 1 月，各刊物发表的这类文献有 100 余篇。

历年来，在中国知网上，以"金岳霖先生"为关键词搜索的文献篇数：

2016(4)　2015(21)　2014(17)　2013(15)　2012(11)　2011(9)　2010(4)　2009(6)　2008(6)　2007(5)
2006(4)　2005(9)　2003(1)　2000(1)　1999(1)　1998(3)　1997(1)　1995(2)　1994(1)　1993(1)
1992(1)　1990(2)　1987(5)　1986(4)　1985(14)　1982(1)　1959(2)

《读书》杂志

创刊于 1979 年，是一本以书为中心的思想文化评论杂志。《读书》关注书里书外的人和事，探讨大书小书涉及的社会文化问题，推介不同知识领域的独立思考，展示各种声音的复杂性和多样性，向以引领思潮为己任。是中国三十年来思想文化变迁的见证者。

《读书》创刊伊始，就发出了反映读书界共同心声的呐喊："读书无禁区。"继承了中国知识界的淑世情怀和传统，以思想启蒙作为自己的旗帜，致力于拨乱反正，恢复汉语写作的博雅风范，以其思想的开放，议论的清新，文风的隽永，赢得了读书界的青睐。

办刊宗旨：展示读书人的思想和智慧，凝聚对当代生活的人文关怀。

读者对象：杂志的主要支持者与撰稿人多为学术界、思想界、文化界有影响的知识分子。

该刊一直名列全国中文核心期刊名录。

我们不太可能有精力阅读已经发表的这一百多篇文章，也没有这个必要；选取相对重要的期刊，寻找那些关键词与自己当下研究相关度较大的文章即可。

张弛老师的文章《〈金岳霖先生〉备课参考》发表最早，值得一看。

该文从"积累·整合""感受·鉴赏""思考·领悟""应用·拓展""发现·创新"五个角度提供备课参考。对所写人物的形象分析、汪曾祺的语言特色，包括文章呼唤的西南联大的精神，甚至金岳霖思想转变的评价都涉及了，教师在上课之前阅读这篇文章，对理解文本和设计教学内容有很大的帮助。

后续的研究者从不同角度做了不同程度的发挥，一方面可以窥见语文教师在本文的解读上下足了功夫，使讨论逐渐深入；另一方面也提示我们，不少教师因为没有阅读已经发表的文献，出现了大量重复的讨论。

下面选取笔者作为杂志编者选发的几篇论文，以此作为样例，讨论如何阅读和梳理这些论文的观点，并根据上文介绍的第一类文献，评判这些文章的优点和不足，为继续研究提供支点。

3. 探寻作者写作意图

江苏如皋中学教师顾乐远撰文认为[1]：

汪曾祺的这篇散文……有一股感伤与悲愤的潜流在涌荡。

国难当头、生灵涂炭的非常时期，在极其艰难的社会环境中，以金岳霖先生为代表的一大批知识分子咬紧牙关，苦中求乐，潜心钻研学问。凄风苦雨中，他们淡泊名利、豁达大度却又坚贞执着、有情有义。

作者提出，要深层解读文本，必须解决作者"为什么写这篇文章"的问题，而一般教师在处理文本时只解决本文"写了什么"的问题。将教学时间主要用于指导学生通过朗读梳理脉络，感悟人物为人天真、热爱生活的赤子情怀与通达的人生态度。作者探寻汪曾祺的写作意图，认为：

（1）为了深切的怀念

首先，对金岳霖先生独特教学风格与特立独行人生方式的敬仰和承接

---

[1]　顾乐远.《金岳霖先生》的深层解读［J］.语文学习，2011（3）.

（先生之泽远矣）；

其次，对西南联大教授群体形象的敬仰与怀念；

最后，对宽容个性、思想自由、学术气氛浓厚的"精神圣地"的追思——西南联大精神永存，泽被后世，影响深远。

（2）为了殷切的期待

汪曾祺曾经说过："我有个朴素的古典的中国式的想法，就是作品要有益于世道人心。""我想把生活中真实的东西、美好的东西、人的美、人的诗意告诉人们，使人们的心灵得到滋润，增强对生活的信心、信念。"面对纷纭繁复的世俗社会，作家汪曾祺试图通过金岳霖先生这个天真、赤诚、热爱生活的生命个体，来净化己心与人心，为社会转型时期中国知识分子的心态提供参照体系。

高考"考试大纲"里，对文学类文本阅读能力的检测设置的最高层级是"探究"，前两项能力是"分析综合"和"鉴赏评价"。"探究"包括：①从不同的角度和层面发掘作品的意蕴、民族心理和人文精神；②探讨作者的创作背景和创作意图；③对作品进行个性化阅读和有创意的解读。

本文的价值所在：在一般解读的基础上有所深入，主要是对汪曾祺写作此文意图的探究，即作者深藏在文字里的企图。暗中追问了"现在这个时代缺什么"，这对学生的启发是很大的，这是一个很有延展性的深刻的尖锐的问题。作者的探寻是很有意义的。

补充课外资源解读文本，发现文本的独特价值：孤往精神

浙江龙游董华翱老师认为[1]：

对《金岳霖先生》一文，教师在教学设计中大致有三种路数：

一是紧抓"有趣"，整堂课就在找金岳霖先生有趣的外貌情状、言行

---

[1]　董华翱. 小趣味·真性情·大孤独——细读《金岳霖先生》[J]. 语文学习，2012（12）.

举止，最后得出"金先生是一个天真、活泼、幽默的人"的结论；二是抓住"有趣的细节"，从细节在刻画人物形象上的重大作用的角度上成一堂作文指导课；三是抓住"细节"，给一个细节赏析的范例，指导学生进行细节赏析，并名之曰"文本细读"。我以为，《金岳霖先生》是不简单的，平平淡淡的文字背后，大有深意。

董老师看不上一般的解读和设计路数，认为本文大有深意，这是认真的语文教师应该有的眼光。那么，深意到底何在呢？

首先，董老师罗列了金岳霖的许多趣事，对这些趣事，未展开分析探讨。但实际上这些趣事能反映主人公性情，应予关注和评述。为了方便讨论，我们根据"金岳霖的著述和关于金岳霖的著述"，即本章前文所说的"第一类文献"，对董老师文章略作分析，见下表。

董老师原文	第一类文献	笔者的话
他的课堂也很有意思：有时一上课就宣布回答问题的人，"今天，穿红毛衣的女同学回答问题"，弄得女生紧张又兴奋；对于学生的回答，不论好坏，回应都是固定的土洋结合："Yes！请坐！"	叔存是我们朋友中最雅的。雅作为一个性质，有点像颜色一样，是很容易直接感受到的。例如"红"，就我个人说，我就是喜欢，特别是枣红，赭红。雅有和颜色类似的直接承现的特点，一下子就抓住了。[1]	笔者教这篇课文时对金岳霖点穿红毛衣的同学起来回答问题有点不明就里。许多教师也只是觉得有趣。看了原始文献，才知道是金岳霖一直喜欢这个颜色。并无深意，也正好反映了金岳霖的率真。

学生觉得逻辑枯燥无比，他却说"很好玩"。	我搞逻辑是因为两个偶然的事情。一是1924年，我同张奚若和一位美国姑娘在巴黎大街上散步，看见一些人在辩论，他们都说对方逻辑不通，张奚若和美国姑娘各支持一方。我也参加了争论，但是我可不知道逻辑是什么。他们好像也不大懂。于是我对逻辑发生了兴趣。二是1925年回国后，本来在清华教逻辑的赵元任教授调到中央研究院去了，清华的逻辑他不教了，要我代替，我就教起逻辑来了。我是先教逻辑后学逻辑，到1931年才有机会到美国哈佛大学跟谢非老先生系统地学了逻辑。后来有一年，我在北大未名湖畔散步，从背后走过来一个人叫我"金逻辑"，从此"金逻辑"这个名就叫开了。[2]	许多教师认为，金岳霖仅凭兴趣研究了逻辑，并对金岳霖在如此枯燥的事情上投注精力表示赞叹。金自己的确说过逻辑好玩之类的话，但这是沉浸其中的人的自我调侃。真实原因如左。 另外，需要强调的是，一切学问到了深奥处，对普通大众来说都是枯燥的，学术圈内部的事，不需要普通大众附和。有天赋有兴趣的人自会钻研。普通人需要的是对研究学问的人的理解和尊重，而不是一味瞧稀奇的"看客"心理。有这种心态才能理解本文，理解金岳霖这种人物存在的深意。
林徽因逝世了多年，他在北京饭店请客纪念她的生日，弄得老朋友既忍俊不禁，又唏嘘不已。 在这次金先生请客时，林徽因已逝世多年，梁思成也已继娶学生林洙。金先生对林徽因的纪念与祭奠，纯洁、坦荡、真诚。	1955年（乙未）61岁 4月1日，林徽因女士因病在北京同仁医院逝世，撰挽联"一生诗意千寻瀑，万古人间四月天"，参加治丧委员会，对林女士的早逝，大哭一场。[3] 1956年（丙申）62岁 6月10日，先生在北京饭店请客，接到通知的朋友们，不知为何请客。人到齐后，先生宣布："今天是林徽因的生日。"[4]	汪曾祺原文是"林徽因死后，有一年，金先生在北京饭店请了一次客，……" 是"一年"以后，并非"多年"以后。这一处细节也要注意。事实如此，不必过分强调。 另外，梁思成的续弦林洙，是学者圈之外的一名普通女性，不是梁思成的学生。林的前夫程应铨才是梁在清华大学建筑系的学生。这些细节不能以讹传讹。

金先生有诸多趣事的原因，无外乎三个字：真性情！……他抓跳蚤，养斗鸡，和小孩子比赛，坐平板三轮接触社会，看起来就是一个孩子，天真烂漫。……这完全是出于他的真性情。	……金先生坐平板三轮的事。据我所知，金先生坐平板三轮并非由于"革命派"的命令。一九七一年我们若干人"奉命"每天在"学部"集中学习半天，金先生不属于我们这一群，但是他有时候也来参加。那时候他坐的是坐人的三轮车。第二年尼克松访华，当时的北京市政府认为三轮车坐人不文明，不能让美国人看，一律取缔。从此以后，金先生外出就只能坐运货的三轮车了。 吕叔湘 一九八七年八月二十七日[5]	汪曾祺对金岳霖坐平板车的事可能做了一些"演义"，这也是很有趣味的地方，后文我们继续探讨。 文章发表的当年就有人指出，除了所谓接触社会外，金主要因为要到协和医院看眼病，原来坐小汽车，"革命派"认为他没有资格坐汽车，就让他坐三轮车。吕叔湘先生对此提出了异议。吕还特别指出"金先生不属于我们这一群"，意思是金岳霖当时的境遇虽遭，但由于他思想上"追求进步"，还不是最糟糕的。

　　董老师这篇文章的主要价值在后半部分，因此他对前面列举的事实未展开，在细说掌故时，出现了一些与事实相违的地方，不过这都是小瑕疵。请注意他后面的分析，也就是他认为大有深意的地方：

　　金岳霖先生终身未娶，他愿意为那种纯情坚守一生。梁家的孩子自小到大都称呼金先生为"金爸"。金岳霖先生以最高的理智驾驭自己的感情，显出一种超脱凡俗的襟怀与品格。这就不完全是真性情可以解释的了，而理智、克制恰好是和率性而为的真性情有些背离的。一个蜚声海内外的大哲学家，他的理智与思辨已然成为其生命的一部分。即便是对恋爱的认识，也有他成熟的逻辑。金岳霖认为，恋爱是一个过程，恋爱的结局，结婚或不结婚，只是恋爱过程中一个阶段，因此，恋爱的幸福与否，不应仅从恋

［1］　金岳霖.哲意的沉思［M］.天津：百花文艺出版社，2000：69.

［2］　同上注，第358页.

［3］　王中江，安继民.金岳霖学术思想评传［M］.北京：北京图书馆出版社，1998：303.

［4］　同上注，第304页.

［5］　吕叔湘.金岳霖先生与平板三轮［J］.读书，1987（11）.

爱的结局来衡量。

金先生就是精神王国里的王者，卓尔独立，与众不同。这种精神不是率性的，而是理性的，克制的。所以，我们在他请客的这个事件里，读出的不仅是他的"有趣"，他的真性情，更是他的孤往精神，至死不渝，无怨无悔。

他是一位"一肚子学问的大哲学家"，却不为人们所理解。学问上的不被理解，我们不能就此断言金先生就很孤独，但我们也不能说他就没有感到丝毫的孤独。金先生以他那颗真性情和冷峻理性浑融的心灵消解这种孤独，他自得其乐。金先生以一种矢志不渝、一往无前的孤往精神在他的学问之路上踽踽独行。

董老师在文章的最后一部分也强调了西南联大的精神，与顾老师前文观点一致：

1963年

汪先生在文章开头说"有些事情在那篇文章里没有写进，觉得还应该写一写"，结尾又说"我对金先生所知甚少，希望熟知金先生的人把金先生好好写一写""联大的许多教授都应该有人好好地写一写"。作者为什么反复强调应该好好写一些金先生以及联大的教授？恐怕有更为深层的原因。

在作者眼里，金先生是具有代表性的。……西南联大的那些教授、那些大师已然远去，甚至昔时校友也在逝世（如萧珊）和走远（如王浩），他们的精神事迹却湮没无闻，这无疑是一种巨大的精神损失。……西南联大以其学术独立、思想自由、兼容并包、科学民主的办学精神，西南联大在最艰苦的条件下，保存了最完好的教育方式，培养出了最优秀的人才，最值得人们研究。这样一所大学的教授，他们的事迹、精神是我们民族宝贵的财富。现在，他们大都已经溘然长逝，而他们的事迹、精神却少有人写，汪曾祺先生感到，这种精神正在消逝，终将被忘记。这个曾经的"精神圣地""民主堡垒""精神家园"也将轰然坍塌。汪曾祺先生内心深处的苦味，那种无助、孤独，是不言而喻的。

一种大师已逝，精神难继，家园不再的大孤独。前人的精神早已断裂，后来者找不到家园，那汪曾祺先生就真成了"最后一个"了，他的期待就恐怕要落空。如果我们再联系"好好写一写""好好地写一写"近乎哀求的情状，汪先生的这种孤独不仅真真切切，而且带有几分绝望的情绪，作者的"苦味"，其实已苦到了极点！

"有趣"当然美，因为它好玩；"真性情"更美，因为这才是健康的人性；但"孤往精神"更美，因为它是至死不渝的坚守，是一种高贵的品格；而孤独无疑是一种无形、无声的大美，是一种崇高的境界。

以"孤往"精神诠释金岳霖，是董老师认为此文的深意所在。这是对金岳霖代表的精神的一种别致解读，虽然读者未必完全赞同，但这种解读人物的角度值得参考：即选其一端，深入开掘。

董老师文章的另一价值在于提供了解读文本的一条新路径：援引外部资源，破译文本隐含信息。文章援引了一些文本之外的资源，补充了文本省略信息，这也是解读的有效途径。

原文作者笔墨含蓄，省去了他认为众所周知的信息（本文最初发表在《读书》杂志，这本杂志的读者对象一般不会是中学生），或者故意隐去了一些不便说出的信息，有时不免添加了一些"合理的想象"（传言），后来的阅读者特别是中学生，可能出现一些阅读的陌生感，不理解文章的微言大义，这是很正常的事。此时，教师就需要补充一些信息，帮助学生深入理解文本内涵。

当然，在补充这些资源时，应尽可能多占有更多的文献。汪曾祺1987年写作此文，固然是为了纪念老师，也希望有更多的人来写一写金岳霖，更是希望更多的亲历者写一写西南联大的知识分子群体，呼唤那已经失去的广陵散。

其实，汪曾祺写作此文的前后，大家都已经在集中关注金岳霖和他代表的那一批知识分子。早在1982年，王浩就写了一篇五千多字的文章《从金岳霖先生想到的一些事》，不知汪曾祺写作此文时是否看到。1980年，金岳霖声誉日隆，积压了十几年甚至几十年的书稿得以出版，从金岳霖去世后一直到新世纪，书稿乃至文集，在不同的出版社相继出版（商务印书馆20世纪80年代出版了金岳霖三本重要著作；近年来，中国人民大学出版社又再次出版），纪念文集中收录的各路人物的纪念文章几十篇，形成了一个不小的高潮。

但是，汪曾祺1987年写作此文，汪曾祺在乎的西南联大精神，在今天却渐行渐远，这是不争的事实。学习此文，重读此文，这是难以回避和必须思考的事情。

4. 解读文学类作品不要固执于"关键词"

许多教师在处理文本时喜欢找"文眼"（或"诗眼""词眼"），并以此为核心组织教学，有人在此基础上提出课堂核心问题论，这都是很有意义的探索。但是，希望大家明白一个基本事实：并不是所有的文章都有所谓的"关键词"。

有些散文，文笔自由洒脱，闲笔点染，并不遵守"形散而神不散"的理论，那种文章真是四面生风，八面玲珑，如果硬要概括关键词，未免有些大煞风景。

为了讲清楚这个问题，我们还是请出最早讨论"关键词"的陆机。陆机在《文赋》中写道：

或文繁理富，而意不指适。极无两致，尽不可益。立片言而居要，乃一篇之警策。虽众辞之有条，必待兹而效绩。亮功多而累寡，故取足而不易。[1]

我们常说的"关键词"就是陆机所谓"立片言而居要"的"片言"。这段话大意是：有时候文章文辞饱满、义理丰赡，文意表达却和客观事物不尽相融。事理表达没有两个顶点，文章好到了极点，就不能再增添。把几句话放在显要地方，这是全篇的警句。千言万语，虽然条理清晰，要等有了警句才显出效果。文中有警句，确实利多弊少，言语足以表达志趣，不必改易。

陆机讨论的是文意与言辞的关系，尽管文辞繁富，要阐释的理由充分，文章气势波澜层叠，这时只需要片言居要突出主题，则纲举目张。

陆机强调统摄全篇的核心词语的重要性，我们猜测，能"立片言而居要"的文章往往是作者要表达一种明确的志趣，偏重于说理，或通过形象的描绘传达一种明确的情感。而写人叙事的怀人文章未必有明确的"关键词"。

陆机与《文赋》

陆机（261—303），字士衡，吴郡吴县（今江苏苏州）人，西晋著名文学家、书法家。与其弟陆云合称"二陆"。陆机曾在孙吴任职，吴亡后出仕西晋，太康十年（289年），陆机兄弟来到洛阳，文才倾动一时，受太常张华赏识，此后名气大振。时有"二陆入洛，三张减价"之说。后为平原内史，世称"陆平原"。太安二年（303年），率军讨伐长沙王司马乂，因大败遭谗遇害，被夷三族。

---

[1] 郭绍虞主编.中国历代文论选（第1册）[M].上海：上海古籍出版社，2001：172.

陆机"少有奇才，文章冠世"，诗重藻绘排偶，骈文亦佳。

《文赋》是中国文学批评史上第一篇完整而系统的文学理论作品。《文赋》主要说明了创作过程中构思的问题，这是陆机从自己的体会中总结出来的。这篇文章用赋的形式，细致地分析文学创作的过程，提出了文学理论上很多重要的问题，以后刘勰《文心雕龙》的写作也有很多地方受这篇文章的启发。陆机在《文赋序》中说："每自属文，尤见其情。"可见《文赋》中所说的，皆是作者的切己体会；其中对于构思过程写得特别透彻。

陆机认为，进行文学创作必须观察万物、钻研古籍和怀抱高洁的心情。文以情生，情因物感，才是创作过程的起点。有了创作的要求，接着运用艺术的想象："精骛八极，心游万仞"，对艺术素材进行改造工作。最后，作者创造出具体而概括的形象。

江苏兴化张正耀老师撰文指出[1]：

"有趣"一词出现在文章的首段首句，文章的主体部分也确实写到了金先生的一些"有趣"之事，甚至在文章的后半部分还明确地点出了"那一定非常有趣"。但形式上的首尾圆合，不代表内容上的天衣无缝。如果细读文章，我们就不难发现，"有趣"其实是不能作为"文眼"的，因为它不能"总领全文"。

张老师认为，汪曾祺说要写西南联大的教授，但从文章所写事情的时间看，并非都发生在西南联大时期；所写事情并非都属于"有趣"类型；所写事情也有些拉杂，枝蔓较多。这些观点，我们未必能接受，特别是下面一段：

---

[1] 张正耀."有趣"能"总领全文"吗？——关于《金岳霖先生》教学中的一个关键问题[J].
语文学习，2014（1）.

《教学参考书》中还说"文中时有兴之所至、信手拈来的'闲笔'"，比如写了闻一多的衣着与痛骂蒋介石，朱自清的穿着，王浩的外表与兴趣爱好，"我"为王浩画像，林徽因的艺术才华等等，"这些闲笔，增添了文章的意趣，体现了散文自然洒脱的'散'之美"。这种评价，其实仍然是囿于作者身份而作的评价，因为这些"闲笔"都游离于所写人物之外，与所谓金先生的"有趣"无关，属于节外生枝，旁逸斜出，从行文的条理来看都是难说很恰当的。

教学参考书为多数教师授课提供了一些必要的资源，编写者无不煞费苦心，平心而论，教学参考书可资参考的地方还是很多的；对于期刊上发表的关于课文的一些优秀的解读文章（或观点），教学参考书是收（摘）录的。不少教师开口就批评教学参考书，认为束缚了自己的手脚，这种批评是没有道理的；因为没有人要求教师必须严格按照教学参考书照本宣科。参考者，只是给你一根拐杖。

中国科学院哲学所金岳霖副所长（前排左一）同苏联专家合影（1958年）

上述引用的教学参考书上的文字对汪曾祺文笔的评价是十分中肯的，因为汪曾祺写作此文，并非留意于金岳霖一人，他留意的是那整个一个时代的文采风华，自然要说到闻一多、朱自清、王浩和林徽因。说参考书是"囿于作者身份而作的评价"，不知从何说起，稍通当代文学史的人都知道，汪曾祺的散文无疑是现代文学史上的巅峰之作。但是张老师这篇文章还是提出了一个重要问题，我们认为有必要引起大家的重视：

如果我们一定要找出一个所谓的"总领句""核心句""文眼"来，并说"全文就是围绕这两个字（指'有趣'）生发、展开的"，那只是编者的一种"阅读期待"而已，与文章的实际情形相距甚远。

张老师根据汪曾祺文章的结构、所用素材等角度审读《金岳霖先生》一文，不讨论"有趣"背后的深意，而从根本上质疑"有趣"是本文的"文眼"。读者可能不一定完全接受他对于这篇课文的评价，但是张老师指出的现象，我们有必要深思：没必要老是逮着"文眼"来"曲解"课文；不是所有的文学作品都可以按照一定的程序解读，不要胶滞于"关键词"组织教学；论述类作品需要有关键词、核心概念，文学作品可以有，也可以没有，没有或许更高。中国水墨画的意境，不是从逻辑角度评判的。

另外，张老师这篇文章15个注释，有10个注释的文献来源于同一本书，就是本章上文提到的刘培育主编的《金岳霖的回忆和回忆金岳霖》（四川教育出版社，1995年版），该书2000年有增补版，补充收录了一些新的文章，对其中的年表讹误处有修订。后续的研究者在征引文献时，要注意原编者（作者）是否对文献做过修订，如修订过，最好引用"善本"。

5. 从文字细微处发现深意

前面所举三例，分别从写作意图（呼唤西南联大精神）、文本独特价值（金岳霖的孤往精神）、文体角度（不要以"有趣"作为统摄全文的关键词）等角度解读《金岳霖先生》。实际上，三位教师都想从文本内外发现文本的"深意"。这是语文教师进行教学研究的题中应有之义，我们就是要从这里读出一般人读不出来的东西和忽略的东西，我们必须要有高出学生的文学鉴赏能力和审美批判能力，这是语文教师的看家本领。否则，就是终身沉浸在"一望即知其实一无所知"（孙绍振语）

教理遵辑通俗讲话

为王浩著作《数理逻辑通俗讲话》题写书名（科学出版社1981年版）

的状态里，永远在文本之外隔靴搔痒，在欣赏文学作品时，自己毫无感受，只会说一些浮皮潦草的概念，这样的语文教师，他的课堂怎么能吸引学生？不过，欣喜的是，总有一批教师在孜孜以求。江苏宿迁李彬老师想读出文本的"深意"来，他从"闲笔"入手，又是一番气度[1]：

文本研读的规律告诉我们，文本表层仅仅呈现"是什么"和"怎么样"，而常常把"为什么"隐藏在文本背后。

要真正理解《金岳霖先生》就不能忽略西南联大"思想自由"的大学精神以及金岳霖等人体现出来的"精神圣地"西南联大诸多自由知识分子的"刚健有为"精神魅力。

三位老师都注意了一个问题，汪曾祺写作此文的春秋笔法。这一点应该成为讲授本课需要揭示的一项重要内容。

《金岳霖先生》一文"闲笔"不断：描写金岳霖奇怪穿着之后，展开联想，写到了闻一多和朱自清的穿着、闻一多大骂蒋介石的情景；其后，写金岳霖的得意门生王浩，并联想到王浩"他现在成了洋人——美籍华人，国际知名的学者"，与作者仍有来往；再后，写金先生为林徽因冥寿请客，老朋友们唏嘘不已……这些描写，都是由"本事"言及"他事"，与金岳霖不甚相关，但又成为文章的有机组成部分。这些闲笔一方面创造了联大校园生活和金先生生平事迹的实感氛围；另一个重要方面，这些闲笔又无时无刻不在隐现着"有趣"之外另一个真实的金先生。"希望熟知金先生的人把金先生好好写一写。""其余还有什么，我不清楚，须问王浩。""好好写一写"什么呢？王浩会回答什么呢？他们眼中的金岳霖是一个什么样的人？

---

[1] 李彬.《金岳霖先生》：几处闲笔有深意[J].语文建设，2013（11）.

读这段文字的读者，如果想知道文中的疑问，直接阅读前文推荐的第一类文献即可。看来，1987 年汪曾祺没有看到 1982 年王浩写的文章。这篇文章是在会议上宣读的（那次王浩没有回国，是请人代为宣读的），没有公开发表，收入纪念文集是很多年之后的事。王浩在文前还有一段小序：

今年秋天，中国社会科学院哲学研究所举行"金岳霖从事教学和研究工作 56 周年纪念会"。这样的纪念会在社会科学院范围中还是首次，因为我是金先生的"得意门生"，邀我做书面发言，月前草成一稿，曾寄少数友人几份，请求指正，有的朋友说写得"很有意思，盼能公开发表"，所以加这几句话说明一下写稿的动力。（1982 年 10 月 1 日）[1]

在追忆了老师的生平和学术成就之后，王浩在文末写道：

今年 6 月见到金先生，他正在写回忆录、桌上厚厚的一叠稿子，看到颇为欣慰。可惜他的听力已大为衰退，希望能配到一个合用的助听器，下次交谈可以容易一些。这个意义丰富的"教学科研五十六周年纪念会"我可惜不能亲来参加，希望能容许把我许多冒失的话都保留原状念出来。（1982 年 9 月 1 日于美国）[2]

1982 年，已过花甲之年的王浩在国外书斋中生活了近半个世纪，远离他的老师遭遇到的故国所有政治变迁，在纪念老师的文章里，一些话透露了许多难以言说的感叹，这已经不是本文要讨论的范畴，有兴趣的读者可以去看王浩的文章。

[1]　刘培育主编.金岳霖的回忆与回忆金岳霖（增补本）[M].成都：四川教育出版社，2000：227.
[2]　同上注，第 233 页。

李彬老师列举了一些"闲笔"，留下了一些疑问。他将眼光转向了一个沉重的话题，讨论起金岳霖"随时代浮沉的命运"，关注金岳霖的思想变迁和时局变迁中的沉浮。这是否能成为课堂教学内容？或者只是教师备课时获取的解读文本的背景？李老师写道：

1922 年，尚在英国留学的金岳霖在《晨报·副镌》发表《优秀分子与今日的社会》一文，他详尽阐述了他的知识分子理想："不做政客，不把官当作职业……独立过自己的生活……他们自身本来不是政客，所以不至于被政府利用，他们本来是独立的。"金岳霖和同时代的大多数知识分子一样，对政治不感兴趣，但又保持热情：他曾在许多公开发表的宣言中签过名；对学生运动，他也和多数教授一样一贯持支持态度。

1948 年，为了抗议美国的扶日政策，金岳霖曾带头拒领美国救济面粉……了解这些，这就不难理解文章为什么要提到金岳霖身边的闻一多、朱自清这些著名的民主人士。学生殷海光曾这样描述当年金岳霖对他的影响："他不仅是一位教逻辑和英国经验论的教授，并且是一位道德感极强烈的知识分子。……王浩曾说，金先生的绝大部分文章和 3 本专著都完成于 1948 年底以前。但同样一个金岳霖，在后来却突然发生了变化。一个人如果多年来专心追求一个理想而中途忽然转向另一个理想，恐怕不易得到像持续一个理想所能得到的成绩。"

从反右开始，金岳霖先后参与了对杜威、胡适、罗素、梁漱溟、费孝通、章伯钧的批判。这个"在是非真妄之际一点也不含糊"的人，突然变了。时过境迁，人们对他的选择也许已不再苛求，但如何评价这种选择，对这种选择如何反思，却是不容含糊的。王中江有一段话说得极好："从理智上，我同情他，一心想为他的所为做出辩护，把他个人的悲剧性失误，转换成同时代的悲剧性曲折；但是，从感情上，我不能原谅他，我甚至反感，我要求他对他自己的失误承担责任。"

……金岳霖那一代知识分子，本来就在自由的土壤成长起来的，言论应该是最具独立性的，但在历史巨变中，这种独立性逐渐消失。1952年，金岳霖对殷海光和王浩进行批判。金岳霖晚年，对自己的选择有很沉痛的反思。他说："在解放前，我没有搞过什么政治，那时我似乎有自知之明。我在解放后是不是失去了这个自知之明呢？"话虽委婉，但不难感到自我否定的反省。

1958年，金岳霖参加一个文化代表团访英。当时正任教于牛津大学的王浩，安排金先生在牛津哲学教师会作了一个报告。据王浩回忆，当时听讲的大部分教师觉得金先生的逻辑论证太简单了一些，"可是因为金先生的英式英语特别高雅漂亮，牛津的教师大多数对他很尊敬"。金先生的报告内容没有得到称赞，倒是他的"英式英语"获得"尊敬"。很显然，王浩的话是有言外之意的：金先生后半生的学术贡献不大，因为金先生早年的学术风格消失了。至此，我们逐渐明白，为什么《金岳霖先生》中反复提到王浩，而又隐约其词，作品在此是有所埋伏的。

笔者在审读这篇稿件时当即记下感受：关于《金岳霖先生》，能读到这个层次的教师有几人？汪曾祺也会颔首吧！

当然，金岳霖在五十年代的思想变化到底是怎么回事，不是本文所能讨论清楚的事。有一些语文教师愿意将研究视角伸到更远的地方，值得鼓励。这方面的文献一般在大学学报和哲学、逻辑学等专业杂志上。中国知网上可以搜索到，有兴趣的教师可以查阅研究。对于高中课堂，这些内容可能过于沉重了，建议简化处理。在此，笔者简明表达自己的看法。

　　金岳霖在 1949 年以前，是一个"纯洁而独立"的学者。你只要去翻一下《逻辑》《知识论》《论道》就知道了。他和我们芸芸众生不是一样的人，他是和休谟、康德、罗素站在一起的人，不可以常情常理度之，包括他与林徽因的故事，我们看到太多自作多情的解读，基本上是自说自话。

　　不可否认，1949 年之后，他发生了巨大的变化。我们看看"金岳霖年谱简编"中的 1949 年（己丑），金岳霖 55 岁。

任清华大学哲学系主任（后排左四），1951 年与哲学系毕业生合影

　　1 月，"中共"军队和平占领北京。

　　3 月 16 日，填写工作人员登记表，在"对工作的意见及希望"一栏中写道："对研究哲学仍有兴趣，盼望能继续教书。"

　　7 月 8 日，中国新哲学研究会筹备会在北京成立，任筹备委员会常务委员（推荐李达为会长）。

　　9 月，经清华第 21 次校务委员会讨论决定，任清华哲学系主任。

　　10 月，在北京天安门，听毛泽东宣布"中国人民从此站起来了"时，高兴得几乎跳起来。清华大学成立辩证唯物主义与历史唯物主义教学委员会（简称"大课委员会"），为 12 名常委之一。

　　是年，在北京饭店见到周恩来，留下了很好的印象。

是年，给在美国的王浩写信，劝其回国工作。[1]

"高兴得几乎跳起来"一定是真实的情感。但是后来他在政治上的许多表态，特别是对以前研究的否定，则要细加分析。金岳霖是复杂的，确实不能将汪曾祺笔下漫画式的"有趣"，简单理解为单纯和率真，这里面有许多苦味，也有许多难以说出的滋味。

但笔者相信，金岳霖是一个最有理性的人，他的内心是清楚的，在对真理的坚持上，他是最为倔强的，因此，笔者猜想，一方面，他感觉是到了一个从未有过的新时代，他自有那个时代真诚的欣喜；另一方面，他是不是想借表态和认错省去许多麻烦，虽然这些麻烦他也未能逃掉，但是他毕竟比同时代的其他人好一些（见前所引吕叔湘文"金先生不属于我们这一群"，可知其中意味）。20世纪50年代，他和最高领袖一起吃过四次饭，这不是其他学者当时能享受到的荣耀。后来领袖建议他接触社会，据说他就此坐上三轮车逛王府井，有人据此评价金岳霖毫无城府，是个彻头彻尾的书呆子，有人从中读出了悲凉。其实，吕叔湘先生1987年就做了解释（见前文），这件事经过汪曾祺的文学笔法使得大家容易去附会一些内容，实际没有那么复杂。不过，大家思考的路径是对的，大家想讨论的问题是：这样一个了不起的自由知识分子，前半生在中国逻辑学和知识论体系方面有开山之功，后半生学术成就却大大减少，他的后半生应该有许多苦涩。这些苦涩他本人感觉到了吗？这类自由知识分子的共同经历，后人是不是该整体思考？

四、基本结论

要对经典的现代文学类文本进行解读，总体目标是：不要有太多的个

---

[1] 王中江，安继民.金岳霖学术思想评传［M］.北京：北京图书馆出版社，1998：301.

人私见，不主观臆断，不刻意求新求异；所有的解读，要基于对文献的全面把握，我们要真去读原著，真懂得大时代的背景，得出的结论要稳妥、深切、有味道。

有追求的教师在解读文本时，希望离开常规解读，力求读出自己的独特感受。这种追求是好的，但是，一定要了解别人已经说了什么，"我"还可以说什么。不要以为文本解读（文学批评）是一块空白地域，要看清楚前人留下了什么，同行留下了什么。

上面以一篇课文为例，主张对经典文本的解读必须关注两类文献，然后梳理第一类文献，举出第二类文献的具体例证，讨论了这些文献的优点和不足，为后续研究提供了方向和话题。

经典课文的篇目不少，循此研究，广泛阅读文献，多看慎说，每个教师都可以从中获益。

分论

备课

对经典文本的解读需要充分占有文献资源。

解读者要在理解、贯通前人成果的基础上进行探讨，不能仅凭个人感觉推断和臆测。本文以理解"天姥"梦境为例，寻找关于梦境歧见的根源——陈沆《诗比兴笺》，在汇通前人不同见解的基础上，谨慎提出新说。

本文推荐的教学资源：施蛰存的《唐诗百话》。

一、释李白的"天姥"梦境

天宝三年（744年），李白被唐玄宗赐金放还。离长安后，李白曾与杜甫、高适游梁、宋、齐、鲁，又在东鲁家中居住过一段时间。一般认为，天宝四年（745年），诗人告别东鲁诸公，启程南下之前写下了《梦游天姥吟留别》。

学界对这首诗主旨的解释大致如下：

"表现了作者鄙弃尘俗，蔑视权贵，追求自由的思想。"（朱东润《中国历代文学作品选》）

"梦境的自由美好，更加强了他对现实中权贵人物的憎恶和反抗。餐霞饮露的求仙生活是他所神往的，但是他也很明白这种生活只是一种无可奈何的排遣忧愁的手段。"（游国恩等《中国文学史》）

"诗中表现了诗人耻事权贵，向往仙境，以求解脱的思想感情。"（王力《古代汉语》）

"篇末揭示诗旨，表现了蔑视权贵的傲岸精神。"（马茂元等《唐诗

三百首新编》）

对于主旨，除极个别人持不同意见外[1]，基本达成共识。对于李白的天姥之梦，却有不同理解。

1. 描写梦境诗句的内部矛盾

诗人是怀着美好的想象开始梦游之旅的，在梦境中，他首先看到的是：

谢公宿处今尚在，渌水荡漾清猿啼。脚著谢公屐，身登青云梯。半壁见海日，空中闻天鸡。千岩万转路不定，迷花倚石忽已暝。

对这幅画面的阐释，一般没有不同意见，大都认为画面明朗，诗人此时心情是开朗愉悦的。接下来的几句就引起了争论：

熊咆龙吟殷岩泉，慄深林兮惊层巅。……霓为衣兮风为马，云之君兮纷纷而来下。虎鼓瑟兮鸾回车，仙之人兮列如麻。忽魂悸以魄动，恍惊起

---

[1]　详见史靖宝《一首被误读了千年的诗歌》（《名作欣赏》2011年4期）。该文认为《梦游天姥吟留别》并非表达了诗人蔑视权贵的思想，而是诗人在继续依附权贵与退隐山水之间的无奈选择，是英雄末路、怀才不遇、不得不向现实低头的无助，是抱负落空、退一步"海阔天空"时的怅惘与迷茫。这是作者的误读，因为李白的选择虽然很清楚很决绝，但并不意味着他的选择没有内心挣扎。关于这一点，孙绍振《在游仙中的人格创造——〈梦游天姥吟留别〉解读》分析得更为翔实：可以说有两个李白。散文中的李白，是个大俗人；诗歌中的李白，则不食人间烟火。由于散文是实用性的，是李白求得飞黄腾达的手段，具有形而下的性质，故李白世俗的表层袒露无遗。两个李白，都是真实的……和当时庸俗文士一样，不能不摧眉折腰，甚至奴颜婢膝；李白之所以是李白，就在于他不满足于这样的庸俗，他的诗歌就表现了他有一种潜在的、深层的、蔑视摧眉折腰奴颜婢膝而追求超凡脱俗的自由人格。在诗歌中，生动地表现了李白在卑污潮流中忍受不了委屈，苦苦挣扎追求形而上的解脱。……他那反抗权势的激情、他的清高、他的傲岸、他的放浪形骸、他的落拓不羁的自豪，使他和现存秩序的冲突尖锐起来，游仙、山水赏玩，激发了他形而上的想象。《梦游天姥吟留别》正是他政治上遭受挫折后的作品，他的人格就在诗的创造中得到净化，得到纯化。（详见《语文建设》2010年4期）。李白内心有挣扎，挣扎之后有明确的选择；否定他蔑视权贵，是真正的误读。

而长嗟。惟觉时之枕席，失向来之烟霞。／世间行乐亦如此，古来万事东流水。……安能摧眉折腰事权贵，使我不得开心颜！

本来是一幅清幽开朗的画面，突然有了熊的咆哮、龙的长吟，这些声音震动了浓密的树林和嶙峋的山石。正当诗人惊悚之际，出现了一大批仙人，并且有老虎鼓瑟，鸾鸟拉车。诗人此时神情慌乱，连声嗟叹，从梦中醒过来后，发现刚才的景象全没了。不由感叹：世间快乐的事也是这样啊，转瞬即逝，如东流之水。

读者不禁要问：这梦境到底是愉快的还是惊恐的？

如果是愉快的梦，为什么会出现"熊咆龙吟"等让人恐怖的场面？为什么诗人此时"魂悸魄动"，从梦中惊醒之后还嗟叹连连？

如果是惊恐的梦，为什么醒来后说"世间行乐亦如此（惊悸）"？又说"失向来之烟霞"（美妙）？

如果是愉快的梦，则是诗人对美好世界的向往，即山水之乐弥补了他在朝廷的不如意；

如果是惊悸的梦，则代表官场不快的回忆追逼而来，现实的阴霾扎根在诗人脑海里了。

李白是飞扬的诗人，满脑子是结结实实的想象，我们要一一坐实他那些充满狂想甚至近于"谵妄"的诗句，无异于缘木求鱼；尽管如此，我们又不得不搞清楚诗人到底在说些什么，阅读者必须从片言碎语里分析说话者真实的心态。

即使怀着这样认真求索的念头来探讨，结果还是聚讼纷纭，莫衷一是。

周明、胡旭《〈梦游天姥吟留别〉创作主旨辩》在表明自己看法之初，还有一番很有意思的议论。文章说："在学术领域里，提倡一种新说，或确认一种新说，都是十分艰难的，因为旧说先出，占有先入为主的优势；有的旧说，还可能借助某种'法定'的形式广为流传，因而极难撼动。对李白的名作《梦游天姥吟留别》主旨的探讨就是一例。……我们是不赞同旧说的。

71

面对这种众寡悬殊的学术论争状况，我们耐下心来，读书思考，投入一分力量，为新说张目。"[1]——引用这段话并非同意或反对他们的观点，而是强调，文学不是实验科学，很难显性地证实自己的观点正确，在提出新说之前，要有确凿的证据和严密的逻辑推理，或者有其他无可移易的材料佐证，否则，只是治丝益棼，徒然生乱。

笔者这样说，并非针对周文，只是试图对这一纷乱进行梳理，不求立异标新，希望能理清本诗的基本思路。

2. 对梦境的解读

对于这首诗描写的梦境，传统的理解是李白追求自由美好的境界，梦境是黑暗现实的对照，表现了诗人对神仙世界的向往，寄托了诗人渴望自由和个性解放的理想。另一种完全相反的观点认为：梦境根本不是李白追求的理想境界，而是李白不堪回首的宫廷生活的记忆残留。传统观点已成为教科书的定论，后一种观点多年来不断有人重申，但说者呶呶，应者渺渺。以至于有人指出，"虽然长久以来就有这种反传统的观点存在，但是持这种观点的人数毕竟很少，道理也未能说得透彻，因而影响不大，根本不能形成与传统观点相抗衡的力量，更不要说动摇传统观点的统治地位了"。[2]而如果传统观点确凿无误，为什么总有人提出完全相反的意见呢？如果后一种说法经得起推敲，为什么未被广泛接受？

第一种说法在教科书里占主导地位，暂不讨论。我们先讨论后一种说法。

（1）观点梳理

查核持后一种说法的文章，他们有一个共同的来源，那就是清代诗人

[1] 周明，胡旭.《梦游天姥吟留别》创作主旨辩[J].江苏教育学院学报（社会科学版），1998（1）.

[2] 刘志璞.功名梦幻灭 浩歌辞魏阙——《梦游天姥吟留别》指归揭秘[J].名作欣赏，1996（4）.

陈沆 (1785—1826) 的《诗比兴笺》。陈沆在对此诗的笺释中，对天姥梦境提出了不同看法，陈沆的观点是后一种说法的源头，为了讨论方便，本文不避繁复，征引如下：

笺曰：此篇昔人皆置不论。一若无可疑议者。试问题以留别为名，夫离别则有离别之情矣，留赠则留赠之体矣。而通篇徒作梦寐冥茫之境，山林变换之辞，胡为乎？忽魂悸以魄动，恍惊起而长嗟。此于留别何谓耶？果梦想名山之胜，而又云世间行乐亦如此，古来万事东流水。又何谓耶？所别者，东鲁之人，而又云安能摧眉折腰事权贵，使我不得开心颜，又何谓耶？盖此篇即屈子远游之旨，亦即太白《梁甫吟》：我欲攀龙见明主，雷公砰訇震天鼓。帝傍投壶多玉女，三呼大笑开电光，倏烁晦暝起风雨。阊阖九门不可通，以额扣关阍者怒之旨也。太白被放以后，回首蓬莱宫殿，有若梦游。故托天姥以寄意。首言求仙必难，遇主或易欲因之梦吴越，……欲乘风而至君门也。身登青云梯……言金銮召见，置身云霄，醉草殿廷，侍从亲近也。忽魂悸魄动以下，言一旦被放，君门万里。故云惟觉时之枕席，失向来之烟霞也。……题曰留别，盖寄去国离都之思。非徒酬赠握手之什。[1]

陈沆《诗比兴笺》

陈沆（1785—1826），"沆"读 hàng，著名诗人，文学家，被魏源称为"一代文宗"。字太初，号秋舫，室名简学斋，白石山馆。蕲水（今湖北浠水县）人。清嘉庆二十四年（1819）中进士一甲一名，其策论文章，气势雄浑，论述精辟，笔力奇健，授翰林院修撰，清道光

[1] 陈沆. 诗比兴笺 [M]. 上海：上海古籍出版社，1981 年新 1 版：158 ~ 159.

二年（1822），任广东省大主考（学政），次年，任清礼部会试同考官。官至四川道监察御史。

《诗比兴笺》以笺古诗三百篇之法，笺释汉、魏、唐之诗。使读者知比兴之所起，即知志之所之也，可得其法，可明其理。

20世纪70年代，施蛰存援引陈沆的说法，对此诗再做进一步阐释：

我同意陈沆的讲法。把第二段诗句仔细体会一下，可知作者所要表达的不是梦境的虚幻，而是梦境的可怕。游天姥山是一个可怕的梦；在皇帝宫中做翰林供奉，也是一个可怕的梦。……陈沆引用李白另一首诗《梁甫吟》来做旁证，确实也看得出这两首诗的描写方法及意境都有相似之处。李白有许多留别诗，屡次流露出他被放逐的愤慨。把这些诗联系起来看，更可以肯定游天姥山是游皇宫的比喻。[1]

检索中国知网，发现自20世纪90年代以来，几乎每年都有人重拾此说，要重新阐释本诗的梦境含意，为本诗的主旨正本清源。为讨论方便，按年代顺序，任意摘取各家主要观点，列表如下。

诗句	阐释	诠释者
1. 海客谈瀛洲……一夜飞度镜湖月。	天宝元年秋，由于道士吴筠的举荐，唐玄宗之妹玉真公主的说项，李白奉召入京……步履是轻快的，心绪是亢奋的……	陆精康（1998）
	诗篇的这一开头是诗人用形象的方法表明对求仙或入仕的人生道路的选择……诗人用仙界之"难求"衬托入仕之可行，决意由隐入仕。	周明胡旭（1999）
	诗人由应召到入长安，由一介布衣到天子近臣的经历，其间的心情也是激动兴奋，甚至还有些得意，这与梦中登上天姥山的情调何其相似。	付洁（2013）

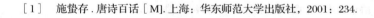

[1] 施蛰存. 唐诗百话 [M]. 上海：华东师范大学出版社，2001：234.

2.	湖月照我影……渌水荡漾清猿啼。脚著谢公屐……空中闻天鸡。	李白昂然入京踌躇满志……这些诗句如实描摹出这种心态。……"天庭"常常是皇室的象征……大唐宫庭的煌煌气象赫赫声威令诗人目不暇接倾心醉倒。	陆精康
		表面上写登山，本意写应征入朝。"青云"二字，李白诗中多用，均指功名富贵。	周明 胡旭
		多么轻松便捷，似乎毫不费力地攀登着天姥山的石阶。	付洁
	千岩万转路不定，迷花倚石忽已暝。	"路不定"，暗示诗人在优宠词客和"辅弼"直臣之间心理上的两难选择；"忽已暝"，则透出诗人直觉前景黯淡的一种心态。	陆精康
		表面上写峰回路转、身入迷途，实际上是写入朝后仕途坎坷、迷惆苦闷，……朝廷上君昏臣乱，政局可惊可怖。	周明 胡旭
		……众多歧路出现在面前，曲折难辨，无法选择。天色渐渐晦暗下来，诗人隐隐感到了前途的渺茫和凶险。	朱家亮（2012）
	熊咆龙吟殷岩泉……水澹澹兮生烟。	此时又传来"熊咆龙吟"之声，如万钧雷霆，瀑布轰鸣，深林为之战栗，层岳因此震惊。此时此刻，人何以堪？恐怕早已是毛发俱竖，魂飞魄散了。	朱家亮
		这是梦中险象横生、阴森可怖、令人胆战心惊的景象。而李白在做了供奉翰林之后，由于不向权贵"摧眉折腰"，即遭到权贵的排挤和谗毁，也正是李白仕途险象环生、危机四伏的时候。	付洁
	列缺霹雳……仙之人兮列如麻。	……一个人格化的"神仙世界"，这一"神仙世界"是设立在一个深"不见底"的"洞天"之中……金银台上却不见抒情主人公李白的踪影……不错，这个"神仙世界"是诗人曾经向往并狂热追求过的，看到的是轻歌曼舞遮掩下深宫禁苑政治的深不可测。长安城中的宫廷权贵被幻化成天姥山上的各方神仙。	陆精康
		似乎描写了缤纷缭乱、美妙无比的神仙盛会，实际是写李林甫、杨国忠等奸佞小人粉墨登场、弄权误国的一场闹剧。	周明 胡旭
		……好像是众仙的聚会，实际上分明是皇帝天子出场的情景。……金台银台与日月交相辉映，光芒万丈，令人神迷目眩。这种场面无疑是宫廷生活的再现：外表富丽堂皇，内里却是深不可测。	朱家亮
		这神仙盛会图实是皇家盛会图。神仙盛会岂能容凡人介入？	付洁
	忽魂悸以魄动……失向来之烟霞。	诗人的游仙梦即从政梦在他的魂魄惊悸中结束了，此时，他应该吓出一身冷汗。	周明 胡旭
		如果不是可怕的梦，怎么会使其魂悸魄动，胆战心惊，又怎能令他"惊起"而且"长嗟"呢？……李白却被梦惊醒了，醒来之后没有感到丝毫可回味迷恋的东西，反是心有余悸，惊魂未定。难道这是美梦所致吗？	朱家亮
		噩梦惊醒，不觉感慨万千。追求功名的美梦破灭了，李白也彻底清醒了。	付洁

3.世间行乐亦如此……使我不得开心颜！	天姥一梦，经历了由喜而惊、由惊而怨、由怨而叹的奇谲变化，这与李白入京、遭谗、被疏、放归的长安经历异质同构极其相似。……李白政治生活的大失败决定于诗人桀骜不驯的个性……从不事权贵的一声呐喊中，我们品味到的，不仅有凛然的正气、满腹的愤怒和清高的个性，还有"骜放"的痛苦、"坠天"的酸楚和"归山"的无奈。	陆精康
	对梦境、仙境即三年翰林待诏生活的正面否定。诗人再一次把蔑视投向他曾经亲历的神仙世界，决心和封建统治阶级决裂，开始了对自由的追求。	周明 胡旭
	诗人已从噩梦中醒来，"且放白鹿青崖间"，最后两句既是愤激之词，也是诗人性情的自然表现，确为全诗最为突出的亮点。	朱家亮
	功名梦醒之后的愤慨之情、反抗精神溢于言表。……大彻大悟的悲愤之辞，是诗人与仕途生涯告别的郑重声明。	付洁

（2）辨析

总体来看，上引不同年份作者的观点，大都按照陈沆指示的路径进行阐释。且将梦境一一落实，得出人物时间地点完全对应的结论，看似确凿，但如此解诗，使得饱满飞扬的想象画面全部变成丝丝入扣的现实经历，有坐实之嫌。

李白在宫廷中侍奉权贵，最终又离开宫廷，不能不有一番感慨，这是本诗的写作背景；但赏析此诗，不能只关注历史背景和政治隐喻；即便探幽索微，也要有充分的理由得出令人信服的结论。

①关于第一段

以上列举诸人对诗歌第一节的解说，意见大体一致，"一夜飞度镜湖月"表明诗人游览天姥山的心情十分迫切，这是字面意思；由于上述诸人都遵循陈沆的观点，认为诗歌描写的梦中游仙而惊醒的过程，是对诗人从入宫到放还的隐喻；遂曲为之说，强调此刻的"飞度"暗示了当年从江湖到朝廷的晋身之旅，而不是诗人离开东鲁，渴望饱览越中山色的"梦游"。

诗人失宠于朝廷，在东鲁盘桓时心里仍念念不忘长安。他在这一时期的诗作《单父东楼秋夜送族弟沈之秦》中写道："一朝复一朝，发白心不改。

屈原憔悴滞江潭，亭伯流离放辽海。"他以屈原自比，对王朝仍有一份炽热之心。一方面，李白执着于建功立业，直到暮年仍积极参加永王璘幕府渴望报效国家；另一方面，他还有"待吾尽节报明主，归来相携卧白云"功成身退的洒脱。诗人在东鲁待了一段时间，未被唐玄宗召回，遂有了游历名山的念头。此时"梦游天姥"，是因为他一贯爱好游览名山、求仙访道，并不一定暗示他对仕途的渴望，"一夜飞度镜湖月"应该与奔赴朝廷时的"仰天大笑出门去"无涉。

②关于第二段

这一段，诗人极尽渲染之能事，描摹他想象中的天姥盛景：夜晚水月相映，猿猴清啼；清晨天鸡打鸣，云海日出；"青云梯""天鸡"暗示着前方是一个接近仙境的迷幻而神奇的所在。

这时，千岩万转恍若无路可走，峰回路转又拨云见日；熊咆龙吟震于灵山；云雾缥缈水雾迷离。这些场景的确有一些让人不安，近似于暴雨将至、雷电将来之前的情景。不过，这主要是从前面的幽静慢慢演进而来，为"列缺霹雳"做准备。"青冥浩荡不见底，日月照耀金银台"源自郭璞《游仙诗》"神仙排云出，但见金银台"，在李白笔下，壮丽的神仙洞府一朝显现，缥缈如风如云的仙人纷至沓来，令人眼花缭乱、目瞪口呆。这些场景让人摆脱了时空的束缚，在经历了恍惚、恐惧之后天门大开，我们终于见到了一个全新的世界。这是李白式的梦幻和想象：升天入地，雄奇壮伟。

发生理解歧异是有人认为"熊咆龙吟"的场面让人惊恐，遂将这一场面比附为险恶的宫廷生活。查《李太白全集》，发现集中写到熊、龙的诗句如下：

1. 翠色落波深，虚声带寒早。龙吟曾未听，凤曲吹应好。（《十咏亭·慈姥竹》）

2. 烟花宜落日，丝管醉春风。笛奏龙吟水，萧鸣凤下空。（《宫中行乐词·其

三》)

3. 水至亦不去，熊来尚可挡。微身奉日月，飘若萤之光。（《乐府·秦女卷衣》）

4. 节制非桓文，军师拥熊虎。人心失去就，贼势腾风雨。（《经乱离后天恩流夜郎忆旧游书怀赠江夏韦太守良宰》）。

5. 大贤在其间，战夫若熊虎。破敌有余闲，张子勇且英。（《送张遥之寿阳幕府》）

检索上述诗句可知，李白诗中的"龙""熊"意象或优美或雄伟。

句1、句2中的"龙吟"指代美妙的笛声，悠扬清越，与恐怖无关。

句3的"熊"属于用典，典出《汉书·外戚传》："建昭中，上幸虎圈斗兽，后宫皆坐。熊佚出圈，攀槛欲上殿。左右贵人傅昭仪等皆惊走，冯婕妤直前当熊而立，左右格杀熊。上问：'人情惊惧，何故前当熊？'婕妤对曰：'兽得人而至，妾恐熊至御座，故以身当之。'"原诗咏秦女侍奉天子忠贞不渝，诗人可能借以自喻。诗中"熊"作为凶猛动物出现是为了表现秦女的忠贞，跟恐怖无涉。

句4、句5的"熊"与"虎"组合成词，指代"勇猛的将士"。

因此，诗中"熊咆龙吟"的场景，是从"渌水荡漾"的幽静过渡到"洞天石扉，訇然中开"的壮伟高潮的前奏；也是为了引出后文"霓为衣兮风为马，云之君兮纷纷而来下。虎鼓瑟兮鸾回车，仙之人兮列如麻"的雍容华美。"忽魂悸以魄动"一句，强调的是梦游所见景象令人震撼，并非指官场险恶。

总起来看，"天姥"梦境是诗人放浪纵恣的想象，画面壮丽丰赡，雄浑奇幻，未必指向理想自由世界，更非朝廷生活的苦痛记忆。

以李白飞扬的个性，不会停滞在对往事的痛楚追忆之中，这样说当然不意味着李白没有痛楚，李白的可贵之处是随时能拔掉这些逼进身体里的芒刺，而不是自怨自艾或者玩赏伤口。如果我们把诗人放松的梦游坐实为一次次不愉快经历的回放，是不是唐突了诗人？

③关于第三段

第二段分析得出的结论：梦境是雄浑壮伟的。这样也好解释诗人从梦中惊醒后嗟叹连连的原因。嗟叹的不是从噩梦中苏醒，也不是从理想的世界跌回现实，而是梦境给自己的刺激太强烈，猛一醒过来，还有点回不过神来。在见到仙人仙境的瞬间，烟霞瞬间散去，梦中感受和现实强烈的对照让人恍然长叹。

至于"世间行乐亦如此，古来万事东流水"，不过是说人世间的富贵荣华、欢愉享乐也和这梦境一样，在转瞬之间就会如逝水东流。"行乐"尚且如此，"失意"又会如何？在这个世间经受的一切成功和失败、遇和不遇，放到永恒的白鹿青崖面前，都不值一提。这种思路被苏轼继承了：

苏子曰："客亦知夫水与月乎？……盖将自其变者而观之，则天地曾不能以一瞬；自其不变者而观之，则物与我皆无尽也，而又何羡乎！……唯江上之清风，与山间之明月，耳得之而为声，目遇之而成色，取之无禁，用之不竭。是造物者之无尽藏也，而吾与子之所共适。"

只是，李白选择了白鹿青崖，苏轼选择了清风明月。

一个有灵魂的人，如果一直憧憬着报效明主，在终于被奸佞阻断了这条路或者被明主厌弃了的时候，能有什么选择？要么放弃理想，阿世取容；要么决绝离开，保持精神的清洁。如果像道家一样跳开来看，这世间的一切"风流总被雨打风吹去"，有什么比坚守内心的准则更重要的呢？

综上，李白做的这个白日梦，既非象征自由，也非宫廷生活的痛苦回忆，不过是说，"我"在梦中有了极度丰富的生命体验——包括世俗意义的成功，亲近天颜；也包括世俗意义的失败，以及失败带来的苦痛和迷惘——这一切都变成了"曾经"，现在"我"醒过来了，对那些"我"过去看重的种种，不再留恋，不想留恋。这种心境之下，李白高傲地不屑地呼喊："安能摧眉折腰事权贵，使我不得开心颜。"

诗人骑着白鹿行走在青青的山崖间，这种一清二白的生活是诗人自觉自愿的选择。幽美或壮丽的梦境，是诗人博大深厚的生命体验；梦醒之后，诗人的精神境界充实完足：他要离开长安，离开那些权奸佞幸，离开那些乡愿禄蠹。他要走了，轻捷的白鹿，载着清洁的诗人，行走在空谷之中，空谷回响："我"跟你们是不一样的人，你们的一切，已与"我"无关。

施蛰存《唐诗百话》

施蛰存（1905—2003），原名施德普，字蛰存，常用笔名施青萍、安华等，浙江杭州人。著名文学家、翻译家、教育家。1932年起在上海主编大型文学月刊《现代》，并从事小说创作，是中国最早的"新感觉派"的代表。1952年调任华东师范大学教授。有《施蛰存文集》。

《唐诗百话》后记

作者以数十年来对中国古典诗学的潜心探索，以严谨考证和比较文学研究的方法融贯于皇皇巨册的《唐诗百话》。此书深受海内外学术界高度评价和广大读者热烈赞誉，美国耶鲁大学等名校也将《唐诗百话》作为汉学研究课程的教材。施先生在本书后记谦逊地写道：

《唐诗百话》全书编成，写了"序引"，自己又回顾一下。忽然感到，我这本书，有一个很大的缺点：目的性不明确。到底这本书是为谁写的？有哪些读者会认为这本书有需要？

古今中外一切文学作品，都是供人们随时随地浏览，以消遣闲暇，陶冶性情。一般读者并不把文学作品作为研究对象，根据近年来的语文教育水平，一个初中学生应当能阅读《三国演义》《水浒传》这一级的古典文学作品。一个高中学生应当能阅读《长生殿》《牡丹亭》这一级的古典戏剧，也能看得懂《唐诗三百首》，看得懂《古文观止》中的一部分文言散文。一个语文基础更好的高中毕业生，应当能自己阅读时代较古的韵文和散文。这样，一个普通青年的语文文化水平也就够了。他们读唐诗，尽管可能有体会不够或误解的情况，但大概都能获得消遣闲暇，陶冶性情的效果，他们是在欣赏文学，不是研究文学。这也足够了。

像唐诗、宋词、《水浒》《红楼》这一类普通文化读物，向来没有注释，这也并不妨碍读者的欣赏。从来没有一个读者想查考大观园在什么地方，也没有人想到查考《水浒传》中一百单八位头领有几个是实有其人。读到唐诗，"商女不知亡国恨"，也没有人问这个商女是本地人还是外地人；读到"江枫渔火对愁眠"，也没有人怀疑这个"江枫"是树呢还是一座桥。如果有人提出这些古怪问题，肯定有许多读者会诧为异想天开。

可是，有不少笺释、分析、评论文艺作品的学者，偏偏喜欢提出诸如此类的古怪问题，从而又得出各种新颖惊人的答案。我开始写这本书的时候，只是打算从文学欣赏角度来诠释每一首诗的含义，最多兼做些扫除语文障碍的工作。可是，在写作进行过程中，一查阅各种版本的新旧著作，才发现了许多古怪问题，不但近年来有，而且是历代都有。这样，就不免要做些查核、考证、辩驳的工作。这样一来，不知不觉地离开了帮助读者欣赏唐诗，而把读者引进到研究唐诗的路上去了。当然唐诗不是不值得研究，不过，如果为欣赏而做这种研究工作，对于一位仅仅要欣赏唐诗的读者，却是加重了不必要的负担。

因此，我感到，这本书的问题是写得不上不下。如果把它作为唐诗研究的专著，则学术水平远远不够高；如果把它作为唐诗欣赏的普及读物，这又显得太烦琐，有许多枝节话，本来不用牵涉进去的。现在，书已写成，也无法改弦更张，我只希望读者各取所需，如果我能在欣赏与研究两方面，都能提供点启发的话，就算它没有失败。（施蛰存）

从传统课文里发现新见很不容易，有时也没有必要。对绝大部分教师而言，将课文的核心教学内容传授给学生即可。但是在备课过程当中，为了加深对教材的理解，有必要阅读与文本相关度较大的教学资源。

《荆轲刺秦王》要教给学生哪些文言知识和文言文阅读策略，了解《战国策》的叙事艺术，对这些内容要掌握到什么程度，一般情况下这已不是难题。但如果对专门篇目进行研究性学习，如探讨《战国策》的叙事艺术，就有必要搜寻叙事学方面的资源。本文从图文互证的角度切入，结合西方对语言艺术和造型艺术区别的研究，阐释历史散文对刺秦这一事件叙述的选择和流变情况。

推荐的教学资源有：［德］莱辛《拉奥孔：论诗与画的界限》，杨义《中国叙事学》等。

二、图文互证：惊心动魄的那一刻及其他
——《荆轲刺秦王》备课札记一

古人形容藏书多曰"左图右史"，实际上，古代不少图书的确是图文互参的，早的如《诗经》，可以在政治外交文化等功能之外，帮助读者"多识于鸟兽草木之名"；近的如明清时期一些书的卷头画有书中人物，称为"绣像"；而有些书，书页上面是插图，下面是文字，称为"出相"，近年一些

古籍社翻印的《唐诗三百首》《千家诗》就保留了"出相"，读者可以一面诵读诗句，一面赏玩图像。这些都说明"读图"不是现在发生的事，不过，全民进入"读图时代"却是现代技术带来的结果。"读图"是一种自然选择，因为图片、影像比文字生动、有趣，读图还能节省阅读时间。

有人说图画阻碍了人们的想象，其实，会读图也能丰富人的想象。图画应是语文教材重要的组成部分。本文且从荆轲刺秦王的文本阅读和图像阅读入手，探讨图文互证中的种种意趣。

1. 刺秦文本故事的原作者：是刘向还是司马迁，或者另有其人？

（秦王）乃朝服，设九宾，见燕使咸阳宫。荆轲奉樊於期头函，而秦武阳奉地图匣，以次进至陛下。秦武阳色变振恐，群臣怪之，荆轲顾笑武阳，前为谢曰："北蛮夷之鄙人，未尝见天子，故振慑，愿大王少假借之，使得毕使于前。"秦王谓轲曰："起，取武阳所持图。"轲既取图奉之，发图，图穷而匕首见。因左手把秦王之袖，而右手持匕首揕之，未至身，秦王惊，自引而起，绝袖。拔剑，剑长，操其室。时惶急，剑坚，故不可立拔。荆轲逐秦王，秦王还柱而走。群臣惊愕，卒起不意，尽失其度。而秦法，群臣侍殿上者，不得持尺兵。诸郎中执兵皆陈殿下，非有诏不得上。方急时，不及召下兵，以故荆轲逐秦王，而卒惶急无以击轲，而乃以手共搏之。是时，侍医夏无且以其所奉药囊提轲。秦王之方还柱走，卒惶急不知所为，左右乃曰："王负剑！王负剑！"遂拔剑击荆轲，断其左股。荆轲废，乃引其匕首提秦王，不中，中柱。秦王复击轲，被八创。轲自知事不就，倚柱而笑，箕踞以骂曰："事所以不成者，乃欲以生劫之，必得约契以报太子也。"左右既前斩荆轲。

多种版本的高中语文教材都收有《荆轲刺秦王》，课文选自《战国策·秦策三》，上面所引文字是"刺秦"这一故事的精彩片段。

《史记·刺客列传》记叙荆轲的故事，与《战国策》仅有极细微的文字变化；《燕丹子》对这一故事的叙述最为详细。这段故事的最初书写者到底是谁，学术界一直有争议。

汉代班固认为《史记》引用过《战国策》史料，清代方苞、吴汝纶等人认为《战国策》曾割取《史记》原文。至于《燕丹子》出自何时何人之手，也是众说不一：一种意见认为《燕丹子》在《史记》之前，是秦汉之间的作品，如宋代马端临、清代孙星衍，鲁迅《中国小说史略》亦沿袭孙说；另一种意见认为，《燕丹子》当在《史记》之后，是唐以前的作品，如明代胡应麟等。

赵生群认为："刘向据以校定《战国策》的书非止一种。《战国纵横家书》的出土，《说苑》《新序》等书的存在，也可以证明战国史料流传的广泛。……在司马迁采取的战国史料中，有一部分和刘向校书时所用的材料相同，这是《史记》《战国策》两书部分篇章惊人相似的原因；同时，《史记》所依据的大部分资料又与《战国策》存在着差别，这便是两书记言叙事有着诸多不同的答案。"[1]

赵说为允当之论。荆轲刺秦王的故事在汉以前已有流传，至汉代已基本定型，《史记》《战国策》参考了此前的战国史料，《燕丹子》应该是司马迁和刘向之后经过删改增饰而成的著作。

关于本段文字的作者，李开元认为："荆轲刺秦王，夏无且是秦始皇的御医，是事件的当事人。秦始皇在殿上被荆轲追逐，他以药箱掷击荆轲，事后得到秦始皇的赏赐，是该重大历史事件的活见证，他的口述证言，最有可信性。夏无且是名医，经过秦末之乱，一直活到西汉初年，他与公孙季功、董生有交往，将亲身经历的事件讲述与他们，再由公孙季功和董生传述于'余'，即本篇作者之太史公——这里的太史公，不是司马迁，而是司马谈。"[2]

这些口耳相传的故事离汉代还不算远，本段文字作者即使不是司马迁父亲司马谈，也应是此一时期人。从叙事角度看，这段文字渲染了紧张的情节，运用了精准的动词，人物视角转换自如，文笔精练传神，是师生喜欢诵读的精彩片段。对这段文字的解读也常见诸教师的教学设计和相关赏析文章；至于作者是刘向还是司马迁或者司马谈，对中学语文教学而言，本非重要问题；不过，文献作者是谁虽不重要，先秦文献经汉代整理者征引改定并传播这一事实，我们还是应该知晓。

2. 刺秦图画故事：汉代的墓室画像

先秦故事有个流传和沉淀的过程，除了文字史料之外，还有不少画像资料保存，这也是了解故事传播和赏析文本的绝好材料。本文拟从图文互证的角度为教师备教本文提供一个新的视角。

[1] 赵生群.论《史记》和《战国策》的关系 [J].南京师范大学学报，1990（1）.

[2] 李开元.论《史记》叙事中的口述传承 [A].黄留珠，魏全瑞主编.周秦汉唐文化研究第4辑 [C].西安：三秦出版社，2006：71.

　　"荆轲刺秦王"这一战国末年的故事，和同一时期"完璧归赵""二桃杀三士"的故事，在汉代墓室画像中经常出现，本意大概是想通过故事中勇士的力量来驱鬼避疫，起到辟邪镇墓之效。这些留存下来的画像在文化史和美术史上有其重要意义，在帮助我们认识古人生活、解读古代文献方面也有重要价值。"荆轲刺秦王"画像石比较著名的有山东嘉祥武梁祠、四川乐山麻浩一号崖墓、陕北神木大保当墓地等。

　　表现荆轲刺秦王的墓室画像中，"掷匕首"一直是主题，因此画像中插匕首的柱子一般出现在画面中间，居于铜柱两边的是拼斗双方——荆轲与秦王。在画像流变的过程中，又不断增加新的人物，如秦舞阳、夏无且、宫廷卫士，甚至天上的飞鸟等。为什么会有这些变化，下面试做介绍。

（1）山东沂南画像：表现故事最精彩的一刻

　　山东沂南北寨画像的特点是捕捉整个故事最精彩的一刻：画面中部为插有匕首的铜柱，整幅画上只有居左的秦王与居右的荆轲两个人物。没有上面引文描述的秦王断裂的衣袖，没有秦舞阳，也没有上殿的卫士，只有匕首刺入立柱的一刹那。

山东沂南汉墓石墓荆轲刺秦王画像拓本

　　荆轲飞动的衣服，显示出压制不住的力量；秦王体型看上去更威武，有一份雍容华贵在，并未如文献记载的那样慌乱奔跑，而是直面荆轲，沉稳不动。

（2）山东武梁祠画像：空间之外的时间

武梁祠画像是在山东嘉祥"武氏墓群石刻"中的一部分。画面中央的柱子被匕首洞穿，柱下是盛有樊於期首级的盒子。柱子一侧的秦王衣袖已断，神态惊恐，身后有武士前来援助；柱子另一侧是掷出匕首的荆轲。画像抓住情节发展的高潮，表现了刺杀行动惊心动魄的一瞬间。物像简明，造型简洁，虚实相间，人物动感强烈。

与沂南画像比较，多了侍卫、秦舞阳等人物，还多了盛有樊於期头颅的匣子。尽管这样，与本文引《战国策》文字的描绘也不完全一致，图文歧异的原因值得揣摩。

画像中有一个露出头颅的盒子，还有一截已断的衣袖，这是较早的情节。按上文描述，"（秦王）遂拔剑击荆轲，断其左股。荆轲废，乃引其匕首提秦王"，荆轲掷出匕首发生在左股断废之后；但画像中的荆轲是站立着的，荆轲是否因左股断了无法追才被迫掷出匕首，我们已无法知道，不过我们可以从画像中匕首尾端飞飘的缨穗感知当时场面之惊心动魄。

邢义田指出，武梁祠画像石表现的不仅是故事中那最紧张的一瞬间，还交代了故事前后的发展过程。画工利用占空间不多的盛头颅的盒子和断袖，很巧妙地交代出较早的情节。画像将先后的情节，以布局轻重的技巧，同时呈现在画面上，引导观赏者利用画中出现的人物、对象或场面，解读出故事一幕幕的发展。

静止的画像，竭力在有限的空间里反映时间的流动，目的是暗示更多的画面之外的情节，我们在利用图文互证之后，才发现画工的这份巧妙安排，这些对于思考文字和图画的不同表达方式和表达效果，都很有意义。本文第三部分将对此展开讨论。

（3）陕北画像：更为复杂的时空

陕北绥德出土了一个墓门的门楣画像石，其下层中间部分表现荆轲刺秦王画像。画面中间为插有匕首的柱子。右方有荆轲与抱着荆轲的秦王侍卫，还有秦舞阳与装有樊於期首级的匣盒。人物与山东武梁祠画像基本相同，但值得注意的是，画面右上方有几只飞翔的鸟。有学者推测此乃表现燕太子丹易水相送的场面。如此看来，这幅画像从太子丹易水送行，到秦王的宫殿环境，表现了更为复杂的时空。

陕西绥德汉画像石荆轲刺秦王画像拓本

（4）浙江海宁画像：动感的构图

海宁汉墓壁画像的核心仍然是"掷匕首"情节。人物更为丰富，比前述画像多了侍医夏无且。左侧秦王扬臂甩袖，惊慌逃离，与沂南画像中的沉稳端立完全不同。侍医夏无且身体躬曲，正向荆轲掷药囊。这幅画将先后发生的情节——秦王绝袖、还柱而走；侍医夏无且以药囊提轲；秦王拔剑击荆轲，断其左股；荆轲引匕首提秦王——完整表现在同一个空间里。这些画面紧张刺激，充满动感。与此对照的是，右侧伏在地上比例明显偏小的秦舞阳，左侧装在匣中的樊於期头颅，都居于整个画面的下端，与占图画主体部位的荆轲、秦王形成一种平衡。

以上这些描绘荆轲刺秦王的汉代墓室画像，有一个共同点：选取最具有代表性的情节和戏剧性的场景，突出故事发展的高潮。如秦王绕柱避走的惊慌，秦舞阳伏地的恐惧，荆轲被拦腰抱住时的挣扎等等，这些画像剔除汉代墓室画原初意义，即借荆轲勇士形象来驱鬼避疫、辟邪镇墓的作用之外，对后世了解刺秦故事和表现人物性格也有重要意义。生动直观的形象有助于观览和传播，精彩的文字描述和传神的图像刻画相得益彰。尤其是画像对时间的处理，将连续的情节处理在同一个空间里，暗示情节的延展性，更值得我们揣摩。

3. 图（画）文（诗）两种艺术的关系

图像和文字分属不同的领域，精彩的文字可以带给人无尽的想象，传神的图像直观呈现，但并非一览无遗，也有无尽的玄机等待我们品味。

（1）荆轲刺秦王的汉代墓室画像打破了诗与画的界限

文字的最高境界——诗歌，与绘画、雕塑等造型艺术的关系，一直是文艺家讨论的热门话题。古希腊诗人西摩尼德斯（约前556—前468）说画是一种无声的诗，而诗则是一种有声的画，与苏轼（1037—1101）对王维诗歌的评价"诗中有画，画中有诗"一样，都强调了诗画之间的联系。18世纪的德国理论家莱辛（1729—1781）则更多地关注诗画之间的区别，他认为，诗与画的差异主要有两点。第一，媒介和对象不同：画用线条颜色之类的"自然符号"，描绘在空间中并列的可见物体；诗用语言的"人为符号"，叙述在时间上先后承续的动作情节，无所不至。第二，感觉不同：画描绘的物体通过视觉来接受，物体平铺并列，一眼就能获得整体印象；诗用语言叙述动作情节，诉诸听觉，动作情节先后承续，整体印象要由记忆和想象来补充。

以此观察描述荆轲刺秦王故事的文字和图画，我们发现，汉墓室画像也在极力突破画的空间局限，力求用并列的可见物体（如樊於期的头颅、天上飞过的鸟等）暗示先后承续的动作情节，将先后发生的情节统一在一幅画里。人们通过口耳相传的故事早就知道了这些复杂的情节，才能看懂这幅画中不应该同时出现的图形所暗示的内容。其他中国画虽也通过暗示激发观赏者的想象，但一般不会在画幅中呈现表示前后承续情节的其他物品。汉代墓室画像的这一特点，打破了诗画的界限，应是一种特例。

（2）荆轲刺秦王画像为什么要这样表现

与莱辛同一时期的德国艺术学家温克尔曼（1717—1768）在讨论诗与画的界限时认为：画一般描绘的是绚烂的色彩和静态的视觉形象，而不去表现"最惊心动魄的瞬间"，因为强烈的情感如果表现在面孔上，就要通过对原形进行丑陋的歪曲，从而失去原来在平静体态中所有的美的线条，因此，古希腊艺术家极力避免表现这种会使面孔扭曲的激情；诗则要叙述人物的动态和真实的表情，遭受不幸折磨的主人公可以发出惨痛的哀号，因为文字不诉诸直观的形象，读者不会对此产生厌恶感。

那么，造型艺术如何选择最适合表现的画面呢？温克尔曼认为，要选择"激情到达顶点前的一瞬"，而不是激情顶点本身。一方面，激情会使人丑陋变形，不利观赏；另一方面，因为顶点就意味着止境，想象就被捆住了翅膀，因为想象跳不出感官印象，表情达到了看得见的极限，这就给想象划了界限。因此，希腊绘画雕刻杰作从来不表现主人公的哀号，无论遭遇什么，都显出一种"高贵的单纯和静穆的伟大"。

　　荆轲刺秦王的墓室画像与古希腊雕塑不一致，恰恰追求的是矛盾冲突最剧烈的一瞬，这可能跟汉代墓室画像的雕刻形式有关系，因为墓室画像雕刻一般是单线阴刻（图像和石面在同一平面，接近于白描绘画效果）、减地平雕（图像轮廓线外的空间减去一层，图像凸起，近于剪纸效果）、沉雕（形象凹入平面以下）等，没有古希腊雕塑突出的浮雕效果，人物细微表情不是画像的重点，不会出现丑陋的瞬间，因此，抓住情节的高潮就是必然之选了。而在表现情节高潮时，荆轲刺秦王画像在时间的拓展方面做了有益的尝试，前文已详述，不赘。

链接

［德］莱辛《拉奥孔》

　　拉奥孔，特洛伊人，波塞冬或阿波罗的祭司。由于他结婚生子而违反了神的旨意，或是因为与妻子当着神殿中的神像交媾而犯了亵渎之罪。在特洛伊战争中，他警告特洛伊人不要接受希腊人留下的木马，但没有成功。随后，支持希腊人的密涅瓦派出海蛇勒死了拉奥孔和他的两个儿子。

拉奥孔群雕，大理石雕刻《拉奥孔》（又名《拉奥孔与儿子们》）描绘了拉奥孔之死。高约184厘米，是希腊化时期的雕塑名作。现收藏于罗马梵蒂冈美术馆。据考证，系阿格德罗斯和他的儿子波利佐罗斯和阿典诺多罗斯三人于公元前一世纪中叶制作，1506年在罗马出土，被推崇为世上最完美的作品。

文艺理论著作《拉奥孔》，副题是《论诗与画的界限》，德国启蒙运动文学的杰出代表莱辛著。莱辛从比较拉奥孔这个题材在古典雕刻和古典诗中的不同的处理，论证了诗和造型艺术的区别和界限，阐述了各类艺术的共同规律性和特殊性，并批判了温克尔曼"高贵的单纯和静穆的伟大"的古典主义观点。莱辛认为，一切艺术都是"模仿自然"的结果。"表达物体美是绘画的使命"，美是造型艺术的最高法律；诗则不然，它所模仿的对象不限于美，丑、悲、喜、崇高与滑稽皆可入诗。

叙事学

叙事学也称叙述学，是受结构主义影响而产生的研究叙事的理论，已走过50年的发展历程，可分为"经典"与"后经典"两个不同派别。经典叙事学旨在建构叙事语法或诗学，对叙事作品之构成成分、结构关系和运作规律等展开科学研究，并探讨在同一结构框架内作品之间在结构上的不同。后经典叙事学将注意力转向了结构特征与读者阐释相互作用的规律，转向了对具体叙事作品之意义的探讨，注重跨学科研究，关注作者、文本、读者与社会历史语境的交互作用。

杨义（1946—），广东电白人。中国社会科学院学部委员、中国社会科学院文学研究所研究员。在中国古典文学、中国现代文学等多个领域均有成果。主要著作有《中国现代小说史》（三卷）、《中国叙事学》《楚辞诗学》《李杜诗学》《重绘中国文学地图》《20世纪中国文学图志》以及《杨义文存》等。

《中国叙事学》（图文版），杨义著，人民出版社2009年版。

《后现代叙事理论》［英］马克·柯里著，宁一中译，收入申丹主编"新叙事理论译丛"，北京大学出版社 2003 年版。

《新叙事学》［美］戴卫·赫尔曼主编，马海良译，收入申丹主编"新叙事理论译丛"，北京大学出版社 2002 年版。

《小说的艺术》［英］乔·艾略特等著，张玲等译，社会科学文献出版社 1999 年版，收入"思想文库·文学与思想丛书"。

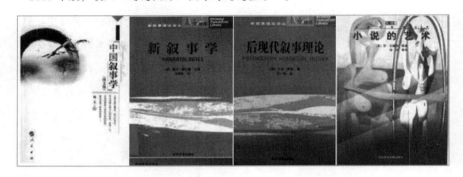

上文从图文互证的角度讨论了《荆轲刺秦王》的故事。本文从一个微小的细节——"田光俛而笑"出发，讨论同一时期历史散文叙事角度的不同，进而认识历史著作的虚构这一现象。

不同的课文自然有不同的细节，关注细节，且是能牵一发而动全身的细节，是解读文本内容和了解文本蕴含的文化的最好途径。"田光的笑"只是一个例子。

推荐的教学资源：曾小霞《〈史记〉〈汉书〉叙事比较研究》等。

三、田光为什么笑及其他

——《荆轲刺秦王》备课札记二

田先生坐定，左右无人，太子避席而请曰："燕、秦不两立，愿先生留意也。"田光曰："臣闻骐骥盛壮之时，一日而驰千里。至其衰也，驽马先之。今太子闻光壮盛之时，不知吾精已消亡矣。虽然，光不敢以乏国事也。所善荆轲，可使也。"太子曰："愿因先生得交于荆轲，可乎？"田光曰："敬诺。"即起，趋出。太子送之至门，曰："丹所报，先生所言者，国之大事也，愿先生勿泄也。"田光俛而笑曰："诺。"

这是课文《荆轲刺秦王》中的片段。太子丹将复兴燕国的重任寄托在田光身上，田光觉得自己年纪大了，不堪重托，转而推荐了荆轲，太子希望田光介绍自己认识荆轲，田光慨然应许。临别时，太子叮嘱田光，此乃国家机密，不可轻易泄露。田光弯下腰（"俛"与"俯"同义换读）笑着说：好的。

太子丹临危重托，田光因为年纪大了不能受命可以理解；太子丹叮嘱他不要泄密，田光应该坦率承诺，让太子丹放心。当时场面十分严肃，田光怎么会低头发笑呢？

是啊，田光如果仰天大笑还有一点豪迈之气；如果低头窃笑，岂不显得有些猥琐？或者他是讥笑太子丹小肚鸡肠，或者他是因不被信任而苦笑？

要回答这个问题，必须回到课文的开篇。燕是小国，在欲吞并天下的秦国面前，难有还手之力，这是大背景。燕太子丹从小在秦国做人质，受够了嬴政的欺侮，回国之后，复仇之心十分迫切，但是，燕并不具备与秦抗衡的能力。太子丹向师傅鞠武请教，师傅除了说不要"批其逆鳞"外，好像也没有什么具体的办法。至于师傅提出的"西约三晋、南连齐楚"的长远规划，明显不能满足太子丹急于复仇的要求。鞠武最后推荐了"智深而勇沉"的田光，希望田光的韬略能补正太子丹的急躁。

田光已非盛年，不堪重托，鞠武为什么还推荐太子丹去找他呢？要么是鞠武不知道太子丹的真实想法——作为太子傅，这可能吗？要么是希望借助田光的威望和沉着，影响和阻止太子丹的冒进行为？

结果，田光没有直接出山，也没有阻止太子丹的行为，相反，他推荐了荆轲。是不是田光说服不了主意已定的太子丹？这样一来前面铺垫的所谓"智深而勇沉"就落空了，因为田光几乎是马上就推荐了荆轲，而对太子丹没有做任何国际形势和对策取舍的分析。司马迁为了突出主人公，将其他人物全都推到一侧作为陪衬了。

太子丹到底要实施什么计划，司马迁没有正面叙述，不过从太子丹离开田光时特地叮嘱此乃"国之大事也，愿先生勿泄也"一句可以推测，田光此时应该知道了。临别的这番叮嘱，让作为侠义之士的田光颇为不快。

既然相信田光，将国之大事托付于他，就应该信任他，怎么还要叮嘱他不要泄密呢，田光如此被人怀疑，是作为侠士的耻辱；另一方面，田光因年老无法完成太子丹的重托，遂推荐荆轲赴任，万一荆轲退却岂非失信于太子丹？所以田光以激烈而悲壮的自杀，保全了侠士的形象，也坚定了荆轲的下一步行动。所以说，田光的自杀，既是为了明志，又是激励荆轲，完全符合鞫武介绍的特点：智深而勇沉。

明白了这些，回头来想一想田光的笑，思路似乎清楚了：从接受太子丹请托的那一刻，作为重义轻生的侠士，他已有了初步的选择；面对太子丹的急躁多疑，他知道任何解释都毫无意义；他了解太子丹计划难以实施时，已经将生死置之度外。在他"笑"的那一刻，已经做出了必死的准备。因此，这笑，可能有讥讽嘲笑的成分，可能有苦楚无奈的味道，但更多的应该是坦然坚定，是安稳沉静。

1. 司马迁为什么这样写：历史和文学的区别

本来，历史写作以对象为事实，文学以虚构为主体；历史只陈述事实，文学则多探讨事实后面的原因；但是在中国古代作品中，许多历史叙事有着强烈的文学色彩。不单是《史记》，《左传》《战国策》也有不少这样的篇什。

上文说到的田光，在太子丹叮嘱之后本来只要说一声"诺"即可，为什么还要写他"俛而笑"呢？这一"笑"牵扯出了太多的想象，使得他描写的人物性格更加丰满。读者不免要问：作者当时在场吗？如果不在场，他如何得知田光在"笑"呢？我们只能这样解释：叙事者由一个单一视角的外在旁观者，变成了全知全能且能进入人物内心的透视者，视角的转换使文本意义丰富起来。

历史是真实的存在，但叙述历史必须进行选择和组织。历史学家的写作，总是从纷繁芜杂的材料里发现事件发生的内在逻辑，从貌似无序的事件中找到意义。因此，历史的记载者有时亦不免"虚构"。我们熟悉的课文《殽之战》篇首有这样一段文字：

> 冬，晋文公卒。庚辰，将殡于曲沃；出绛，柩有声如牛。卜偃使大夫拜，曰："君命大事，将有西师过轶我；击之，必大捷焉。"

晋文公的棺材里发出牛叫的声音，以常理推测当不是事实。作者这样写明显是虚构，暗示和推动后文情节的发展。田光自刎是事实，但田光自刎前的表现和神态无法考究。作为历史叙述者，没有必要写田光的"笑"，但作者写了，只能有一个解释：作者是为他叙述的故事增强信度，为田光后来的毅然自刎做铺垫，使田光的人物形象更丰满、性格更突出。

司马迁无疑是这方面的高手，他以前的《左传》《国语》《战国策》也多有生动的虚构情节，他接受了这些滋养，加上他特殊的人生经历和《史记》独特的写作目的，使得《史记》的文学性远远高出其他史学著作。

对历史事件的随意记录不可能成为一个完整的故事，叙事者总是对这些事件进行取舍，对某些细节进行虚构，目的是强化某个人物性格的特点或者某类事件的发生原因，历史学家这时会运用到一些文学家的手法，甚至会虚构一些情节，这些是我们欣赏《史记》时必须明白的一个基本原理。

2. 谁在沿袭谁的叙事：关于史书的流传

荆轲刺秦王的故事，多部文献都记载。关于上文引述的细节，《战国策》与《史记》的记载大同小异：

> 太子跪而逢迎，却行为道，跪而拂席。田先生坐定，左右无人，太子避席而请曰："燕、秦不两立，愿先生留意也。"田光曰："臣闻骐骥盛壮之时，

一日而驰千里。至其衰也，驽马先之。今太子闻光壮盛之时，不知吾精已消亡矣。虽然，光不敢以乏国事也。所善荆轲，可使也。"太子曰："愿因先生得交于荆轲，可乎？"田光曰："敬诺。"即起，趋出。太子送之至门，曰："丹所报，先生所言者，国大事也，愿先生勿泄也。"田光俛而笑曰："诺。"

《燕丹子》在这个细节上的描述则要简洁得多：

太子下席再拜曰："若因先生之灵，得交于荆君，则燕国社稷长为不灭，唯先生成之。"田光遂行。太子自送，执光手曰："此国事，愿勿泄之！"光笑曰："诺。"

这三个作者的叙事，到底谁在沿袭谁，有多种说法。

第一种说法，《燕丹子》在《史记》之前，是秦汉之间的作品。

宋代马端临《文献通考·经籍考》认为此书"似是《史记》事本也"。清代学者孙星衍校注《燕丹子》在序言里说"其书长于叙事，娴于辞令，审是先秦古书，亦略与《左氏》《国策》相似，学在纵横、小说两家之间"，他根据书中出现的一些古字古义，推断此书作于《史记》《战国策》之前。鲁迅《中国小说史略》沿袭孙说，根据《燕丹子》文辞特点推断此书是汉以前著作。

认为《燕丹子》是"《史记》事本"的还列举了一些《燕丹子》中荒诞不经的记载，《史记》在选择时作了合理的删节，以突出主旨。

第二种说法，《燕丹子》当在《史记》之后，是唐以前的作品。

明代胡应麟《少室山房笔记》认为此书当在唐以前，而在应劭、王充（在司马迁之后二三百年）之后，因为应劭的《风俗通义》和王充的《论衡》都提到燕太子丹从秦王求归，秦王执意相留，发誓说除非天雨粟、乌白头、马生角这些故事，而根本没有提到《燕丹子》；清人《四库全书总目提要》承袭此说。罗根泽认为，《燕丹子》是萧齐之世（在司马迁之后五六百年）的作品，并指出此书"娴于辞令，气息颇古"不能证明该书出自先秦，恰恰相反，这是该书采自《史记》《战国策》的铁证。至于《燕丹子》中荒诞不经的记载，应是在《史记》基础上，根据历代流传的增饰，以增加其传奇性。

综上，荆轲刺秦王的故事在汉以前已有流传，至汉代已基本定型，《史记》《国策》可能参考了此前的相关材料，《燕丹子》应该是司马迁和刘向之后经过删改增饰而成的著作。

有意思的是，不管谁在沿袭谁的说法，虽然文字各有增删，但司马迁、刘向和《燕丹子》的作者无一例外都保留了"田光""笑"的细节，看来他们对这种带有浓重主观色彩的叙事都很欣赏。他们赞叹了太子丹的志向，荆轲的勇猛，对荆轲的失误都表示了惋惜。可以说，尽管作者不是事件的亲历者，但在叙事性作品中，作者大都采取全知全能的视角，珍视那些能展现人物个性的细节，也因此给后世读者留下了无限想象的空间。

历史著作的虚构

历史著作不仅因叙事者的主观情感而影响人们对历史人物和历史事件的评价，而且还会因为叙事者的想象引起人们对史书真实与否的争论。在历史写作中，叙事者由于身份或所处时空的限制，并不能参与到所有的历史事件中去，对于他不能亲历亲闻的历史，对于有限的史料和传闻，叙事者不得不发挥想象，对薄弱稀少的历史材料作合情合理的弥补。实录与虚构，是史学写作中的争论焦点，历史真实的二重性存在决定了史著必然凝结着叙事者的主观创造，但是这种主观创造是否也包括叙事者的虚构？如何看待叙事者的虚构？这是研究史学著作必然要而对的问题。

《史记》《汉书》中的想象和虚构主要有以下几种：

1. 有关怪异事件的记载

钱锺书说："《史记》于'怪事''轶闻'，固未能芟除净尽，如刘媪交龙、武安谢鬼，时复一遭。《史通·书事》篇甚许可'江使返璧于秦皇，圯桥授书于汉相'，而《暗惑》篇讥弹《五帝本纪》舜穿井匿空傍事曰'向之所述，岂可谓"雅"耶？'三事之不经非'雅'，实相伯仲。洪迈《夷坚志·自序》至举《史记》记秦穆公、赵简子、长陵神君、圯下黄石等事，为己之道听途说、'从事于神奇荒怪'解嘲，几以太史公为鬼董狐！"（《管锥编》第1册，第252页）

2. 无人作证的密室之语和独白

对史书中无人见证的密室之语、死前独白等，前人早就有所怀疑，认为他们都是出自作者的虚构和想象。

如《史记·项羽本纪》记载了项羽垓下之围时的情景：

项羽乃悲歌慷慨，自为诗曰："力拔山兮气盖世，时不利兮骓不逝。骓不逝兮可奈何，虞兮虞兮奈若何！"……众人和之。

清代周亮工在其《尺牍新钞》三集卷二释道盛《与某》中评道："余独谓垓下是何等时，虞姬死而子弟散，匹马逃亡，身迷大泽，亦何暇更作歌试！即有作，亦谁闻之而谁记之欤？吾谓此数语者，无论事之有无，应是太史公'笔补造化'，'代为传种'。"看似真实可信的离别场面，实则是叙事者的揣摩推测，全知视角的权威性受到了质疑。对于此类虚构，钱锺书曾予以肯定："上古既无录音之具，又乏速记之方，驷不及舌，而何其口角亲切，如聆謦欬欤？或为密勿之谈，或乃心口相语，属垣烛隐，何所据依？"因此，"史家追叙真人真事，每须遥体人情，悬想事势，设身局中，潜心腔内，忖之度之，以揣以摩，庶乎入情入理。盖与小说、院本之臆造人物，虚构境地，不尽同而可相同"。(《管锥编》第1册，第164～166页)

3. 心理描写

《史记》《汉书》基本上采用全知视角。心理描写严格说起来属于虚构。

《史记·高祖本纪》中记载："秦始皇帝常曰'东南有天子气'，于是因东游以压之。高祖即自疑，亡匿，隐于芒、砀山泽岩石之间。吕后与人俱求，常得之。"班固将"即自疑"三字删去，其实这三个字对高祖当时的心理进行了很好的刻画，清人赵翼对此曾有过批判："高祖以匹夫而以天子自疑，正见其志气不凡也。《汉书》删此三字，便觉无意。"（《廿二史札记》卷一"史汉不同处"条，上册，第 17 页。《廿二史札记》是清代史学家赵翼的读史笔记，采用以史证史的方法，对历代二十多部正史作整体考察，对史著和历史现象、史实、事件、人物进行客观评价。该书注重经世致用，旨在探究"治乱兴衰"。有考有论，为清代三大史学名著之一。）

4. 场景叙事中的人物神情与细节描写

叙事者对于历史事件往往只知道梗概，并不能一一知悉在场所有人物的表情和言行，所以详细的场景描写往往是调动合理想象虚构而成，最典型的要数《史记》中的"鸿门宴"，司马迁对出场人物描摹得须发毕现。"荆轲刺秦王"、项羽垓下之围等场景都在一定程度上运用了虚构手法。

（曾小霞著，《〈史记〉〈汉书〉叙事比较研究》，世界图书出版广东有限公司 2013 年版，第 96 ~ 100 页）

　　语文教学内容的确定不是新鲜话题，但是依据什么确定，仍然存在争议；确定的路径是什么，如何借助他人成果，仍然值得研究。

　　本文以"香菱学诗"为例，梳理文学研究者对于这个情节的解读分析，探讨名师授课时如何选择这个长篇节选课文的教学内容；在此基础上，提出教学内容取舍的一般建议：确定教学内容之先，梳理针对这篇课文的经典解读和教材编撰说明，在阅读整理他人研究成果的基础上，结合学情，筛选出合适的教学内容。

　　推荐教学资源1：张新琪《〈春〉的文本解读和教学价值的确定》（上海师范大学2014届硕士论文）。这是一篇优秀的硕士论文，文章从经典文本《春》的文本分析、入选不同版本教材的编撰情况分析、教学课例的研究分析（包括教学目标的设定和教学价值的提取）等方面做了全面的梳理和研究，为经典文本教学的内容选择提供了示范。

　　推荐教学资源2：《红楼梦》作为专书研究的一些教学资源——专著和期刊介绍。

四、以《香菱学诗》为例谈教学内容的确定

　　学生语文能力的获取主要靠语文课堂，课堂要教给学生什么样的知识、培养什么样的能力取决于教师教的是什么，即教学内容的确定。

一篇课文到底要教什么，在今天也许不应该再是一个问题，但观察现实的语文课堂，发现在确定教学内容时，许多现象还是常常出人意表。不知是不是因为语文教师的教学个性太突出，还是语言文字／思维／文学／文化这门学科的内涵不确定，同一篇课文，语文教师在选择教什么时，仍存在严重的歧异现象。不同的教师依据自己对文本解读的角度和层次，选择了适合自己特色但未必合宜的教学内容，这个普遍发生的问题不解决，想改善阅读教学的生态，提高学生的语文能力，似乎很难。

本文以《香菱学诗》（该文收入人教版初中语文九年级上册，华东师大版高中语文一年级上册）为例，探讨一篇课文教学内容确定的基本路径。

1. 课程、教材依据

一篇课文的教学内容，首先应依据这篇课文在课程和教材中所处的地位来决定。《香菱学诗》属于中国古典小说节选，让学生通过本文，了解中国传统小说的最高成就——《红楼梦》的艺术特点，应是总体设计语文课程时予以考虑的内容。教师教学此文，应让学生窥斑见豹，了解发展成熟的中国传统小说在描写人物方面的独到之处。

从教材编写的角度看，两种版本的选文相同，学段差别不大，一在初三，一在高一。仔细比较两种版本的教材编写意图，差别也不大。

人教版的单元说明是：学习时，要通过人物的言行，结合人物所处的具体环境，把握人物的个性特点，并能对课文的语言特色有一定的体会。

与此对应的课后"研讨与练习"是：1. 小说详细叙述了黛玉指点学诗门径、香菱学诗体会及香菱苦心写诗的经过，你觉得其中哪些内容对你的阅读或写作有启发？ 2. 香菱学诗可谓如痴如醉。从课文中找出有关的描写语句，体会这些描写的传神之处。3. 分析文中香菱试作的第三稿与前两稿相比好在什么地方。

华东师大版教材的单元说明是：明清两代，我国古典小说的成就达到了最高峰。……有人情小说《红楼梦》等。这些小说故事情节生动，人物性格鲜明。让我们走进这多彩的世界，感受其非凡的艺术魅力。

与此对应的课后"思考与练习"是：1.圈画林黛玉教诗和香菱学诗的相关语句，概括她们对诗的感悟的不同特点，并想一想对我们有何启示。2.具体分析本文语言、动作、神态表现人物心理的艺术手法。3.根据原著相关章节，概括香菱的可爱之处与她的悲剧命运，思考"悲剧是将美的事物毁灭了给人看"的说法。

作为初中课文，本文的教学重点在人物形象分析和语言特点鉴赏；涉及这个文本的独特性的练习题是本文讨论了诗歌的"教"（鉴赏）与"学"（创作）的问题，教材编者希望教师引导学生从中获得阅读与写作的启示。

作为高中课文，教学重点仍落在人物形象分析和艺术特点鉴赏，还要求学生了解"人情小说"这一知识；涉及这个文本的独特性的练习题除了诗歌鉴赏方面的启示之外，还要求学生关注《红楼梦》以语言动作神态描写来表现人物心理这一显著区别于西方经典小说心理描写的特点；另外，还要求学生从节选课文回到原著，全面了解这一人物在全书中的命运。

从语文课程设计和教材编选的角度考虑，确定本文的教学内容，必须有鲜明的目标意识，了解选文在课程和教材体系中承载的学科任务，据此聚焦学习重点，而不是随兴所至的"我以为""我感到"。

2. 文本解读依据

确定教学内容之先，要准确、深切解读文本，从文本出发，才有可能教给学生合宜的内容，在阅读教学中提高学生的语文能力。

解读文本，一是凭借教师的个人阅读能力，二是借助他人成果。他人成果包括教师教学用书（即"教参"）和广泛的文献。教师要有文献搜索意识和文献甄选能力，借助丰富的文献来校正自己解读的失误和偏颇之处，在占有最准确、最优秀的解读成果基础上，根据学情来确定教学内容。

先说"教参"。近些年来，许多人主张张扬教师的教学个性，提倡批判性阅读、思辨性阅读等，这都没有错误，但"教参"不是批判的靶子，而应是学习和借鉴的起点。因为"教参"是教材编写者为体现编写意图，并为课堂教学提供的经审核过的参考材料，我们应该关注"教参"的建设问题，而不是批评"教参"本身。如果"教参"能提供最低限度的课堂教学标准，包括文本解读、教学目标、教学内容和教学设计案例，至少可以帮助大部分教师控制好语文课堂走向，不至于将语文课上成了非语文课。

下面主要讨论如何利用文本解读的相关文献来确定教学内容。

关于"香菱学诗"的文献，有红学研究和中学语文教学研究两部分，从文本解读的角度看，两类文献都值得参考。这篇课文到底要教给学生什么，首先要准确解读课文。本文以《香菱学诗》为例谈借助文献解读课文，目的是防止解读经典名篇时的误读，阻断误读导致的教学内容确定时的失当行为。

就文本内容看，贺信民指出，《香菱学诗》这一情节包含曹雪芹对诗歌创作、诗歌欣赏方面的精辟见解。在诗歌创作方面提出了三个重要命题：一是关于创作与生活的关系问题，二是关于文学积累问题，三是关于诗歌内容与形式的关系问题。此外，《香菱学诗》中的人物刻画也很出色。[1]

这个分析基本涵盖了《香菱学诗》文本的主要内容，界定了教学内容的范畴，但文本分析不能直接成为教学内容，如何取舍和深化，是我们接着要讨论的问题。

我们可以将文本还原到原著中进一步追问：曹雪芹设计这个情节的目

［1］　贺信民.《红楼梦》"香菱学诗"二题［J］.汉中师院学报：哲学社会科学版，1991（3）.

的何在?

第一,励志说。一个稍识文墨,最初不知诗为何物的女子,短时间内取得了如此长足的进步,有人据此认为,《香菱学诗》的旨意是说明"天下无难事,只怕有心人"。——这样的解读对于作者巧妙设置"香菱学诗"的情节是哀梨蒸食了。

第二,诗论说。张平仁认为,曹雪芹诗论的核心思想通过香菱学诗一节举重若轻地拈了出来,完全合乎传统诗论的混整感悟思路及主流诗论主张。黛玉的学诗之法明了精警,是对历代学诗法门的发展和提炼,足成名家之言。黛玉的诗魁地位、香菱的苦勤颖悟也都随之而出。[1]——细论如何学诗、解诗,进而深入讨论这一情节体现的曹雪芹的诗学思想是红学研究范畴内的事,在初三和高一的语文课堂讨论这些可能是不妥当的,因为学生没有这份诗学理论知识积累,至多从中获取一些粗浅的阅读和写作借鉴。

第三,人物塑造说。万萍从人物塑造的角度来推测香菱学诗这一情节的命意。[2]《红楼梦》第四十八回写薛蟠外出后,香菱得到了暂时的解放。红楼儿女的诗社活动,吸引了这位"根并荷花一茎香"的女性。香菱之所以要学诗,应是自信本人的才智,不屈服于沉沦的命运。这样一位聪慧可爱的女子,在"平生遭际实堪伤"中萌发了诗性生活的向往,最后还是挣脱不了被欺凌与被侮辱的命运,这一点倒正应和了鲁迅所说的"悲剧将人生有价值的东西毁灭给人们看"。——华东师大版教材设计的一道试题(见本文第一部分)要求学生课外阅读原著,了解香菱的可爱之处与悲剧命运,可谓深得此文奥旨,"香菱学诗"是"薄命女"悲苦命运中短暂的欢快乐章,本文在全书中是"以乐写哀",强化了悲剧的感人力量。

第四,诗论与小说结合说。孙绍振认为,《香菱学诗》就是一篇"诗话体小说",仅仅把它当作小说,孤立地分析香菱的语言、神态和动作,

[1] 张平仁.香菱学诗再论[J].红楼梦学刊,2009(6).

[2] 万萍.关于香菱学诗[J].红楼梦学刊,1984(2).

以此把握其性格特征似乎有隔靴搔痒之嫌。香菱的语言、神态和动作，特别是陷入"诗魔"境地的描写，颇有特点，但是孤立起来看也不是特别精彩。[1]——孙绍振将诗话和小说熔铸一体，他的解读文字侧重分析黛玉用来作为教材的陆游诗作，以及香菱创作的三首习作，从中窥看中国诗歌理论发展特点，兼及人物个性解析。香菱写诗入魔，黛玉、宝玉、宝钗对此情感态度各有不同，通过众人对此态度的不同，折射了黛玉等人的性格特点，如黛玉对某些诗作的贬抑并不公平，但就小说而言，恰好表现了她的心高气傲。——这也是本段的精彩之处。应该说，孙绍振的解读是深切准确的，但他对陆游诗作和香菱几首诗的详细分析，以及对"无理而妙"诗歌理论的阐释，似乎只能供教师备课之用，而较难直接呈现为课堂教学内容。

综上，我们得出基本的结论是：

《香菱学诗》的关键应落在两点，一是诗学理论，包括格律等基本知识、学诗门径、当时比较前沿的诗歌理论（如"无理而逼真"）等，初步统计，本文讨论诗歌的文字有三十多处，的确是诗论资源的宝库；二是经典小说，包括人物刻画、心理描写、通过一个人物折射多个人物的写法，还有作为长篇小说节选，如何从节选文本走出来，又能以全局的视野来反观这个片段，进而准确理解香菱的人物命运以及作者刻画这个人物所要传达的意义等。

结合教材编写意图，这两点似乎都应该在课堂中呈现，成为合理的教学内容。剩下的就要根据学生状况进行取舍了。

3. 学生现有语文能力依据

以上是对文本内涵及作家写作意图的分析，这些并不必然成为教学内容。如何取舍、组合、设计，很大程度上取决于学生当前的知识水平和教师的教学个性。

[1]　孙绍振.《香菱学诗》：诗话体小说［J］.语文建设，2014（8）.

　　由于目前的教材是将选文按照不同的标准组元，在语文知识体系的合理构建上存在一定缺陷，《香菱学诗》在不同版本教材中都以古典小说的面目出现，按理应该将这篇课文当古典小说来教学，但由于这篇小说节选文本的特殊性——文本涉及诗词格律知识、诗歌欣赏和创作的基本知识，一些教师在确定教学内容时自然会留意这些教学资源，而整个教材体系中，包括古典诗歌单元，并未出现本文集中呈现的诗学常识，因此，本文的教学内容的确定会多一些纷乱现象。以下是估计可能出现的教学内容：

　　第一种情况，如果学生对传统经典小说以动作、语言来暗示心理的写法比较熟悉，对《红楼梦》全书情节比较了解，可通过课外阅读熟知香菱等人物的性格和命运；教师在完成教材规定的基本教学任务——将本文作为经典小说教学之后，可以将本文体现的中国古代诗学理论作为教学内容，引发学生的探究兴趣。确定这样的教学内容，要求教师熟知中国古代诗学理论，能将黛玉的诗歌理论，包括读诗、赏诗、作诗在内的知识准确传达出来，还可以适当补充材料进行印证。教给学生批判的武器之后，可以引导学生对文中陆游的诗和香菱的三首诗进行准确合理的评析，这时候，上文引用的孙绍振等人的文献都可以成为学生学习的参考材料。——这主要是针对语文能力普遍较高的学生来设计的教学内容。

　　第二种情况，如果学生已经掌握了中国古典小说的相关知识，对诗词格律等知识不太熟悉，教师将古典诗歌的相关知识、欣赏和写作作为教学内容的主线，首先介绍格律诗写作的知识；然后通过对香菱三首习作的赏析，还原香菱的人生遭际和悲剧命运；最后通过宝黛钗等人对香菱写作态度和诗作的评价，透视和折射这几个人物的性格。这样，既关注了本文的诗话色彩，也完成了教材设定的小说教学目标。当然，这种教学内容也主要适合语文能力较强的学生。

　　第三种情况，如果学生对传统小说刻画人物的技法感兴趣，但在这方面缺少经典的案例指导，教师可以将包括香菱、黛玉、宝钗等在内的人物形象分析作为主要教学内容。这对教师的要求也很高，要求对人物的分析把握好分寸。下面任意选取公开发表的一些文献中的人物分析进行探讨。

（1）香菱的形象

在众多丫鬟奴婢中，唯有香菱是用诗来塑造的，曹雪芹十分喜爱的晴雯与诗歌毫无关系。有人据此推测，诗和香菱有很大的契合。一是香菱出身姑苏，长于诗书礼义的中等之家，二是诗与香菱的性格气质相连。因此，诗于香菱具有非同一般的意义，诗是香菱对生命本原的呼唤，"慕雅"是香菱在遭受残害的境遇中的寄托与依靠。[1]

这种说法有一定道理，但还需推敲。

香菱幼时就被认为是"有命无运，累及爹娘之物"，最初被人贩子拐走，后被也许会善待她的冯渊相中却又被薛蟠抢走，"学诗"岁月是进大观园之后的短暂幸福时光，后被大妇夏金桂欺凌侮辱。薛蟠被人称为呆子，香菱学诗时因为过于痴迷也被人称为呆子，这两个几乎处于人性两极的男女聚会，只能看作是命运的无情作弄。

因此，香菱学诗不仅是对高雅气质的追求，而是正因为香菱生活之悲惨，命运之不幸，她才会那么渴望入园，渴望写诗，用诗歌创作，用美好的艺术活动，来抚慰她的心灵，给她惨淡的生活，带来稍许的亮色。

作者安排香菱创作了三首诗，从旁人的评价来看，第三首写得最好，因为这首诗与香菱的个人命运有了一定的相关性，但是从诗歌中大量的套语来看，仍然比较幼稚。孙绍振认为旁人的赞赏性评价是对香菱这个"诗魔"的宽厚。

深一步追问，也可能是香菱的写诗功夫欠缺，也可能是香菱对其个人的悲剧命运并没有深切的反省性认识，如薛蟠被柳湘莲痛打，她的眼睛哭红了，遇到酷爱男风的冯渊，她马上就觉得生命有了依靠，如果自我生命

---

［1］　丁培娇等.浅析香菱学诗的原因［J］.文学界：理论版，2010（9）.

意识没有觉醒，在诗歌中自然就很难做出个性化的深切表达，这样一来，"香菱学诗"的情节引发的我们对香菱命运的思考就更加沉痛了。

（2）宝钗的形象

宝钗不愿意做香菱的老师，因为她认为，看看"于身心有益的书"，"读书明理、辅国治民"才是"正经"事。有人据此推断，宝钗深受当时礼教影响，认为女子更应该注重德行，而非笔墨文辞等"文辞游戏"。当然，也有可能是出于爱护香菱，希望她能遵守妇德才拒绝香菱学诗的请求。

薛宝钗反对香菱学诗，还有人推测主要原因是香菱的婢女身份。薛宝钗骨子里有很重的等级思想，香菱作为侍妾，没有资格学诗。世态炎凉往往在不经意的一句话中体现出来，有教师据此教育学生，要学会这样去品文、品人、品社会。

也有人认为，宝钗也能理解香菱的呆性，她不愿意香菱为此伤了身体，也是对香菱善意的保护。

关于香菱为什么拜黛玉为师，不同的旁观者有着怎样的心理，是这篇课文作为小说欣赏最值得揣摩的地方。詹丹的细微剖析最为精当：

香菱早有进大观园之意，只是当时薛蟠在家，香菱没有离开薛蟠进大观园住的道理，只有当薛蟠出门经商，香菱独自在家时，宝钗才趁机邀香菱来陪伴，终于遂了香菱的心愿，这正说明宝钗做事考虑周到，善于抓住机会，顺水推舟。宝钗虽让香菱进园，但当香菱学诗时，却被宝钗婉言拒绝，反倒是希望香菱先去各处走走，拜会拜会大家，这样重人情而不重诗情，同样是宝钗的本色。宝钗虽然也会写诗，甚至写得不比黛玉差，但她几乎从来没有像林黛玉那样独自吟唱过。她写诗，也是把诗歌作为一种融洽人际关系的活动来看待。所以，香菱学诗舍近求远，拜林黛玉为她的老师。黛玉的满口答应，那样的扬才露己，更是她个性的一贯表现。问题是香菱住在宝钗处，她跟宝钗是最熟悉的，所以写出的第一首习作，必然心里没底，必然先要给宝钗看。宝钗深明此理，但又不便把"正宗老师"林黛玉要说的话都说尽了，所以只是笼统地说："这个不好，不是这个作法，然后就以半带鼓励半带谦让的口吻说'你别怕臊，只管拿了给他瞧去，看他是怎么说'。"话语间带出的分寸感，足见曹雪芹对笔下人物心理性格的体会之深。[1]

还有黛玉、宝玉的形象分析，三首诗的细致探讨等等，仍有许多东西值得开掘，限于篇幅，本文不赘述了。

综上，教学内容的确定，主要是指一篇课文的教学要有一个基本的指向，不同的教师教授同一篇课文要有语文知识和语文能力的一个最大公约数。

首先，教师要明确这篇课文在课程和教材体系中承载了哪些语文知识和语文能力，但这并不意味着所有的教师在教授同一篇课文时都要呈现完全一致的教学内容，因为，这篇课文承载的多项语文知识和语文能力中，一些知识能力学生已经初步掌握，而另外一些知识能力可能恰恰是这部分学生的薄弱项，这时，教师不必均衡用力，完全可以根据学生的学习经历，在教材规定的教学内容中适当取舍。

其次，教师要正确解读文本，可以不追求解读的深刻性，不苛求解读的新颖性，但解读不能过于肤浅，或者一味求新求异而出现明显的错误。克服解读肤浅和错误的最好办法是尽可能多地阅读相关文献，不断提高自己的解读能力。如果自己不能深刻解读，能将他人好的解读传播开去，或者接着别人的意见有所生发，对学生语文能力的提高也是非常好的，毕竟中学语文教师的主要任务不是研究和发现，而是传播正确、深刻和优秀的文化知识，借助这些传播来提高学生的语文能力。

---

[1] 詹丹.从说开去到说进去——谈中学语文教材中的"香菱学诗"[J].红楼梦学刊，2011（1）.

《春》的文本解读和教学价值的确定

[论文摘要和目录]面对一篇课文，教师如何从众多的教学参考资料中合理地提取出有效的、核心的教学价值，对每一位教师来说都是至关重要的问题。本文以被多次选入初中语文教材的朱自清的《春》为研究对象。首先，针对易被忽视的《春》的出处和版本进行考证，对近些年来《春》文学解读中的教学价值进行归纳和分析；其次，以大陆地区八套初中语文教材和港台地区两套初中语文教材为基础，对教材赋予《春》的教学价值进行比较、梳理和分类；再次，以若干《春》的教学课例为基础，对《春》在教学实践中的教学价值进行探究；最后，将文本分析、教材分析和课例分析中提取出来的《春》的教学价值进行总结，进一步开发和确定《春》的核心教学价值。

第一章简要介绍研究对象和研究目的，对《春》文本解读和教学价值的相关文献进行简要概述；第二章是对《春》的出处、版本和文学解读的考证和分析；第三章是对十套教材《春》教学价值的比较与分析；第四章是对《春》教学课例的分析；结论是对《春》的教学价值的开发和确定做出概述，并给出相关建议。

目　录

《红楼梦》研究专家和相关学术刊物

在不同版本的初高中语文教材中，《红楼梦》单是节选为课文的章节就不少；有兴趣的教师如果要带领学生做专书研究，《红楼梦》也是非常好的选择。如果要研读《红楼梦》，建议关注下列资源。

一、图书类

以下作者的图书可在相关图书网站或孔夫子旧书网订购：胡适、俞平伯、刘大杰、冯其庸、李希凡、舒芜、李长之、邓云乡、孙逊等。因为每个作者的相关著述较多，所以仅列出作者名。

二、期刊类

《红楼梦研究集刊》：中国社会科学院文学研究所《红楼梦研究集刊》编委会编辑，上海古籍出版社出版。1979年5月创刊，1989年10月出版第14辑后停刊。

《红楼梦研究辑刊》：上海编辑出版，以书代刊，每辑约20万字，2010年创刊，出版12辑之后已停刊。

《红楼梦学刊》：中国艺术研究院《红楼梦》研究所主办，1979年创刊。原为季刊，2005年转为双月刊，每辑约28万字，大32开。

《明清小说研究》：江苏省社会科学院文学研究所、明清小说研究中心主办，创办于1985年，季刊。主要发表明清小说研究领域的学术论文，兼发相关的古代白话、文言小说的论文。

链接

香菱学诗与香菱的命运

人们一直把"香菱学诗"片段作为一个形象化的诗论来看待，有人还以香菱和黛玉的对话，来与一些诗话里的观点互相印证，这当然是值得做的一项工作。但如果仅仅把这看作是曹雪芹诗论的形象化，那就把这一片段的意义大大低估了。如同《红楼梦》中所有诗作都是在小说情节提供的语境中才变得意义丰富一样，香菱学诗片段，不论是香菱自身的创作还是与林黛玉的讨论，同样是在小说的语境中才有其意义。当香菱第三首诗作的立意与其命运得到紧密联系时，实质性的、带有真正价值观判断的诗论，却没能呈现出来。这样的缺席，反而引发了读者的进一步思考。

我们强调"香菱学诗"与香菱命运的联系，强调从"香菱学诗"延伸出的复杂人际关系，都是在为这一片段开拓出一个更为广阔的分析语境。我们还可以拓展开来说，香菱的命运在《红楼梦》全书中，具有更广泛的隐喻意义。早在第七回，周瑞家的以及金钏等人就把香菱和秦可卿联系了起来，而秦可卿，恰是在她生命最灿烂的时候突然死去，体现出一种有运无命的特点。这跟香菱的有命无运互为补充，把人生的无常，特别是女性命运的无常，形象而又浓缩地概括了出来。这种概括，深化了我们对传统社会女性命运的认识。（詹丹《从说开去到说进去——谈中学语文教材中的"香菱学诗"》，《红楼梦学刊》2011 年第 1 期）

　　课文是特殊的文本，是依据学科知识结构、学生身心发展规律与国家教育目的需要改写并组织的文本。文本一旦进入教科书成为课文，它就被赋予了特定的"教学价值"，而不再只是文本的"原生价值"。为了体现"教学价值"，教材编者会对原文进行删改。

　　文本删改包括两个方面：

　　一、文字加工。叶圣陶强调："选定之文，或不免须与加工。加工者，非过为挑剔，俾作者难堪也。盖欲示学生以文章之范，期于文质兼美，则文中疏漏之处，自当为之修补润色，固陋之作者，或将不快，明达之作者宜必乐承。"对入选的文章从字、词、句到篇章结构进行删改、推敲和锤炼，使其在语言表达上更规范、简练和精神，十分必要。

　　二、思想内容方面进行删改，使其符合国家认定的价值观念。不过，这种删改应该有一定限度。

　　推荐教学资源：见文后研究教材删改的论文链接。

五、《套中人》入选教材删去了什么

　　《套中人》（亦译作《装在套子里的人》）是契诃夫的名篇名作，汝龙翻译的这篇小说有不同版本，早期他据英译本转译，后期他直接从俄文翻译，对原译文的句式有一些校改。人民文学出版社和上海译文出版社不同时期出版的契诃夫小说集中，这篇小说的文字也有一些不同，本文不对此展开讨论。各种版本的中学语文教材选用此文，大多数是汝龙译本，也有出自汪守本的译文（商务印书馆 1983 年版），这样一来，又造成了一些文字上的歧异，本文也不对此作详细比较。

本文拟讨论的是，进入不同版本的教材后，这篇小说的文本变化。原文九千多字的小说，被教材编写者删削为四千字左右的文本，去掉了原文一半内容，依然是一篇自足的优秀经典。编者删削可能是为了便于教师安排课堂教学，当然也删除了一些不太适合中学生阅读的内容；但同时不可避免地删除了一些有助于读者理解经典的重要内容。下面试做讨论。

1. 删除了开头和结尾，改变了小说的叙事方式

小说开头有五六百字的故事外套，这是传统经典小说习用的形式，即小说先出现讲故事的人，"误了时辰的猎人们在米罗诺西茨果耶村边上村长普罗科菲的堆房里住下来过夜。他们一共只有两个人：兽医伊凡·伊凡内奇和中学教师布尔金"，正文"套中人"别里科夫的故事即是布尔金讲述的。

编者删除这些，对理解文意基本没有关系。这样说并不意味着开头是没有意义的，王富仁指出，"这个开头，契诃夫写得有些随便，并非每一句话都是'紧扣主题'，才让人感到有点自由的感觉，一到知道了终其一生都中规中矩，活在各种各样套子里的别里科夫，心里就感到有些别扭，有些压抑了。一篇揭露'套中人'的小说，绝对不能写得像个'套子'"。[1]

王富仁觉得这种随意的文字，与主人公一生拘谨的行为形成了对照，这可以看作是一种理解方式。不过笔者认为，这种形式一方面是作家顺应

---

[1] 王富仁. 关于《套中人》的几个问题 [J]. 语文学习，2009（1）.

了当时"故事套故事"的写作习惯，另一方面也是作家有意选择这种叙述视角，以利于塑造别里科夫的形象，下文详述。还有一点，这样的开头与结尾也形成了一种对应。

　　这时候已经是午夜了。向右边瞧，可以看清整个村子。……"问题就在这儿，"伊凡·伊凡内奇又说一遍，"我们住在空气污浊、极其拥挤的城市里，写些不必要的公文，老是玩'文特'，这岂不也是一种套子？至于我们在懒汉、无端兴讼的家伙和愚蠢闲散的女人当中消磨我们的一生，自己说，也听人家说各式各样的废话，这岂不也是一种套子？……""自己看着别人作假，听着别人说假话，"伊凡·伊凡内奇说，翻一个身，"于是自己由于容忍这种虚伪而被别人骂成蠢货；自己受到委屈和侮辱而隐忍不发，不敢公开声明站在正直自由的人一边，反而自己也弄虚作假，面带微笑，而这样做无非是为了混一口饭吃，为了有一个温暖的小窝，为了做个不值钱的小官罢了，不行，再也不能照这样生活下去了！"

契诃夫

　　结尾一千多字的感叹，可以帮助读者理解小说的主题，这也是契诃夫作品反复申说的主题：这样庸俗无聊的生活再也不能忍受下去了——这不是一篇简单的讽刺小说，而是作者一以贯之的思考和追问：新的生活在哪里？

这篇小说写于 1898 年，是作家晚期作品。在契诃夫这一时期作品中，充满了当年典型的社会情绪："不能再这样生活下去！"如剧作《海鸥》《万尼亚舅舅》《三姊妹》和《樱桃园》等。"这样的生活"对普通大众来说就是现实背景下的日常生活。它压抑、呆板、空虚，它缺乏爱意、充满背叛，它寡廉鲜耻、没有灵魂……

《套中人》里伊凡·伊凡内奇发出了这样的感叹——可惜包括这句话的这一段被教材编者删除了。在《醋栗》中，兽医伊凡·伊凡内奇无情地否定不合理的生活，斥责那些过着这种生活而又感到幸福的自私自利者，他急切盼望革新生活。《在峡谷里》整篇作品浸透着一种情绪：在峡谷里的这种昏暗生活必须更新。

大家都很不满足于当下的生活，在讲述《套中人》故事的一次夜谈中，中学教师布尔金向兽医伊凡·伊凡内奇说的是别里科夫的故事，感叹的其实是自己的生活，大家都在套子里生活，都在忍受庸俗和无聊。在没有生机和活力的世界里，我们既是单调乏味的承受者，也是无聊生活的制造者或者推波助澜者。

小说原文是布尔金向兽医伊凡·伊凡内奇讲他中学里一位特殊教师别里科夫的故事，这种叙述视角的安排，比别里科夫以第一人称叙述自己的故事更客观；也比作家以第三人称的纯客观叙述更能促使读者代入情感体验，获得丰富的联想。因为，伊凡在听布尔金讲故事时的插话，会将故事从别里科夫身上引出来，造成一种间离感，引发读者对别里科夫的思考，不仅是批判、厌恶、痛恨，在打猎的闲暇晚上，在身心放松的时分，听这样一个故事，有时也不免产生一些理解的同情，甚至反观自身，好像也在各式各样的套子里生活。

教材选入小说作为课文时，删除了开头结尾，对于我们理解这篇小说的创作意图是有损害的；缺少了这些谈话背景，我们仅仅将批判的矛头指向别里科夫，而不知道契诃夫要借这个故事重申：我们和别里科夫一样，都在套子里生活，这种生活必须尽快结束！——在课堂上我们也能看到一些教师引申"套子"的含义，但完全脱离了当时的社会背景，将"套子"理解为偏见、懒惰、冷漠、逃避，变成了大而无当的对普遍的人性弱点的批评。当然，契诃夫创作这篇小说有其特殊的时代背景，今天我们的理解完全可以超越"反对沙皇专制"这个大的话题，但不能脱离作家晚年一以贯之的思考主题：如何摆脱庸俗的现实生活？

如果我们不愿意"在懒汉、无端兴讼的家伙和愚蠢闲散的女人当中消磨我们的一生"，那么，还有没有正直、勇敢的同事，有没有值得投注生命热情的事业，有没有充满生命热力的美丽女性和生死以之的爱情，让我们"一次活个够""爱个够"呢？

有了这样的背景设置，对小说中华连卡的出现，我们就充满期待了。

2. 删除"差点结了婚"的情节，弱化了人物的复杂性

别里科夫有许多可笑的言行，作者花了不少笔墨塑造他极为沉闷无聊、胆小保守的性格，其中有一小段十分精彩，可惜也被教材编者删除了：

他有一种古怪的习惯，常常到外面的住处来访问。他来到一个教师家里，就坐下，一言不发，仿佛在暗中侦察什么事似的。他坐上那么一两个钟头，一句话也没说就走了。他把这叫作"和同事们保持良好关系"。显而易见，到我们家里来闷坐，在他是不好受的，他所以到我们家里来，只是因为他觉得这是他作为同事所应尽的义务。

一些论者将别里科夫概括为旧制度、旧秩序、旧思想的忠实维护者，并指出，当时亚历山大三世实行恐怖统治，在俄罗斯大地上警探密布，告密

诬陷之风盛行，别里科夫在同事家的"闲坐"其实是别有含义的。笔者认为，这其实是一个十分可怜的人，置之于现在的交际环境，他只是一个缺乏交际技巧的乏味同事，他谨小慎微地过着与世隔绝的生活，不仅自己如此，也希望别人生活在他那样的套子里，千万不要惹出什么乱子来。他并非真的想刺探什么，但是他的这种行为给同事造成了太大的压迫。作家以夸张变形的笔触刻画"套中人"的形象，突出他的刻板、猥琐和极端乏味无趣。

这个形同枯木的人物，内心是否真的是一潭死水呢？如果没有新的人物介入，应该是的。但这样写下去，小说未免单调。为了形成波澜，契诃夫安排他"差点结了婚"，给他极端无趣的人生染上了一些绯红的色彩。毕竟爱情和婚姻最能检测人性的深度。小说采取对照法，引入的这个新鲜人物，是新来的教师柯瓦连科的姐姐华连卡：

> 她呢，年纪已经不轻，大约有三十岁了，可是身材也高，而且匀称，黑眉毛，红脸蛋，一句话，她简直不是姑娘，而是蜜饯水果，活泼极了，很爱热闹，老是唱小俄罗斯的抒情歌曲，扬声大笑。她动不动就发出一连串响亮的笑声：哈哈哈！……在那些死板的、又紧张又沉闷、把赴命名日宴会也看作应公差的教师中间，我们突然看见一个新的阿佛洛狄忒从浪花里钻出来了：她走来走去，双手叉着腰，引吭高歌，翩翩起舞。……她带着感情歌唱《风在吹》，……她把我们大家都迷住了，甚至别里科夫也包括在内。他挨着她坐下，甜滋滋地微笑着，说："小俄罗斯的语言那么柔和，那么动听，使人联想到古希腊语言。"

要搅动这个死气沉沉的人物的内心，爱情是首选。契诃夫以最简洁的笔触刻画了别里科夫灵魂的触动，"他挨着她坐下，甜滋滋地微笑"，一个原来一坐一两个钟头一言不发的可怕的来访者，现在居然知道"挨"着喜欢的人坐下，且"甜滋滋"地微笑着，在他一生中，从来不会有这样的举动和内心的悸动吧。

这两个细节，以及与"差一点结婚"相关的情节的几千字内容被教材编者删去了，有些叙事与主体情节关系不大，从教学的角度看，确实可以删去；有些细节，如以上两则，从人物形象塑造和情节的发展来看，似乎都应该保留。

华连卡的形象在删节后的文本中略显薄弱，《套中人》不是爱情小说，华连卡也不是陷入恋爱中的主人公，但是华连卡形象越充满生机活力，就对别里科夫越具有冲击力。别里科夫在这个洋溢着爽朗笑声的姑娘面前，他的原始人性在某种程度上复苏了，契诃夫并不想将别里科夫写成僵尸，虽然他的确近似于僵尸。

如果华连卡的爽朗热情和洋溢的生命力真的苏醒了别里科夫，那这篇小说就是《市场街的斯宾若莎》了。契诃夫和辛格的写作目的不一样，契诃夫要写的是，即使如华连卡这般饱富热情的"蜜饯水果"一样的姑娘，也难以拯救别里科夫必将走向死亡的命运。

 链接

辛格 《市场街的斯宾若莎》

艾萨克·巴什维斯·辛格（1904—1991），美国作家，1978年获诺贝尔文学奖。

辛格的小说《市场街的斯宾若莎》，写一个哲学老博士菲谢尔森独身数十年，研究斯宾诺莎《伦理学》，体弱多病，生趣全无，濒于死亡，后来一个活泼的女人爱上他并跟他结婚了。新婚第二天早晨，老博士感到宿疾痊愈，精神舒畅，终于尝到了人生乐趣。

巴鲁赫·斯宾诺莎（1632—1677），犹太裔荷兰籍哲学家。近代西方哲学

公认的三大理性主义者之一，与笛卡尔和莱布尼茨齐名。主要著作有《笛卡尔哲学原理》《神学政治论》《伦理学》等。

别里科夫是否对自己套中人的生活方式有所反省，在小说文本中看不到，但这次他"头脑发昏，决定真的要结婚了"，至少暗示了他有时也想和普通人一样过上温暖的、有热力的生活。他一方面把华连卡的照片放在桌子上，老是跟人谈到她，谈家庭生活，谈婚姻大事，也常去她家串门。另一方面，他又害怕结了婚就会打乱他几十年来习惯了的生活方式，以致最终没有向华连卡求婚。

原文以两三千字的篇幅写他的矛盾纠结，华连卡似乎给他的生命带来了一线曙光，但结婚的决定又使别里科夫像得了一场大病：他消瘦了，脸色煞白，似乎更深地藏进自己的套子里去了。他害怕将要承担的义务和责任，害怕华连卡姐弟俩的思想和言谈，害怕华连卡的性格太活泼，害怕日后会遇上什么麻烦。——我们可以嘲笑这个人实在太窝囊了，但实际上，作家契诃夫的个人生活也是这样，他认为生活中不能没有爱情，但又不愿意为爱情做出牺牲，因为他担心婚姻会给他增加新的烦恼。这里面是不是也有一些"夫子自道"呢？别里科夫的故事以第三者的口气叙述，省去了人物内心的反省，留下了许多空白让读者补充，当然也留下了许多误解的空间。

别里科夫的首鼠两端激怒了华连卡的弟弟，他早就十分厌恶这个人，认为他是一个"爱告密的家伙""卑鄙的小人"，最后出现漫画事件才将故事推向高潮，可惜课文节选时只剩下漫画事件，好像只是这幅漫画断送了他的婚姻和幸福。

进入教材的课文不宜篇幅太长，但是对一些影响文本理解的重点细节，是不是有更合适的方式进行处理？名家名作不一定不可改动，但对文本腰斩，似乎略显粗暴了一些，这种现象并未引起研究者的注意。前文提及的王富仁的文章，讨论的是原作，而不是教材选本。

（本文所引《套中人》出自上海译文出版社汝龙译《契诃夫小说全集》十卷本，2008 年版。）

有关教材删改的研究论文目录

由于教材的特殊性，在选入一些作品作为课文时，编者可能会对原作进行不同程度的删改，这种删改会给教学带来影响，这方面的研究成果很多，兹列举部分论文篇目，供教师备课和继续研究参考。

1. 硕士博士论文

篇名	作者	毕业院校	年份	备注
百年语文育人功能检讨（本文有专章论及"从文本到课文的改写"）	李大圣	西南师范大学（现西南大学）	2005	博士
再议人教版初中语文教材中的课文选编	夏振航	湖南师范大学	2015	硕士
审视人教版初中现当代小说的删改	林映雪	福建师范大学	2013	硕士
审视人教版高中《必修》中国现代散文的删改	林 银	福建师范大学	2012	硕士
高中语文教材相同篇目比较研究——以苏教版新教材和人教版老教材为例	姚若丰	华东师范大学	2010	硕士
入选语文教材的萧红作品选文及教材编写研究	李奕霏	南京师范大学	2015	硕士
浅议老舍作品入选语文教材的不同处理	柯晓芬	福建师范大学	2014	硕士

2. 期刊论文

篇名	作者	发表刊物	期号
《项脊轩志》接受小议	戴健	名作欣赏	2016（23）
作者意图的删除和文本价值的流失——以课文《送东阳马生序》为例	陈寿江	名作欣赏	2015（1）
谈语文教学名篇《在烈日和暴雨下》对小说原文《骆驼祥子》的语言删改	张炜炜 周 文	齐鲁师范学院学报	2011（6）
有意误读的缺憾——谈中学语文教材《我的叔叔于勒》的删节问题	张占杰 辛志英	石家庄学院学报	2010（2）
高中语文教材对《杜十娘怒沉百宝箱》的删改	付振华	语文建设	2007（4）
试论语文教材的删改	刘正伟	山东师大学报（社会科学版）	1990（2）
评《春蚕》的删改	严憧伦	南京师大学报（社会科学版）	1987（4）

外国现代诗歌是西方现代派文学的重要组成部分，中国现代诗歌受西方文艺思潮影响较大，因此，现代诗歌的教学需要储备一些西方现代派文学的知识资源。本文所选诗人米斯特拉尔虽然不像波德莱尔、保罗·魏尔伦、庞德那样典型，但是要了解其人其诗，还是要借助文本之外的资源。这是现代诗歌阅读教学首先要解决的文本细读的问题。

六、解读现代诗歌怎样引入文本之外的资源

——以《三棵树》为例

诗歌，曾被誉为文学桂冠上的明珠，如今在语文考试和评价中却成了"不准入内"的"等外品"。目前，高考语文卷阅读部分的语言材料没有现代诗歌；作文一般也不允许写诗歌，这是很奇怪的事。个中原因，说法很多，争议也大，一边是学者打嘴仗，热闹非凡；一边是学生对现代诗歌不甚了了，教师对诗歌教学则如孔夫子视鬼神，文言文和作文已经让语文教师焦头烂额，现代诗歌，又来添什么乱？然而，诗歌毕竟是无法回避的、天然的语文教学内容。特别是学生相对更加陌生的外国诗歌，更有必要进入语文学习视域。

本文以人教版《外国诗歌散文欣赏》中的《三棵树》为例，就现代诗歌教学如何引入文本之外的资源，做一些探讨。该教材第一单元选入智利作家、1945年诺贝尔文学奖获得者米斯特拉尔的小诗《三棵树》。原诗如下：

三棵伐倒的树 / 弃在小路的边缘 / 伐木人把它们遗忘 / 它们亲密地挤在一起交谈 / 犹如三条盲汉。

落日的余晖 / 为劈开的树干涂上一层鲜血 / 只有风儿 / 带着它们伤口的芳香飘散！

歪歪扭扭的那一棵 / 把巨大的臂膀和抖动的枝叶 / 伸向同伴 / 两个伤口像一双眼睛 / 表达着哀怨。

伐木者把它们遗忘 / 夜即将来到 / 我愿与它们厮守在一起 / 用心房接受柔软的树脂 / 那树脂将会像火一般把我燃烧 / 而天明时我们将无声无息 / 被一片离别的痛苦笼罩。

（陈光孚译）

米斯特拉尔和她的诗作

加夫列拉·米斯特拉尔（1889—1957），智利女诗人。出生于智利首都圣地亚哥市北的维库那镇。1945年，获得了诺贝尔文学奖，成为拉丁美洲第一位获得该奖的诗人。

加夫列拉·米斯特拉尔

《绝望》是米斯特拉尔的成名作，以清丽的形式表现了深邃的内心世界，为抒情诗的发展开辟了新的道路。第二本诗集《柔情》歌唱母亲和儿童，格调清新，语言质朴。第三本诗集《有刺的树》，诗人开阔了眼界，由个人的叹惋和沉思转向博爱和人道主义，为穷苦的妇女和孤独祈求怜悯，为受压迫被遗弃的人们鸣不平。最后一本诗集《葡萄压榨机》，思想境界更为开阔。

1. 编者意图

教材编者在"导读"部分写道：

这首关于"树"的诗，没有幻想的成分，只是用纯客观的描摹，记录了三棵被砍伐的树，它们躺在路边，被人遗忘。这是一个非常普通的日常事件，然而，正是在不动声色的白描中，读者的心灵会被悄然震撼，这种效果的产生，离不开"拟人"手法的使用。三棵树被比成"三个亲密交谈的盲汉"，落日的余晖被形容成"一层鲜血"，而它们的伤口则睁开如"一双眼睛"。诗人似乎在代替树木说话，僵死的植物有了人的气息，因而读者也能感同身受，体验到生命的痛楚。精妙的想象，使得客观的描摹，最终被深化为内心的经验。

编者认为这是一首运用拟人手法描写生活小景的诗。编者关注到了这首诗从植物身上体现出来的"生命的痛楚"，可是欲言又止，读者没有其他资源，很难明白诗人体验的"生命的痛楚"是怎么回事。

课后练习的设计是：

米斯特拉尔的《三棵树》，记录了客观的事件，叙事性很强，试改写成一篇散文，注意在改写过程中可删掉什么，增加什么。

选修教材《外国诗歌散文欣赏》分成两大板块，先是诗歌后是散文。诗歌与散文各自成为一个体系。诗歌部分的第一单元，主题是"诗歌是跳舞，散文是散步"，揣测编者的意思，可能是想帮助学生先认识诗歌和散文的区别。在这样的编排思路下，以上的练习设计是妥当的。但是就这首诗而言，本身并不存在节奏上的大跳跃，这个设计忽视了这首诗的核心内容——学生不清楚这首诗传达了什么情感就来改写，意义不大。尽管"教师用书"

提供的答案思路是：

> 这个故事并不完整，比如除了"小路的边缘""落日的余晖"等简单提示外，故事发生的具体时间、场景都没有交代；伐木者为什么将树木遗忘，"我"的身份是什么，为什么"我"要与树木厮守在一起，都是诗人留下的空白。诗歌的重点还在"同情"的想象，让树木和人之间有一种情感的交流与共振。

不用说外国现代诗歌，但从学生已经接触的中国现代诗歌而言，学生也知道诗歌并不需要"故事发生的具体时间"之类的内容，这不是欣赏诗歌的要害。

因此，笔者疑心编者轻视了这首小诗的丰富意蕴。从选文出处看，选自上海译文出版社1986年版的《孤独的玫瑰——当代外国抒情诗选》。这本选集收入米斯特拉尔四首诗作。笔者认为，教材选择诗歌的版本时，最好选诗人的作品集，如赵振江翻译的《卡夫列拉·米斯特拉尔诗选》（河北教育出版社2004年版），师生可以通过了解作家在完成这一部作品集时的写作心路，以及选文在作品集中的编排位置，更深入更全面地理解文本。后文详述此。

2. 不借助任何背景资源的"裸读"

笔者请两位同行阅读这首小诗，写下分析文字。我们先看两位教师在没有任何背景资源的情况下，是怎样理解这首诗的。

【教师甲】

《三棵树》体现了三重悲苦。

第一重：树本来是没有喜悦悲伤，也没有希冀和绝望的，诗歌中的树

129

当然被拟人化了，被诗人寄寓了某种感情。且看诗人怎么描述这一惊心动魄的过程：树，以竖直的姿势站立在土地上，现在，它们被砍伐，倒在路旁！人类将这种砍伐称为工作；但在树，毫无疑问是杀戮，凶残的杀戮！三条鲜活的生命，突然遭遇刀斧，毫无征兆、无从抵御、无可逃避，轰然倒地。——在强势力量面前，弱者的情感需求、生命尊严都是被无视的，强者残忍的杀戮，以根本没意识到自己的行为是杀戮而呈现。

第二重：生命被剥夺，如果这一过程被赋予了某种意义，即使是只对他者有意义，那也可冠以"牺牲"的美名。但是这三棵树被砍到后，却被抛弃在小路的边缘，伐木工人已经将它们遗忘。贡献全部的生命和热情，这种悲壮的行为也变得毫无意义，这是多么沉重的苦涩。

第三重："我"与杀戮者同为人类，我惭愧于同类的凶暴，也深深为被害者悲伤。"我"要和垂死的树厮守，但"我"能做的除了锥心的悲痛还能有什么？"天明时我们将无声无息，被一片离别的痛苦笼罩"。对触目惊心的悲剧，诗人无能为力，遂陷入更深的绝望。

这首诗之所以撼人心魄，当然还在于那些激发人联想想象的意象。"它们亲密地挤在一起交谈，犹如三条盲汉。"它们会说些什么呢？一定有斧锯加身的剧痛，一定有对砍伐者的声讨，或许有对往昔生命的追怀，黑暗而温柔的泥土里漫长的酝酿，出土后迎来的朝阳、清风，枝叶间萦绕栖息的鸟雀……在"我"的眼里，它们都是盲汉，因为它们虽然都感知到肌体的剧痛，但并不明白这个世界发生了什么——对自己的悲剧命运一无所知，悲剧意味更加浓郁。

这是一首很有视觉冲击力的诗歌。教师甲的解读深入细致，将诗歌扑面而来、一望而知的悲苦情绪分成三个层面，烛幽探微，细细把握诗人心灵的律动和情绪的细微变化，并举例分析诗歌之所以感人，是因为巧妙地运用了拟人、联想、想象等方式。能和学生一起领略这些，应该完成了教学任务，因为选修教材只是将这首诗定位为场景的细致刻画上。

【教师乙】

作为与大地相连的生命——树，从美学价值而言，他们挺立于天地之间自成风姿；而当它们被砍伐在地，那么从实用价值而言，应是树尽其材，物尽其用。而三棵树被伐木人遗忘，其中之一还是"歪歪扭扭"，它们显然丧失了以上两种价值，既不能在天地之间有尊严地美丽地活着，也不能体面地成器成材，最后只能哀怨地奔赴无意义的死亡。——像三棵树一样，生命被斫伤，感情被漠视的现象，现实生活各领域，似乎普遍存在。

以三棵树为代表的被伤害者，除了"亲密地挤在一起"惺惺相惜相互取暖还能够怎样？而"我"，作为尚带着光明与温暖的余温的守护者，在"夜即将来到"的时刻，愿意与这些无名之树"厮守"在一起，凝视它们的辛酸血泪凝成的树脂，痛楚像"火一般把我燃烧"。

可是，"我"一时的激愤终究是短暂而无力的，因为"我"终将离开它们，而且这是一种不会重逢的"离别"。为什么在寒冷的黑夜里，"我"尚且能够能"用心房接受柔软的树脂"，而当光明与温暖的白天到来，"我"却要走开？

教师乙的解读，与教师甲一样，关注了"树"双重价值的毁灭。乙虽没有甲的"三重悲苦说"细致，但比甲往前多走了一步，乙关注了诗歌借一般性场景传达的人类普遍的命运：砍伐者对被砍伐者的强横与冷漠，生命和感情被强大者漠视。两位教师都关注了现场观察者"我"的态度，甲同情诗人的无力，乙则在追问：同情如果不彻底，是不是也是一种伤害？

3. 引入文本之外资源的解读

两位教师能如此解读这首小诗，实属难能可贵。

诗歌是最潜隐的语言艺术，诗歌最大的特点是意象的多义性，我们承认各种创生性理解，我们明白"诗无达诂"，也知道文学欣赏中"作者未必有，读者未必不有"的基本原理；但是一切理解，无论是从诗歌中抽象提炼出一般原理（如人类共同困境），还是体味某种具体情感（如真实情境下的感悟），最好先要知道作者在什么情境下想说什么和说了什么，尽管我们最后可以不理会诗人真实的写作背景和写作意图。

一句话，借助诗人的文献资料，真实地还原诗人的生命经历和情感变化，以及在不同遭际时的文学表达，才有可能深入地解读作品，再现真相。

米斯特拉尔（1889—1957）是智利杰出的女诗人。前期作品大多写个人爱情的悲剧，情调感伤；后期诗作洋溢着人道主义精神，为犹太民族的命运悲叹。1945 年诗人获诺贝尔文学奖。

诗人 20 岁任乡村教师时认识了一个铁路职员，一见钟情，小伙子没有对她回报相同的感情，这使她痛苦不已。后来小伙子与别的女人结婚，刺伤了诗人敏感高贵的内心。再后来，小伙子因为将铁路款项借给一位急需用钱的朋友，朋友无法按期归还，小伙子开枪自杀。人们在他的衣袋里发现了诗人写给他的明信片，诗人为此痛苦、怨恨、内疚十年之久。这种复杂的心情成了诗人第一部诗集《绝望》集中许多名篇的母题。

20 世纪世界诗歌译丛　赵振江译　河北教育出版社

《三棵树》收入诗集《绝望》，是《巴塔哥尼亚风光》三首组诗中的一首。巴塔哥尼亚分属阿根廷和智利两个国家。该地区雪峰与火山映照，冰川同密林交错。失恋之后的一段时期，诗人在智利的很多地方教书，巴塔哥尼亚是诗人足迹所到之地。组诗中的第一首《荒凉》描写了巴塔哥尼亚地区的浓雾、大海、风和原野，巴塔哥尼亚"寂静的雪花""将我覆盖""使我恐惧却又心驰神往"。第二首《死树》描写了原野上的一棵枯树，但在写树的过程中，我们仍无法忽视诗人对上一段恋情的痛楚记忆："九月，它所爱的东西 / 跌落，在它的周围 / 缠绕成一个花环 / 受折磨的根在寻找它们 / 怀着人类的苦恼 / 在草地上摸索试探……"本诗是《巴塔哥尼亚风光》组诗的第三首，内容和情感应与前面两首诗有一定的关联性。很明显，她写的根本就不是"树"，虽然诗人可能真的见到了这一幕砍树的场景，但是诗人写作此诗的意图不是为了真切地描摹这一场景，学习这首诗也没有必要将它改写成一段散文。

如果教材注释写本诗选自《绝望》，且介绍本诗是组诗中的一首，这应比注释选自《当代外国抒情诗选》，对师生了解诗歌的内涵更有指示性。

我们要关注的是，诗人在某种特殊情绪的笼罩下，看到自然物事，也会朝着自己情绪的方向联想和想象。教学生读诗，自然要讲清楚诗歌表面写了什么，更要和学生一起探讨，诗歌借这些场景意欲传达什么。

学生对诗歌使用了拟人的修辞手法应该都能辨识，这不是教学重点，重点是诗人为什么会运用这些手法，为什么会对这一简单的伐木场景产生这种独特的联想和想象，诗人的情感指向何处。

前文列举的两位教师，在没有任何文本之外的资源的情况下，已经对诗歌做了比较深入的解读，甚至是超越性的提炼。这些分析与诗人的真实经历和情感指向有某种暗合，这也从另一个角度证实了诗人语言的独特魅力。

不是说解读诗歌一定要知道诗人的写作背景，但是了解这一背景至少可以印证"裸读"的感受是否与诗人的原意相扞格。很多情况下，我们可以不理会诗人写作时的心情、意图，但对于一些联想想象比较独特的作品，最好还是掀开词语的外衣，借助一些必要的资源，一窥真相。

4. 两种解读的相互映照

"裸读"时，我们知道诗歌在传达一种愁绪。诗人缘何痛苦，我们不知道，这可能影响对诗歌细节的赏析。下文对此略作申述。

伐木工人将砍伐的树木撂在路边，这是生活中的常事，未必是诗人观察到的"遗忘"，诗人因为自己的情感经历，不由自主地从"遗忘"联想到"遗弃"；或者反过来说，是因为情感上有受伤的"遗弃"体验，以至于看到三棵伐倒的树就自然推想：它们一定是被人"遗忘"了，也即通常所谓的"始乱（砍）之，终弃之"。

对于和自己当下的情感经历暗合的场景，诗人肯定多一份关切。也正因为有了这份同情的理解，诗人才会看到三棵树"亲密地挤在一起交谈"，实际是诗人想和这些树——"主体精神投射的物"交谈。

将夕阳比作鲜血不算新鲜，但常态的写法只取颜色的相似和场景的肃穆悠远，如"苍山似海，残阳如血"。这里的"血"则与受伤有关，表面指大树被砍斫，暗合诗人的心灵因纯洁深沉的感情被忽视而受伤。值得注意的是诗人不写伤口的疼痛，却写"伤口的芳香"，一则因为树被砍伤后流下的树脂的确有香味，更重要的原因是诗人对自己美好的感情始终保持一种高贵而矜持的姿态："我"的伤口是"我"主

动选择的悲剧，对这一不可承受的悲痛，"我"不是怨天尤人，不是责备对方的负心（真实情况并非负心，而是情感没有得到相应的回报），而是从伤口里"沁"出芬芳来。也许有人说这是一种情感的自虐，但纯粹的感情从来不在乎这些俗世的嘲笑，诗人在自己的情感天地里，永远是一意孤行，生死以之；或者说，米斯特拉尔深深热爱的未必是那个现实中的铁路工人，

她爱的是她骄傲的自己。

除了精神的纯净飞逸，人，毕竟还有一个渴望温暖相依的沉重的肉身。因此，她看到了"两个伤口像一双眼睛，表达着哀怨"，也就是说，精神的伤口是芳香的，肉体的伤口无法不因温暖的缺失而幽怨。高傲的诗人也会在暗夜短暂地低下她高贵的头颅。"我愿与它们厮守在一起／用心房接受柔软的树脂"，相同的经历，容易聚在一起取暖。

上文教师乙在解读本诗的结尾时追问：当光明与温暖的白天到来，"我"为什么要走开？现在我们明白了：所有的荆棘之路，必须自己去蹚。黑夜来临，我们可以短暂地"软弱"，白天来临，是赶路的时候了。

"裸读"时，我们可以得出概括的一般性的结论，明确诗歌的情感类型，但很难准确判断诗人写作的真实意图。引入文本之外的资源，特别是诗人的经历和诗歌在其创作中的位置，如《三棵树》是诗集《绝望》中的一首，结合《绝望》诗集的共同主题，根据诗人写作本诗集这个时段的生活变故和情感经历，可以给出以上相对具体的阐释，我们因此明白诗人"生命的痛楚"的具体所指。教材导语说，阅读《三棵树》时能体验到"生命的痛楚"，其实学生不仅要感受诗人传达的"生命的痛楚"，更要理解诗人为什么会面对"这一场景"触发"痛楚"，这应是解读诗歌的要津。

以上所举两位教师对本诗的"裸读"深切细致，因为不知写作意图，不免失之抽象；引入文本之外资源的解读，指向明确，但有"坐实"之嫌。失恋是诗人写作本诗的当时经历，但诠释本诗应不局限于失恋的痛楚，因为人生中被外力侵犯、无法自主、难以控制的事情多了，人在面对这些加诸生命的外部压力时，都可以从这首诗描述的情境里找到共鸣。

对于诗人人生经历的种种细节，和诗人创作这一作品的原初意图等资源（对于本诗而言，就是诗人的失恋经历），我们的态度是得鱼忘筌，因为这些只是读者解读的出发点和作者创作的触发点。借助这些资源，思考诗作的深意和诗人为什么这样写，才是正道。

西方现代派文学

西方现代派文学流派甚多，理念繁富。一般读者很难亦无须了解十分详细的情况。一些西方现代诗歌和西方现代小说入选中学语文教材（必修或选修），对中学语文教师而言，这些文本相对陌生，备课资源较少。仅从教学设计和单篇文本解读的角度，很难透彻理解原作内涵。推荐以下两本阅读资源，可资教师在教学此类文本备课时参考。

《西方现代派文学问题论争集》（二册），何望贤编选，人民文学出版社1984年版（当年署：内部发行）。该书主要篇目如下：

《欧美现代派文学概述》（袁可嘉）、《象征主义诗歌》（冯汉津）、《意象派简介》（赵毅衡）、《乔伊斯与〈尤利西斯〉》（樵杉）、《法国意识流小说作家普鲁斯特及其〈追忆往昔〉》（冯汉津）、《表现主义》（李士勋 舒昌善）、《超现实主义的形成与发展》（何敬业）、《关于"后现代主义"思潮》（袁可嘉）、《萨特和存在主义》（冯汉津）、《荒诞派戏剧述评》（朱虹）、《关

于法国新小说派》（林秀清）、《当代美国文学中的"黑色幽默"》（陈焜）、《"结构现实主义"述评》（陈光孚）、《拉丁美洲的魔幻现实主义及其代表作〈百年孤独〉》（林一安）、《西方文论中的非理性主义》（伍蠡甫）

《论西方现代派文学及其他》，陈慧著，南开大学出版社1987年版。

该书收集的论文写于西方现代派文学大量涌入国内之时，零碎篇什显示了作者对当时文艺思潮的敏感，此书有别于教程和高头讲章，每篇讨论一个问题，便于需要了解西方现代派文学的教师读者阅读和查阅。该书主要篇目如下：

《谈对西方现代派评价的几个问题》《论现代主义和浪漫主义》《论"异化文学"及其"异化"论》《谈现代主义和现代科学》《重评弗洛伊德主义》《这"象征"不是那象征》《论表现主义的得失》《论"意识流"的特征及其他》《论超现实主义的"秘密"》《评存在主义的存在观和真实观》《论荒诞派的"危机意识"》《论幽默——兼论黑色幽默》《"荒原"中的"病花"——论"黑色幽默"小说》。

陈慧，原籍浙江诸暨，1933年出生于江苏镇江。1949年参军，转业后就读于南开大学，毕业后从事外国文学教学。1978年调入河北师范大学中文系。1992年任河北省教育委员会副主任，兼任河北师大中文系教授。著有《西方现代派文学简论》《论西方现代派文学及其他》《弗洛伊德与文坛》《现代主义新论》等。

文言文教学首先要解决"言"的问题，"文"的问题当然也建立在"言"的基础上。语文教师在备课和教学研究过程中，最常遇到的问题是词义辨正。本文以"婴"字为例，讨论词语考辨问题。

古汉语词语考辨要有文献依据，常用的有《辞源》《古汉语常用字字典》《汉语大字典》等。

推荐资源：王力《同源字典》（商务印书馆1982年版），黄德宽主编《古文字谱系疏证》（商务印书馆2007年版）。

七、如何讲解常见实词的陌生义项

——以"婴"为例

听一名教师讲《陈情表》，课文中有一句："刘夙婴疾病，常在床蓐；臣侍汤药，未曾废离。"教师让学生记住课文下注释，婴：缠绕。下课后我问教师，"婴"做"缠绕"讲是本义还是通假义，教师答：本义。问：这个义项用现代汉语的背景知识来理解有点奇怪，学生能记住吗？

硬记当然是能记住的。但太多的"硬记"加重了学生的学业负担，也使得文言文的串讲变得单调无趣。如何让学生记住常见实词的陌生词义，值得探讨。

本文以"婴"为例，试做阐释。

1. 检索权威工具书，了解实词的义项

要知道"婴"的词义，首先要借助工具书。古汉语工具书最好先查《汉语大字典》，字典是这样记载的：

婴，《说文》："婴，颈饰也。"

1. 妇女颈饰，似现代的项链。《说文·女部》："婴，颈饰也。"

2. 系在颈上，戴。《荀子·富国》："辟之是犹使处女婴宝珠，佩宝玉，负戴黄金而遇中山之盗也。"杨倞注："婴，系于颈也。"

3. 环绕；缠绕。唐玄应《一切经音义》卷二十一："婴，犹缠绕也。"

4. 遭受。《后汉书·南匈奴传》："碛埌之人，屡婴涂炭。"

5. 触犯。《荀子·强国》："兵劲城固，敌国不敢婴也。"

6. 加。《汉书·贾谊传》："婴以廉耻，故人矜节行。"颜师古注："婴，加也。"

7. 初生的小孩。《释名·释长幼》："人始生曰婴。"

8. 同"缨"。（1）古时套在马、犬颈上或胸前的一种饰物。《释名·释车》："鞅，婴也。喉下称婴，言缨络之也。"（2）系冠的带子。《礼记·内则》："矜婴綦屦。"陆德明《释文》："婴，又作缨。"

9. 通"罃"。《穆天子传》卷二："天子乃赐之黄金之婴三六。"洪颐煊校："婴，本作罃。"

10. 姓。《风俗通》："婴氏，晋大夫季婴之后。"

工具书列出的义项繁多，要尽可能找出义项之间的内在联系。从上面十个义项可看出，1～3三个义项有内在联系，由名词"颈饰"，动化为"戴"，再到"缠绕"，义项发展轨迹基本清晰。4～6三个义项在此基础上进一步抽象，也比较好理解。7是今天一般理解的义项，无须重点记忆。8是异体

字，有两个意思，第一个套在动物"胸前"的"饰物"，与义项1"妇女颈饰"有一定联系；第二个与义项2有关系，由动词"系在颈上"变为名词"系冠的带子"。9是通假字。10是姓，可以不讨论。

2.借助文献资料，了解字形和字义变化过程

"婴"作为常见实词，"婴儿"这个义项早就存在学生记忆当中，学生会想："婴"的本义到底是什么，《汉语大字典》《汉语大词典》《古汉语常用字字典》可以解决词义的一般问题，如《汉语大字典》列举了"婴"的十个义项，基本搜罗殆尽，读者借此可以掌握"婴"的所有词义。这些义项之间有的联系很紧密，便于识记；有的则看上去没有联系，特别是古汉语义项与现代汉语的常见义项相差较远，就加大了识记难度。如"婴"在学生记忆里多是"婴儿"，可是《汉语大词典》收录有关"婴"的41项词条中与"婴儿"相关的词条仅11项，其他多与"缠绕""遭受"等相关；"婴儿""缠绕"等义项之间是什么关系，殊难回答。这时我们有必要了解一点字形方面的知识。

（1）"婴"的本义

由黄德宽、何琳仪、徐在国等编写的《古文字谱系疏证》，从汉字形音义的内在联系入手，全面梳理纷纭复杂的先秦古文字，探索这一阶段汉字体系内部发展沿革关系，构建了古代文字的发展沿革谱系。这部书代表了当前古文字研究的学术水准，为我们解释汉字字形、字义的演变提供了有力的学术支撑。一些基本工具书解决不了的问题，可以查阅该书。

据该书，"婴"的甲骨文为 ，上面的"賏"是用贝壳做成的"颈饰"，段玉裁进一步解释为"绕也"，"賏"也表示读音。[1]

由"賏"派生的字形有"婴""缨""瓔""罂""瘿"，或与头颈相关，或与颈饰引申的"缠绕"义相关。

"婴"是"颈饰"。

"缨"，朱骏声《说文通训定声》"按，以二组系于冠，或结颐下者也"，就是系在下巴上的帽带子，后世的"请缨"中的"缨"就是绳子、带子的意思。

"瓔"，《广韵》："'瓔珞'，亦颈饰。"

"罂"，《说文》："缶也。"实际是小口大肚的瓶子，"罂粟"一词也因其果实近似"罂"而得名。

"瘿"，《说文》："颈瘤也。" 囊状肿瘤，多生于颈部，包括甲状腺肿大等。

王力指出，"凡音义皆近，音近义同，或义近音同的字，叫作同源字"。在《同源字典》中，王力认为"罂""婴"（賏）"瓔""缨"等是同源字。[2]

链接

王力《同源字典》序言

同源字的研究，其实就是语源的研究。这部书之所以不叫作《语源字典》，而叫作《同源字典》，只是因为有时候某两个字，哪个是源，哪个是流，很难断定。例如"麸""肤"二字同源，"麸"是麦皮，"肤"是人的皮肤，二字同源，到底先有麦皮的"麸"，后有皮肤的"肤"呢，还是相反，很难断定。依文字出现的先后，似应先有"肤"，后有"麸"；但上古书籍有限，也许有了"麸"字，没写在书上，又也许最初有"麸"这个词，只是没为麦皮造字，我们不能

［1］ 黄德宽主编.古文字谱系疏证（三）［M］.北京：商务印书馆，2007：2110～2111.

［2］ 王力.同源字典［M］.北京：商务印书馆，1982：319.

由此引出结论，以为先有"膚"，后有"麩"。但是，在多数情况下，源流还是可以断定的。例如"背""北"二字同源，一定是先有"背"，后有"北"，因为人类自从有了语言，就会指称背脊，至于辨认方向，则是有了文化以后的事了。（有人认为，篆文 北，就是指二人相背。）所以我说，同源字的研究，其实就是语源的研究。

清儒在文字学上的成就是空前的。他们确有研究同源字的能力。段玉裁、王念孙等主张以声音明训诂，这正是研究同源字的方法。段玉裁在《说文解字注》中，王念孙在《广雅疏证》中，不少地方讲某字和某字相通，或某字与某字实同一字。王筠讲分别字，累增字，徐灏讲古今字。其实都是同源字。那么，为什么他们不写出一部同源字典或语源字典来呢？这是由于他们是从文字的角度上研究问题，不是从语言的角度上研究问题。

从前我曾企图研究汉语的词族，后来放弃了这个计划。"词族"这东西可能是有的，但是研究起来是困难的。过去有人研究过，每一个词族可以收容一二百字。但是仔细审察其实际，在语音方面，则通转的范围过宽，或双声而韵部相差太远，或叠韵而声纽隔绝；在字义方面，则辗转串联，勉强牵合。世上偶合的事情很多，文字上也是这样。如果不在语音规律上严加限制，则必众说纷纭，莫衷一是，使读者无所适从。如果研究得不好，反而引导读者误入歧途。

在这部《同源字典》中，每一条所收最多不过二十多个字，少到只有两个字，宁缺毋滥。收字少了，就能避免或减少错误，具有实用价值。为了保险，《同源字典》大量地引用古人的训诂，来证明不是我个人的臆断。

这并不是说，这部《同源字典》已经十分完备了。从前没有人写过汉语的同源字典，我没有现成的书作为参考，写起来很吃力。我想到什么就写什么，遗漏一定很多。例如，今天忽然想起，"跣"与"洗"应是同源。"洗"的本义是洗脚，"跣"的本义是赤脚，洗脚必须先把鞋（屦）脱掉，不就是跣吗？其次，《广韵》和其他的书有许多区别字，我都没有收进《同源字典》（如骙骈：绿耳），将来最好作为"补遗"收入。我热情地盼望承学之士匡谬补充，使这一部书能臻完善。

从 1974 年 8 月到 1978 年 8 月，我用四年的时间，三易其稿，写成了这一部书。在写这部书的时候，承蒙张芷同志把他的《语源小字典》（未出版）借给我参考；又蒙齐冲天、刘宋川、张双棣三位同志帮我核对原文。我在这里表示感谢。

王　力

1980 年 1 月 30 日

王力序文中的几个词语

韵　韵母　韵部：韵，包括韵腹（主要元音）、韵尾和声调。韵母包括韵头、韵腹和韵尾，不包括声调。韵部是指押韵字的归类，包括韵腹和韵尾；具有同韵关系的一组字，就形成一个"韵部"。

声纽：音韵学术语。又称纽、音纽，声母的别称。汉语声纽的最早标目，是音韵学上传统的"三十六字母"，即三十六个"纽"的代表字，它们是：帮，滂，并，明，非，敷，奉，微，端，透，定，泥，知，彻，澄，娘，精，清，从，心，邪，照，穿，床，审，禅，见，溪，群，疑，影，晓，匣，喻，来，日。

騄駬：读 lù·ěr。古代毛色青黄的骏马，也作騄耳。

（2）初生的小孩子为何称作"婴"

由以上两书对字形、字音、字义的分析可知：由"賏"派生的字形如"嬰""纓""瘿"等，或与头颈相关，或与颈饰引申的"缠绕"义相关。初生的小孩子跟"缠绕"义项毫无关系，为何称作"婴"呢？——这时我们要猜想"婴"是不是一个通假字了。东汉刘熙《释名·释长幼》中对"婴"是这样解释的：

人始生曰婴儿。胸前曰婴抱之婴前，乳养之也。[1]

---

[1]　［东汉］刘熙 . 释名［M］. 北京：中华书局，1985：41.

初生的孩子一般会被抱在"胸"前，不过"婴"没有"胸前"的意思，为什么将抱在"胸"前的孩子称为"婴"呢？"胸前曰婴抱之婴前"是什么意思？据清代王先谦、毕沅《释名疏证补》解释：

先谦曰，婴无胸前义，此借婴为膺。《说文》：膺，胸也。《诗》《采芑》：钩膺，樊缨也。《礼·内则》：衿婴綦屦。《释文》："婴又作缨。"是婴、缨、膺三字义训相通，故婴可借为膺。

毕沅曰，《一切经音义》引作"投之胸前，以乳养之"，故曰婴儿。[1]

由上述文献可知，"婴"与"膺""缨"相通。第一，《诗经·小雅·采芑》。该诗描绘了周宣王的大将方叔为威慑荆蛮而演军振旅的画面，其中"钩膺鞗革"描述了武器装备的精良："钩膺"是带有铜制钩饰的马胸带，"鞗革"是皮革制成的马缰绳。"钩膺"的"膺"当为"缨"，参见本文第一部分《汉语大词典》所载"婴"的义项8（1）：套在马、犬颈上或胸前的一种饰物。第二，《礼记·内则》。本节内容是说子女如何孝顺父母，其中"衿婴綦屦"是说子女（儿媳）早上要为父母（公婆）系好帽带子和鞋带子。"婴"同"缨"，参见本文第一部分《汉语大词典》所载"婴"的义项8：系冠的带子。

由上可知，"婴""缨""膺"三字义训相通，"婴"可借为"膺"。王先谦、毕沅的推理过程是："胸"与"膺"意思相同（《说文》："膺，胸也。"），"膺"又与"婴"相通（上文已详细论证），因此，"胸"="膺"="婴"。

上引刘熙《释名》和王先谦、毕沅疏证的观点，是说明古人如何认识这个字的意义变迁，但是，一般情况下，通假字建立在音同、音近的基础上，

---

[1] ［东汉］刘熙撰，［清］毕沅疏，王先谦补. 释名疏证补［M］. 北京：中华书局，2008：144～145.

与字义没有什么关联。王先谦、毕沅援引《诗经》《礼记》等文献，从字义上推测"胸""膺""婴"三字相通，没有太大必要。我们推测，古代可能没有表示小孩的"ying"字，也可能有表示小孩的某个字读"ying"，但从目前的文献资料中我们尚没有发现这个字；古人借音近的"婴"来代替了——这就是通假，不宜从字义上做过多的联想。

3. 关注学术前沿，开阔研究视野

教师在课堂上能讲清楚一个实词的常见义项就可以了，如果能讲清楚各个义项之间的联系，便于学生了解字形字义源流就非常好了。

有些教师对字形字义有兴趣，还可以关注古文字学领域的一些前沿学术成果。关于"婴"的解释，上面说得比较清楚了；不过，对这个字的探讨仍在进行中。古文字学家、吉林大学古籍研究所冯胜君教授对此有详细阐释[1]，他认为"婴"是"瘿"的本字，下面择要介绍他的观点。

古文字中，有从女从賏的"婴"字，也有从女从三个贝（贔）和从一个贝的"婴"字，可见"婴"字所从"贝"旁的数量往往是不固定的。在早期金文中，有一类形体写作"⿰"，像人的颈项部位有成串的贝壳。

冯胜君考证，"瓔""瘿""婴"等同源字都是以"⿱"为基本声符，均从"婴"声，可见"⿱"的读音应与"婴"相同或相近。"⿱"旁写作⿰或⿰，甲骨文形体是⿰，"⿱"的字形，像女人的颈项部位有突起物，结合"⿱"的读音与"婴"相同或相近，则甲骨文形体的⿰可能就是"瘿"字的表意初文（复旦大学出土文献与古文字研究中心刘钊教授指出，林澐先生早年在课堂上曾将⿰释为"瘿"）。

《释名·释疾病》："瘤，流也，血流聚所生瘤肿也。"这个字正像

［1］　冯胜君.试说东周文字中部分"婴"及从"婴"之字的声符——兼释甲骨文中的"瘿"和"颈"［EB/OL］.见复旦大学出土文献与古文字研究中心网站，2009-7-30.

女人的脖颈处长有肿瘤的样子。根据古代医书记载和现代医学研究，女性较男性更容易罹患"瘿"这种疾病。《中医外科学》："气瘿相当于西医的单纯性甲状腺肿。……好发于青年女性，尤以怀孕期及哺乳期的妇女多见。"《中医内科学》："妇女的经、孕、产、乳等生理特点与肝经气血有密切关系，遇有情志、饮食等致病因素，常引起气郁痰结、气滞血瘀及肝郁化火等病理变化，故女性易患瘿病。"所以"瘿"字的表意初文从女，当是由于瘿病多发于女性。

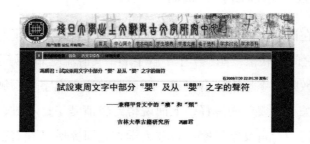

冯胜君先生（包括林澐先生）的说法已得到学界认可，中学教师如果要深究"婴"字本义，可以参看相关文献。本文仅以"婴"字为例，说明在研究古汉语常用字字义时，教师一定要有基本的学术支撑，还要有开阔的学术眼界。当然，以上内容并非让教师在中学课堂上展开。

要之，教学过程中发现一些义项与现代汉语相去甚远的实词解释，不要让学生强记，应该先查工具书，尽量找到义项演变过程；如果一般工具书难以释疑，可以查找字形源流方面的权威文献。目前解释字形的著作不少，要善于甄选鉴别。一线教师中有一些是汉语言文字学方向的研究生，有相关学术背景；如果有兴趣，应关注学术前沿，开阔学术视野，提高辨伪求真的能力。

黄德宽《古文字谱系疏证》

《古文字谱系疏证》：关于汉字谱系整理与研究的大型学术专著，揭示了古文字阶段汉字体系内部字际关系，构建了古代汉字的广义谱系，为进一步揭示汉字发展演变规律奠定了基础。对中学语文教师而言，此书最大的助益是可以查阅古汉语字词的原初意义，借此了解古汉语词义流变历程。

"前言"在介绍该书观点时称：第一，通过对古文字的全面梳理，构建广义的古文字发展谱系。第二，构建古汉字形声谱系，以确定古文字发展沿革谱系的基础。第三，对每一个汉字建立纵向形体流变谱。我们在每一声系之下列出了所属诸字，每字选择从甲骨文到秦代典型形体，按时代先后排列，由这些典型形体就构成了单个汉字的形体流变谱。使一个字在不同时期历时演变和同一时期形成的共时异体都得到较为全面的展现。

黄德宽（1954—），安徽广德县人，曾任安徽大学教授、校长，中国文字学会会长。著有《汉语文字学史》《汉字阐释与文化传统》《古汉字形声结构论》等。

分论

文本解读

　　文本解读这部分共六篇文章，前四篇是一组文章。从文体角度赏析文言文表达形式的丰富优美，解读文本婉曲文字后面的深刻内涵。这些文章可以看作是对文言文"文"的问题的探讨。

　　要研究文言文，可读、应读的书实在太多。因为文言文解读的角度很多，本组文章从文体学出发，所以推荐以下备课和教学研究资源：

　　《中国古代文体形态研究》（吴承学著，中山大学出版社2000年版）、《中国古代文体概论》（增订本，褚斌杰著，北京大学出版社1990年版）、《古代散文文体概论》（陈必祥著，河南人民出版社1986年版）、《古代文章学概论》（王凯符等编著，武汉大学出版社1983年版），最应引起重视的是《文章辨体序说 文体明辨序说》（［明］吴讷 徐师曾，人民文学出版社1962年版）。

一、古人如何委婉地表达自己和拒绝他人

——以书体文为例

　　吴讷在《文章辨体序说》里说：古代臣下向皇帝上奏所写的奏章与亲朋好友之间往来的私人信件，都称为"书"。古代的"书"包括两种文体：一般把前者称为"上书"或"奏书"；后者则单称"书"，或"书牍""书札""书简"。本文只讨论后者意义上的"书"。

　　书信的内容最为广泛，写法上最为灵活，可叙事，可说理，可抒情；篇幅自由，长短不拘。《文心雕龙·书记》篇说："详总书体，本在尽言，

言以散郁陶，托风采，故宜条畅以任气，优柔以释怀，文明从容，亦心声之献酬也。"意思是：书牍的根本就在于"尽言"，尽情将心声用文字倾吐出来，显示自己的风范文采。

因此，书信比一般文章更加带有个人色彩，而且书信的写作目的和读者对象更为明确。可以说，书信完全符合现代交际语境写作的五个要素的要求：有明确的话题，有作者独特的口吻，有明确的阅读者，有清晰的写作目的，注重交际中的语言选择。

无论是表达自己追求，为同声相应，还是申述自己志趣，以拒绝他人：古人运用书体文"任气""释怀"之时，语气舒徐委婉，态度却是豪迈坚决。——这二者看似矛盾，但古人就是有这番功夫，绵里藏针，意气豪雄。

下面先以苏辙的一封书信为例，从表达自己志向的角度，讨论这类书体文的特点。

上枢密韩太尉书 苏辙

太尉执事：辙生好为文，思之至深。以为文者气之所形，然文不可以学而能，气可以养而致。孟子曰："我善养吾浩然之气。"今观其文章，宽厚宏博，充乎天地之间，称其气之小大。太史公行天下，周览四海名山大川，与燕赵间豪俊交游，故其文疏荡，颇有奇气。此二子者，岂尝执笔学为如此之文哉？其气充乎其中而溢乎其貌，动乎其言而见乎其文，而不自知也。

辙生十有九年矣，其居家所与游者，不过其邻里乡党之人，所见不过数百里之间，无高山大野可登览以自广。百氏之书虽无所不读，然皆古人之陈迹，不足以激发其志气。恐遂汩没，故决然舍去，求天下奇闻壮观，以知天地之广大。过秦、汉之故都，恣观终南嵩华之高，北顾黄河之奔流，慨然想见古之豪杰。至京师仰观天子宫阙之壮，与仓廪府库城池苑囿之富且大也，而后知天下之巨丽。见翰林欧阳公，听其议论之宏辨，观其容貌之秀伟，与其门人贤士大夫游，而后知天下之文章聚乎此也。

太尉以才略冠天下，天下之所恃以无忧，四夷之所惮以不敢发，入则周公、召公，出则方叔、召虎。而辙也未之见焉。且夫人之学也，不志其大，虽多而何为？辙之来也，于山见终南嵩华之高，于水见黄河之大且深，于人见欧阳公。而犹以为未见太尉也。故愿得观贤人之光耀，闻一言以自壮，然后可以尽天下之大观而无憾者矣。

辙年少，未能通习吏事。向之来，非有取于斗升之禄，偶然得之，非其所乐。然幸得赐归待选，便得优游数年之间，将以益治其文，且学为政。太尉苟以为可教而辱教之，又幸矣！

这是 19 岁的苏辙在考中进士后，给当时的枢密使韩琦写的一封信，以期得到韩琦的赏识提携。这封信既是表达自己写作主张的文论信，也是一封干谒信。关于干谒信，下篇文章专门讨论，本文主要赏鉴这封信的文气与构思特点。

开篇没有客套，直接讨论主题："我"喜欢写文章，对写作的思考很深切；"我"认为，文章是内心"气"的表现，写好文章的重点不在技术层面的反复练习，而先要养浩然之气；"我"认为，"气"是人的修养、气质和精神力量的总和，可以"养而致"。"养气"有两条途径：一是向内的自我修养；二是向外的阅历交游，如司马迁的"周览四海名山大川"，与"豪俊交游"，"我"更信重于后者，因而"我"急于结识您，以增长自己的见闻，激发自己的壮气。这里面有许多东西值得玩味。

第一，苏辙认为，"文不可以学而能"。可我们习惯听到的是多写多练，熟能生巧。这话在一定情境下无误，但是单靠多写多练只能掌握写作技巧，很难提高精神识见。苏辙这句话能解释许多二三流作家写了一辈子也不可能成为一流作家的根本原因。19 岁的苏辙拿来作为目标的是孟子和司马迁，而不是邻居家的孩子或者隔壁老王。取法乎高，是眼界和胸襟的表现，这是苏辙的不平凡之处。

第二，苏辙评价司马迁文章"疏荡，颇有奇气"，可谓知音之论。"疏荡"的意思是疏放、跌宕，洒脱而不拘束。"有奇气"，不同于一般文章的平凡庸碌琐碎，有更高远的理想和更开阔的视界。写作要从养气出发，有奇气方有雄文；如果作者满心满脑庸常之气，下笔为文，自然就是腐朽之文了。

苏辙写此信不全是表达自己的文论思想，因为"养气""文气"之说并非苏辙创见，而源自孟子、曹丕、刘勰、韩愈等人之观点；本文说"养气"，是有读者意识的，是苏辙有目的有计划地说给唯一的听众——韩琦听的，苏辙对韩琦有许多期待，这份期待是不能直说的，直说就陋，就俗；也不能流露出卑怯的神态。因此，文章开篇不说崇拜对方的客套话，而是严肃认真地讨论作为"经国之大业，不朽之盛事"的写作一事。但是，别忘了，这是一封写给位尊德劭者的书信，不是没有读者的无端发高论的议论文；19岁的苏辙如果在一封书信中对51岁的韩琦就写作之道大发宏论，那肯定是失礼的。于是，文章从遥远的写作之道说起，再慢慢迂回到写信的真实目的上来。苏辙认为，要想写好文章，必先养气；要想养气，必先提高识见，游历名山大川，拜见京华名流，以便增广见闻，扩大胸襟。至此，笔意收拢回来，扣紧题目，"我"此番求见韩大人，就是为了实践"养气"之说啊！

因此，王水照说此文"纤徐曲折，饶有余味"，"起笔远，推进缓，一波三折，然后委婉见旨"。[1]

苏辙夸司马迁文章有疏宕之气，其实此文也显示了苏辙笔势的跌宕起伏和洒脱自如。这类含有私人目的的书信，开篇宜先离开主旨，纵论其他，到了中间水到渠成，委婉表明真实目的就不显得突兀。本文转

［1］　王水照.唐宋古文选［M］.南京：凤凰出版社，2012：163.

折处在第三段的开头"太尉以才略冠天下",相信韩琦读到此处,也为这个年轻人的机智而会心。

清初学者林云铭夸奖这封书信:

篇中以"激发志气"四字做主脑,其行文错落奔放。数百言中,有千万言不尽之势。[1]

清代学者过商侯说:

养气二字为通篇骨子。以下观名山大川,及求见贤豪长者,皆是助其养气处。从山水陪出欧公,从欧公陪出太尉,……其气象,目空天下,眼高一世,非少年无此本色。昔人疑老泉代作,谬矣。[2]

林云铭推测苏辙写信时的心理状态"正当志气激发之后",过商侯纠正此信乃苏洵为儿子代笔的谬见,两人都关注到了此信中显示出来的年少的英锐、奔放的个性、坚定的意志。给陌生的尊长者写信,要显示自己才华,最大限度引起对方注意;又要在谦恭有礼中显出自己的胸襟和意气,两者都是难为之事,但苏辙在这封信中都做到了,且在有着清晰写作目的前提下,注重了交际中的语言风格。明代散文家茅坤说:

子由之文,其奇峭处不如其父,其雄伟处不如其兄,而其疏宕褭娜处,亦自有一片烟波,似非诸家所及。[3]

---

[1] 罗新璋.古文大略[M].上海:复旦大学出版社,2012:159.

[2] 同上.

[3] 同上.

所谓"一片烟波"，意思是苏辙文字最善迂回纡徐，这封信有求于人，不能"敷陈其事而直言之"；所以，开篇先说自己作文经历，然后说作文之道以及自己的追求，最后一段，申述自己求见韩琦非求"斗升之禄"，而以"益治其文"为其志，显示了作者一派率真豪迈之气。这类书信，构思上要用足功夫，收放中要拿捏到位。很难想象这是19岁的年轻人的作品。

下面再说姚鼐78岁时写的一封信《复汪孟慈书》。

七月朔，姚鼐顿首，孟慈孝廉足下：惠书知旧疴新愈，欣喜欣喜！云欲就受业，闻之愧悚不宁。谫陋何足师？况以加高明卓绝如足下者哉！遇事激昂，欲以"躬自厚而薄责于人"为勖，则足下所自处者善矣，鼐安能加一言耶？承示文册，展诵揽见赅博，非恒士所有，而昏眊畏久寻文字，深玩究论，则力所不逮矣。谨缴纳。

夫天下为学之事，不可胜穷也。有睿哲之姿，有强果之力，包括古今，探索幽渺，经历数十年之勤苦，然遂谓于学尽得，而无一失焉，此殆必无之事也。是故学不可不择所用心，择而得其大者要者，而终弗自多焉，斯善学矣。

今世天下相率为汉学者，搜求琐屑，征引猥杂，无研寻义理之味，多矜高自满之气，愚鄙窃不以为安。自顾行能无可称，年过学落，不能导率英少，第有相望之意，不敢不忠。尝以是语人，今故亦举为足下告也，或蒙采纳否？

姚鼐，字姬传，安徽桐城人，乾隆二十八年进士。他在学术上主张宋学（宋代程朱一派的哲学或玄学），对汉学（取法于汉代学者而形成的训诂、语言学、考据学和历史学等）的烦琐考据则持保留态度。姚鼐最佩服的作家是归有光。他说："文章之境，莫佳于平淡，措语遣意，有若自然生成者，此熙甫所以为文家之正传。"（《与王铁夫书》）他不再重视什么豪雄之气、慷慨之音、绮丽之色了，所重视的，乃是平淡自然。

姚鼐对汉学和宋学的态度

姚鼐虽反对汉学，却并不反对考证，不但不反对，甚至倡言：

天下学问之事，有义理、文章、考证三者之分，异趋而同为不可废。……凡执其所能为，而呰其所不为者，皆陋也。必并收之，乃足为善。……天下之大，要必有豪杰兴焉，尽收具美，能祛末士一偏之蔽，为群材大成之宗者。(《复秦小岘书》)

当时的汉学家，专事考据，门户自高，看不起理学家，更看不起古文家。姚鼐融义理、文章、考据于一炉，这就使三者不再互相排斥，而可收相辅相成之效，而他的愿望，则是要做一个兼收宋学、汉学蓄道德能文章的人。

在这三方面，他的成就又如何呢？他服膺程、朱，虽无多深造自得之处，然亦不失为洛、闽学派中谨守绳墨的后进之士。至于文章，他是桐城派的发扬光大者。

《惜抱轩文前后集》，共三百十篇，属于考证性质者，有四十一篇。另有《笔记》八卷，《法帖题跋》三卷，《九经说》十七卷，几乎全部是考证。其考据文之佳者，如《笔记》四史部一史记，证据确凿，断语下得干净利落，并未繁征博引，却解决了历史上的疑团，堪称考据文典范之作。（《惜抱轩诗文集》，姚鼐著，刘季高点校，上海古籍出版社1992年版。上文选自刘季高点校该书的前言《姚鼐论》）

刘季高（1911—2007），江苏镇江人。早年在上海震旦女子文理学院任教，新中国成立后为复旦大学中文系教授。著有《东汉三国时期的谈论》、论文集《斗室文史杂著》，并为《方苞集》《惜抱轩诗文集》编校标点。

汪孟慈是什么角色？清代扬州学派的杰出代表、作家汪中之子，名喜孙，字孟慈。嘉庆时举人，博览群籍，对文字、声韵、训诂尤有研究。

姚鼐此信写于嘉庆十三年（公元1808年），汪孟慈时年23岁，姚鼐78岁，姚足足大汪半个多世纪。

19岁的新科进士苏辙写信给51岁的枢密使韩琦，盼望得到对方的提携，口气温婉是符合常理的；但小苏在尊重对方的前提下，信写得那么奔放大气"目空一切"，也是少见。

论年龄、学问和影响，78岁的文坛耆宿姚鼐给23岁的小汪写回信，完全有资格居高临下，姚鼐此信仍然写得温和雅致，显示了长者的修养；但在一片温婉的言辞中又藏着锋利的拒绝。古人的表达，真是难解啊！

姚鼐说，你来信说老毛病好了，我很高兴。——这应该是真高兴，年轻人"旧疴新愈"容易引发老朽之年对健康的关注和期盼。

你说要拜我为师，我惶恐不宁。你各方面表现高明卓绝，像我这么浅陋的人哪里配做你的老师。你寄来的文稿我看了，我觉得你见识广博完备，远胜于一般的读书人；而我年老昏聩，对那些"深玩究论"的文章实在无力研读了。——说话客气，态度谦恭，甚至自贬，这有两种情况：一种情况是为人诚朴厚道，谦谦君子，对所有人一视同仁的温厚；一种情况是对非同道者以客气划清界限。到底是什么，现在还看不出来。

第二段说天下学问无法穷尽。再聪明的人，花费数十年工夫，以为穷尽了学问，这是不可能的事。所以做学问，一定要有所选择，择其大者要者才算是"善学"。——第一段客气完了，这里要表明态度了。谦恭不代表没有态度，客气绝对不是不讲原则，内心锋利尖锐的人，也可以表面圆融。拒绝别人原来可以做得这么无形，这比"图样图森破"的讪笑厉害多了，我都担心小汪同学能否马上看懂。

前文已说苏辙认为文章是"气"的外化，姚鼐崇尚的是归有光那种平淡沉潜的笔法，"养气"功夫一定达到了极高的段位；不过，藏得极深，也会在行文中露出蛛丝马迹。读这类文字，读者不可轻易放过。

姚鼐说：天下人现在大都喜欢"搜求琐屑，征引猥杂，无研寻义理之味，多矜高自满之气"的汉学，"我"对此深以为不安。这些话"我"跟其他人也说过，这里再向您申述一次，不知您能否采纳？——态度更加明确了。反观第一段，可知客气温和完全出于礼貌，姚鼐的真实意图是拒绝汪孟慈了，因为热衷汉学的小汪与崇尚宋学的姚鼐不是一路人。

粗读此信，姚鼐称自己"谫陋""昏耄""行能无可称，年过学落，不能导率英少"，称对方"高明卓绝""揽见赅博"，真有可能误会其真实意图；细读则不难发现，姚实际对汪鲜明而坚定地表明了态度，不会接纳你！不过话说得娓娓动听，这就是姚鼐外柔内刚的特色。

 链接

文体学著作：《文章辨体序说》《文体明辨序说》等

《文章辨体》和《文体明辨》的结构都是一方面分体选文，一方面根据文体进行"序说"（阐释这类文体的特征），今天辑录的只有"序说"部分，故称之为《文章辨体序说》和《文体明辨序说》。

《文章辨体序说》，明代吴讷编写；《文体明辨序说》为明代徐师曾编写。前者为于北山校点，后者为罗根泽校点。两书合印，由人民文学出版社1962年8月出版。

　　《文章辨体序说》中，吴讷将历朝历代诗文分体编录，共分五十九体，各体都为之序说。这些文体主要有：古诗、乐府、论告、玺书、诏、表、奏疏、议、檄、书、记、序、论、说（解）、辩、原、戒、题跋、箴、铭、颂、赞、七体、问对、传、行状、碑、墓志、哀辞、祭文、连珠等。

　　《文体明辨序说》是根据《文章辨体序说》而加以修订补充的，徐师曾将文体序说分为一百二十七类。看似烦琐，但对文学体类的研究，不只需要提纲挈领，也需要条分缕析。

　　于北山（1917—1987），河北霸州市人。早年读私塾。新中国成立后，在南京、淮阴等地任教，以宋代文学研究闻名海内外。著有《陆游年谱》《范成大年谱》《杨万里年谱》等。

　　罗根泽（1900—1960），河北深州市人，古典文学研究专家。先后在河南、天津、河北、南京等地高校任教。著作有《乐府文学史》《中国古典文学论集》《中国文学批评史》（3册）。

二、古人如何推介自己

——兼说书体文特点：干谒书信

向有权力有地位的人推介自己，希望得到对方引荐或任用，古称"干谒"，通俗地说，就是求人。古人能将这种不堪的事也写得风风雅雅。

我有一位多年之前的同事为了子女就业求人，写过这样的诗句：未曾开口腮先晕，破颜已觉背生津；违心只为怜儿女，踯躅归来泪满巾。诗写得真实而痛楚，但不免露出穷酸态。有些名家的求人诗文又是一番风光。

最有名的当数李白。人家不但写月亮、写饮酒精彩绝伦，干谒文章也写得豪情万丈。请看《与韩荆州书》：

白闻天下谈士，相聚而言曰："生不愿封万户侯，但愿一识韩荆州。"何令人之景慕一至于此耶？岂不以有周公之风，躬吐握之事，使海内豪俊奔走而归之，一登龙门，则声誉十倍，所以龙盘凤逸之士，皆欲收名定价于君侯。愿君侯不以富贵而骄之，寒贱而忽之，则三千宾中有毛遂，使白得脱颖而出，即其人焉。

这是开场白。中心词是"识荆"，如果被韩荆州您看中，后面的事都好办了。接着是自夸和提要求：

十五好剑术，遍干诸侯。……虽长不满七尺，而心雄万夫。……君侯制作侔神明，德行动天地，笔参造化，学究天人。幸愿开张心颜，不以长揖见拒。……请日试万言，倚马可待。今天下以君侯为文章之司命，人物之权衡，一经品题，便作佳士。而君侯何惜阶前盈尺之地，不使白扬眉吐气，激昂青云耶？

"我"小时候习武，见过大世面。人长得不算伟岸，但内心极为强大。写文章什么的，那是小菜。您现在是文章领袖，只要动动小指头，"我"就能扬眉吐气，气冲霄汉。您会吝啬这样做吗？

《古文观止》评论此段说："写己愿识荆州，却绝不作一分寒乞态，殊觉豪气逼人。"——李白先夸对方：文章如神，德行齐天，笔参造化，学究天人。这样夸人未免肉麻。但李白先将对方捧上天并非将自己贬入地，恰恰相反，是为下文更放得开地夸自己做铺垫。——"我"是何等角色：盛宴之上，高谈阔论，日试万言，倚马可待。您是了不得的识货之人，不会不给"我"一点机会吧？

虽然韩荆州最后没有让出阶前一寸地，让李白施展拳脚，但李白照样激昂青云，青史留名。倒是这个当年炙手可热的韩朝宗，尽管新旧《唐书》以及《唐会要》等对他有不少记载，可留在后世的最深记忆恐怕还是这篇文章，因为这篇文章，还留下了与他有关的一个词语：识荆。

韩朝宗爱护后进

韩朝宗（686—750），喜欢提拔后进，曾经推荐崔宗之、严武与蒋沇等人于朝廷，受到当时其他人的尊敬。下面选录几则关于他提拔后进的记载：

（张嘉贞）引万年主簿韩朝宗为御史，卒后十余岁，朝宗以京兆尹见帝曰："陛下待宰相，进退皆以礼，身虽没，子孙咸在廷。张嘉贞晚一息宝符，独未官。"帝悯然，召拜左司御率府兵曹参军，赐名曰延赏。(《新唐书》卷一二七"张嘉贞传")

孟浩然，字浩然，襄州襄阳人。少好节义，喜振人患难，隐鹿门山。年四十，乃游京师。尝于太学赋诗，一座嗟伏，无敢抗。张九龄、王维雅称道之。维私邀入内署，俄而玄宗至，浩然匿床下，维以实对，帝喜曰："朕闻其人而未见也，何惧而匿？"诏浩然出。帝问其诗，浩然再拜，自诵所为，至"不才明主弃"之句，帝曰："卿不求仕，而朕未尝弃卿，奈何诬我？"因放还。采访使韩朝宗约浩然偕至京师，欲荐诸朝。会故人至，剧饮欢甚，或曰："君与韩公有期。"浩然叱曰："业已饮，遑恤他！"卒不赴。朝宗怒，辞行，浩然不悔也。（《新唐书》卷二〇三"孟浩然传"）

再说韩愈。

韩愈 20 岁到长安参加考试，25 岁考中进士，后来三年一直未中。焦虑困顿之中，在贞元十一年（公元 795 年）正月二十七日，28 岁的韩愈给当朝宰相写了一封长信《上宰相书》诉说苦衷。文章引用《诗经·菁莪》和孟子的话，强调"长育人材"要靠宰相之力，希望宰相慧眼识珠提携自己。遗憾的是此信呈上之后，没有任何音讯，惶恐中的韩愈，在十九日之后和二十九日之后，分别再呈《后十九日复上宰相书》《后廿九日复上宰相书》。

第二封信说自己处境艰难如同陷于水深火热之中，试图以此来打动宰相。

第三封信通篇将周公求贤若渴与当下现状对照，如今宰相您虽不能如周公吐哺握发，也应当召见并举荐贤能，而不能"默默而已"没有任何回应。

韩愈居然在一个月内给宰相写了三封信，他也是蛮拼的。绝大部分干谒信都如泥牛入海，吐哺握发成为美谈是因为这类事实在太少了。韩愈敢于质疑对方：行还是不行，您得给我一个说法，不能老缩着头不说话啊！但是有关部门就是沉得住气，一概不说、不理、不讨论。

当时的宰相是贾耽、赵憬、卢迈，他们的传记都收入了新旧《唐书》，查看他们生平，也非等闲人物。

贾耽："以两经登第，调授贝州临清县尉"，读书人出身，从基层做起，最后官至宰相。"耽好地理学"，还是一位技术官僚。"时王叔文用事。政出群小，耽恶其乱，屡移病乞骸，不许。耽性长者，不善臧否人物。自居相位，凡十三年，虽不能以安危大计启沃（竭诚开导、辅佐君王）于人主，而常以检身厉行以律人。"（《旧唐书》卷一三八）——贾耽对韩愈的三封信完全不闻不问，可能与他的忠厚有关，太老实的人不会喜欢太凌厉的人，也不想生事。

赵憬："少好学，志行修洁，不求闻达""憬多学问，有辞辩""性清俭，虽为宰辅，居第仆使，类贫士大夫之家"。（《旧唐书》卷一三八）——不求闻达的个性使得赵憬对汲汲功名的韩愈心存反感？

卢迈："少以孝友谨厚称""两经及第，历太子正字、蓝田尉。以书判拔萃，授河南主簿""累上表言时政得失""大政决在陆贽、赵憬，迈谨身中立，守文奉法而已。而友爱恭俭"。（《旧唐书》卷一三八）——卢迈守文奉法，谨身中立，一般也不会出来替人说话；何况权力掌握在赵憬手里，他即使想帮韩愈也使不上劲。

笔者推测，相赏相识一般发生在个性才情趣味相投的人之间，且一方有力，一方正呈生长状态；有力者从年幼者身上看到了昔日的自己，才有可能伸出援手。这样的机会可遇不可求。

从史书记载可以看出：有胸襟有才华的干谒者单凭投书一封（或数封），一般情况下对于解决重大问题还是无济于事。这些文章，不过给后世穷措大在遇到类似境遇时提供了摹写的文本而已，写完了可以到水边钓鱼，等命中的周文王吧，虽然这概率比被天雷劈死的概率还低。因此，唐代流行这种风气，宋代仍然后继有人。苏轼就是一位。这是苏轼文集中仅有的一篇干谒文章，近人王文濡称本文"意态潇洒，殊有别致"。

上王兵部书　苏轼

荆州南北之交，而士大夫往来之冲也。执事以高才盛名，作牧于此，盖亦尝有以相马之说告于左右者乎？闻之曰：骐骥之马，一日行千里而不殆，其脊如不动，其足如无所著，升高而不轻，走下而不轩。其技艺卓绝，而效见明著，至于如此；而天下莫有识者，何也？不知其相而责其技也。

夫马者，有昂目而丰臆，方蹄而密睫；捷乎若深山之虎，旷乎若秋后之兔；远望目若视日，而志不存乎刍粟。若是者，飘忽腾踔，去而不知所止。是故古之善相者，立于五达之衢，一目而眂之，闻其一鸣，顾而循其色，马之技尽矣！何者？其相溢于外而不可蔽也。

士之贤不肖，见于面颜，而发泄于辞气，卓然其有以存乎耳目之间，而必曰久居而后察，则亦名相士者之过矣。

夫轼，西川之鄙人，而荆之过客也。其足迹偶然而至于执事之门，其平生之所治以求闻于后世者，又无所挟持以至于左右，盖亦易疏而难合也。然自蜀至于楚，舟行六十日，过郡十一，县三十有六，取所见郡县之吏数十百人，莫不孜孜论执事之贤，而教之以求通于下吏。且执事何修而得此称也？轼非敢以求知，而望其所以先后于仕进之门者，亦徒以为执事立于五达之衢，而庶几乎一目之眂，或有以信其平生尔。夫今之世，岂惟王公择士，士亦有所择。

轼将自楚游魏，自魏无所不游，恐他日以不见执事为恨也，是以不敢不进。不宣。

（［清］姚惜抱《古文辞类纂评注》，安徽教育出版社1995年版，上卷第876页。）

王兵部在历史上没有唐代宰相赵憬那样有名，苏轼可能谬托知己了。不过这一年苏轼才满22岁，太年轻了。他出川进京，途经江陵，顺道拜谒王兵部。

一个二十郎当岁的小伙子，一上来就给当地长官说马的故事，有点怪。苏轼说：

有一种良马一天行走千里都不懈怠，爬高走低如履平地，这马抬头挺胸，敏捷如虎，飞驰似兔。它只在乎有没有人赏识它，而不在乎草料的好坏，但天下就是没有认识它的人。古代倒是有善于相马的人，往通衢大道一站，看马一眼，听马嘶鸣，就什么都明白了，他识货啊！

当年韩愈在《马说》里也说过类似的话：自命千里马，期盼伯乐。不过，最早说这话的其实不是韩愈，而是战国时期一个叫汗明的人。先秦典籍说到相马故事的很多，如《列子·说符》《庄子·马蹄》等，但都别有用意，将相马比喻人才鉴别的当数汗明。

汗明曰："君亦闻骥乎？夫骥之齿至矣，服盐车而上太行。蹄申膝折，尾湛胕溃，漉汁洒地，白汗交流，中阪迁延，负辕不能上。伯乐遭之。下车攀而器之，解紵衣以幂之。骥于是俛而喷，仰而鸣，声达于天，若出金石声者，何也？彼见伯乐之知己也。今仆之不肖，阨于州部，堀穴穷巷，沈污鄙俗之日久矣，君独无意湔拔仆也，使得为君高鸣屈于梁乎？"

（《战国策·楚策四》，中华书局 2014 年版）

汗明是春申君黄歇的门客。可能一开始没被主子重视，他就说："阁下听说过千里马的故事吗？"——原来这话老早就有人说了啊！韩愈、苏轼要拜汗明了。难怪收到他们求告信的位高权重者不怎么在乎了：又来了，还是那一套；套路玩得深，我就不当真。

先看祖师爷的套路吧。汗明说：千里马拉着盐车上太行，两膝弯曲，脚趾磨破，盐汁和汗水交流。伯乐遇见了遭难的千里马，跳下车来抚马哭，解开麻衣盖马身。这时，千里马仰头嘶鸣，声音冲上云天，金声玉振，原来是遇到了知己赏识！我没有才干，生活在底层，境遇悲惨，已很久了，可是您就无意为我洗去污浊，让我在太行山上高鸣吗？——句式结构，情感祈求，多年以后，同李白的"君侯何惜阶前盈尺之地，不使白扬眉吐气，激昂青云耶？"如出一辙。

这样说来，苏轼的文章不过是重复《战国策》的老调，谈不上意气豪雄了？也不是。且往下看。

说完马之后，苏轼说人了：

人的贤能与不才，也可以从容貌言辞声调显现出来，像伯乐看了千里马，一眼就能认出来，鉴别人才这种事，应该是一望便知的。如果您说咱们还不太熟，相处长久了才能识别，那就是您的过错了。——句句紧逼，这种文风暴露了作者的年龄。王兵部能喜欢这种年轻气盛带有挑衅意味的言语？苏轼不管，他继续说：

　　我乃西部鄙陋之人，偶尔路过宝地。然而从蜀地到楚地，一路上舟车劳顿，遇到了许多人和许多事，所有的人都在谈论您的贤能，都教我前来求教您。

　　小伙子还是会夸人的，这一段为什么不放在开篇呢？要知道凡是人都喜欢看夸自己的文字啊。谁愿意看别人显摆，看别人绕圈子教训自己呢？

　　也许，书生大多是羞赧的。苏轼不好意思一上来就夸人（求人），所以先说马的故事，舒缓起笔——他以为先云遮雾罩，掩饰一下欲望会比较文雅，故事讲完之后，真想表达的意思自然就水到渠成了。苏轼虽年轻，毕竟深谙作文之道。他接着说：

　　善于相马的人立于五达之衢，仅凭一眄一鸣，就能判别马的高下。我多希望您也站在通衢大道上，看上我一眼，就一眼，我这一生的志向就得到伸展了。——这句话好温暖，心思好迫切，与李白对韩荆州说的"一经品题，便作佳士"多么相似！

　　苏轼越说越激动，他很快被自己的才情打动了，内心傲岸的狐狸尾巴不免显露出来：

　　当今的时代，哪里只有达官贵人选择士子，士子也有所选择。我将要从楚地游览到魏地，然后要跑遍全国，我担心以后没有机会见到您了，因此奉上此信。

　　我苏轼现在没有官位，为了个人发展，我不得不结识达官贵人。但是您知道吗，您在选择我的时候，我也在选择您。

　　这句话汪明、李白、韩愈都没有说过。这是苏轼的豪迈与跳脱之处。苏轼强调：居上位者，不要以为自己一定处在主动位置，天下奔走的士子也是有眼光的。今天我"足迹偶然而至于执事之门"（注意：是偶然，我不是专门为您远道而来的），给您呈上书信一封，主要是表达晚辈的一份敬意。多年以后，我游历四方，一定会遇到更多有名望的人，一定有慧眼识珠的人赏识我，我也终将成就功业。到那时，我恐怕没有机会重回荆州，也没有机会再与您相见；即使相见，你我非复今日之关系，我不可能再向您表达这么纯真的景仰之情，那是多大的遗憾啊，所以我现在不敢不写这封信给您。您，明白了吗？

明明是自己求人，写着写着，好像是别人求他了。王兵部读这封信是什么心理至今已无从猜测，但从结果看，王大人好像在说：那您请便吧，祝您好运！

 链接

庄子、列子笔下的马与韩愈、苏轼笔下的马

马，蹄可以践霜雪，毛可以御风寒。龁草饮水，翘足而陆，此马之真性也。虽有义台路寝，无所用之。及至伯乐，曰："我善治马。"烧之，剔之，刻之，雒之，连之以羁絷，编之以皂栈，马之死者十二三矣。饥之渴之，驰之骤之，整之齐之，前有橛饰之患，而后有鞭笈之威，而马之死者已过半矣。……然且世世称之曰："伯乐善治马。"此亦治天下者之过也。（《庄子·外篇·马蹄》）

《庄子》强调真性之马，表现了作者反对束缚和羁绊，提倡一切返归自然的哲学思想与政治主张。他以马的本性被摧残，以及陶者、匠者制作器皿，损害土木本性，来喻指社会上人性被戕贼的弊端。庄子主张让社会和事物都回归自然本性。这一观点与韩愈、苏轼笔下的马的寓意完全不同。但是，苏轼文章中的马的确又与庄子的马有关联。请看周振甫《文章例话》中的"模仿与脱胎"：

脱胎是从旧的文章中孕育变化而创作新的文章。它从旧的文章中来，是有所继承的；它又经过孕育变化，是有发展的。脱胎是继承和发展的结合。脱胎的文章，作者对生活有体会，是从生活中来的，所以会有变化发展；它又借鉴前人的文章，又有所继承。所以脱胎的写法是值得肯定的。

模仿是仿效写法，脱胎是继承用意，前者是用意不同而写法同，后者是写法不同而用意相似。

苏轼的《上王兵部书》脱胎于《庄子·徐无鬼》篇。先看《徐无鬼》中的一段：

徐无鬼曰："尝语君（魏武侯）吾相狗也。下之质执饱而止（下等的狗吃饱了就算了），是狸（猫）德也；中之质若视日（中等的抬头向上望）；上之质若忘其一（上等的好像失掉它的一身）。吾相狗又不若我相马也。吾相马，直者中绳（齿齐），曲者中钩（颈成血线），方者中矩（头作方形），圆者中规（眼作圆形），是国马（一国中突出的马）也，而未若天下马也。天下马有成材（自然成材，不用训练），若恤（眼像担心）若佚（蹄像要奔腾），若丧其一（忘掉它的一身）。若是者，超轶绝尘（奔跑像飞没有尘土），不知其所（所止）。"武侯大悦而笑。

这里写徐无鬼会相狗相马，能分出上下来。苏轼的信里也讲到相马，他说"远望目若视日"，即从《徐无鬼》的"若视日"来；"若是者飘忽腾踔，去而不知所止"，即从《徐无鬼》的"若是者，超轶绝尘，不知其所"来；"其脊如不动，其足如无所著""昂首而丰臆，方蹄而密睫"，即从《徐无鬼》的直者、曲者、方者、圆者来。苏轼讲相马，讲法跟《徐无鬼》不同，但他的想法是从《徐无鬼》来的，所以说从它脱胎。

这里的脱胎，两篇都讲相马，所谓脱胎只就相马这一点说，就两篇的主旨说却各不同。《徐无鬼》的主旨在说明"真人之言"，即徐无鬼讲的相狗相马，正是魏武侯想听而一直听不到的话，因为人家讲的都是治国用兵的大道理，他已经听腻了，所以听到相狗和马的话"大悦而笑"。这种说到他心里爱听的话，称为"真人之言"。苏轼这封信的主旨是要王兵部赏识他，所以用千里马自比，希望王兵部如同伯乐发现千里马一样，一看就能赏识他苏轼是个人才。（周振甫著《文章例话》，中国青年出版社1983年版，第133～186页）

再看列御寇笔下的马：

秦穆公谓伯乐曰："子之年长矣，子姓有可使求马者乎？"伯乐对曰："良马可形容筋骨相也。天下之马者，若灭若没，若亡若失。若此者绝尘弭辙。臣之子皆下才也，可告以良马，不可告以天下之马也。臣有所与共担纆薪菜者，有九方皋，此其于马非臣之下也。请见之。"穆公见之，使行求马。三月而反报曰："已得之矣，在沙丘。"穆公曰："何马也？"对曰："牝而黄。"使人往取之，牡而骊。穆公不说，召伯乐而谓之曰："败矣，子所使求马者！色物、牝牡尚弗能知，又何马之能知也？"伯乐喟然太息曰："一至于此乎？是乃其所以千万臣而无数者也。若皋之所观天机也，得其精而忘其粗，在其内而忘其外；见其所见，不见其所不见；视其所视，而遗其所不视。若皋之相者，乃有贵乎马者也。"马至，果天下之马也。（杨伯峻撰写《列子集释》，中华书局1979年版，第255～258页）

九方皋相马，不从公母、毛色这些低端的区分角度去判别，只看马的风骨与精神，"以神遇而不以目视"。列子写九方皋相马，旨在强调"道"在于"得其精忘其粗"，形骸名声乃末，圣人之道才是根本。

三、古人说理文字是怎样的迂回曲折

——论述类"记"体文的说理艺术

1. 朱舜水何许人也

鲁迅在《藤野先生》中记载自己从东京往仙台学医，途经日暮里和水户。有这样一句话"其次却只记得水户了，这是明的遗民朱舜水先生客死的地方"。教材对于朱舜水有一则注释："即朱之瑜（1600—1682），号舜水，浙江余姚人。明末思想家。明亡后曾进行反清复明活动，事败后长住日本讲学，客死水户。"学习这篇课文，师生一般不会对这个人物有太深印象。但是，这个人确实是值得一说的了不得的人物。历史时常阴差阳错，就像藤野先生在日本不过是最普通的一名教师，知道的人大概不多，但在中国，凡是上过初中的人都知道他。朱舜水在中国，知道的人已不多了，但日本人提到"德川二百余年太平之治"则不免要想起朱舜水来。

崇祯十七年（1644 年）明亡时，朱舜水四十五岁。他早年绝意仕进，那时只是一位贡生。从南京失陷，到永历十六年（1662 年）南明皇帝朱由榔被吴三桂杀死，这十多年为了国事，他在日本、越南、泰国奔波，还曾随郑成功北伐。最后百无可为，他抵死不肯剃发只得亡命日本。当时日本排斥外人，有几位民间志士敬重朱舜水的为人，设法留他在长崎住了七年，日本宰相德川光圀（读 guó，"国"的异体字）请他到东京，拜他为师。

朱舜水以羁旅穷困之身，凭借其人格力量赢得了日本人的尊敬。朱舜水在人格修养上有怎样的追求与实践，我们且看他的几段语录：

不佞生平，无有言而不能行者，无有行而不如其言者。——"说到的就去做到，做出来的事跟说的话完全一致"，这是言与行的最高标准，唯内心坦荡且性格刚毅之人能为。

仆事事不如人，独于"富贵不能淫，贫贱不能移，威武不能屈"，似可无愧于古圣先贤万分之一。一身亲历之事，固与士子纸上空谈者异也。——意志坚定，拒一切名利腐蚀，安贫乐道；从亲历之事中修炼自己，反对玄妙空谈。

自流离丧乱以来，二十六七年矣，其濒于必死，大者十余。……是故青天白日，隐然若雷霆震惊于其上，至于风涛险巇，倾荡颇危，则坦然无疑，盖自信者素耳。——死里求生之人，话语沉痛。更让人敬仰的是他哪怕在青天白日也能听到雷霆万钧之声，一旦陷于倾危之境，也能泰山崩于前而色不变。此非内心极坚定之人难为也。

朱舜水对于工程建设很有研究，曾经为德川光圀绘制学宫建筑图纸，并指导工匠制作模型。德川光圀想作石桥，舜水也教会工匠完成整个制作过程。

朱舜水德行纯粹，意志坚强，为人坦荡，日本人十分尊重他。德川光圀在《大日本史》中标举"尊王一统"之义，就来自朱舜水。后来德川庆喜归政，废藩置县，成就明治维新大业，德川光圀这部书功劳最多。所以朱舜水也是日本维新致强的导师。朱舜水以光明俊伟的人格，平实贯通的学问，真挚和蔼的感情，给后世留下了坦荡、坚定的背影。

2.《勿斋记》何许文也

朱舜水的《勿斋记》是作者为日本人吉永守藤的书斋"四勿斋"作的一篇"记"。

明代吴讷《文章辨体序说》对"记"这一文体有这样的解释：

记者，纪事之文也。"记"以善叙事为主。《禹贡》乃记之祖。后人作记，未免杂以议论。

记之名，始于《礼记·学记》。后之作者以韩退之画记、柳子厚游山诸记为体之正。……迨至欧苏而后，始专有以论议为记者。……虽专尚议论，然其言足以垂世而立教，弗害其为体之变也。[1]

"记"最开始是叙述类文体，后来夹叙夹议，最后也有纯议论的"记"，可看作"记"的变体。常见的有台阁书斋记，如《岳阳楼记》《黄州快哉亭记》；山水记，如《石钟山记》《游褒禅山记》；书画杂物记，如苏轼的《文与可画筼筜谷偃竹记》。此外还有器物记，如《核舟记》。朱舜水这篇记，应属于台阁书斋记，全篇基本是议论文字。我们来看他是怎么说理的。

勿斋记 （节选）朱舜水

世之学圣人者，视圣人太高，而求圣人太精，究竟于圣人之道去之不知其几千万里已。

古今之称至圣人者莫盛于孔子，而聪明睿知莫过于颜渊，及其问仁也，

---

[1] 吴讷.文章辨体序说 文体明辨序说［M］.北京：人民文学出版社，1962：41～42.

夫子宜告之以精微之妙理，方为圣贤传心之秘，何独曰"非礼勿视，非礼勿听，非礼勿言，非礼勿动"？夫视听言动者，耳目口体之常事，礼与非礼者，中智之衡量，而"勿"者下学之持守，岂夫子不能说玄说妙、言高言远哉？抑颜渊之才不能为玄为妙、骛高骛远哉？夫以振古聪明睿知之颜渊，而遇生民未有之孔子，其所以授受者，止于日用之能事，下学之工夫。其少有不及于颜渊者，从可知矣，故知道之至极者，在此而不在彼也。

藤君素好学，有志于"四勿"也，以名其斋。因号"勿斋"，初见于太史所。士大夫之初遇，自有礼矣，不得轻有所请谒也，奈何以"勿斋"请余为之记也？余未知其人，亦何得轻为搦管，如贾人之炫其玉而求售也？抑其心久厌夫高远玄虚之故习，茫如捕风，一旦幡然，欲得余言以证其生平之志，中庸之德乎？"先民有言，询于刍荛"，勿斋有之矣！"狂夫之言，圣人择焉"，余亦有之矣！

第一段，指出当下学界的弊端：对圣人之道的探求过于精细，视之太高，求之太深，结果自然是离之甚远。

第二段，提出论点：学圣贤之道不用高远玄虚，做到"四勿"（非礼勿视，非礼勿听，非礼勿言，非礼勿动）即可。也跟今天写议论文一样运用引证，直接援引圣人孔子和颜渊的对话，意在强调圣人讨论学问并不追求玄虚，而是用日常生活中的例证和朴实通俗的比方。

这里暗用了《论语·颜渊》的典故。原文是：

颜渊问仁。子曰："克己复礼为仁。一日克己复礼，天下归仁焉。为仁由己，而由人乎哉？"颜渊曰："请问其目。"子曰："非礼勿视，非礼勿听，非礼勿言，非礼勿动。"颜渊曰："回虽不敏，请事斯语矣。"

孔子回答颜渊，仁的核心是"克己复礼"。颜渊懂得"克己复礼"的意思，但不知如何在日常生活中修炼，就问老师，"克己"的具体途径是什么。孔子遂以"四勿"作答。这四点要求来自日常生活中的具体事务，一点也不玄虚。

"四勿"与"克己复礼""仁"是什么关系呢？李泽厚对此解释道：

"克己复礼"，视听言动，属于行为举止；"仁"属于心理范畴。孔子认为，"仁"不是自然的人欲，也不是克制或消灭这"人欲"的"天理"，而是约束自己（克己），使一切视听言动都符合礼制（复礼），从而产生人性情感（仁）。……就像儿童也以"不能做什么"来约束、规范自然人欲（如对食物的欲望），这其实就是人性教育的开始。所以，对成人来说，是"为仁由己"，由自己决定、主宰、生发出这约束自己的"四勿"（即道德自律），而通向和达到一种"归仁"的超道德的人生境界（对个人说）和社会境界（就群体说）。

"四勿"既可以看作是自我修养的宗教性的道德，也可以视作群体规范的社会性的道德。宗教性道德（"教"、私德）可通过教育而弘扬光大之，社会性道德（"政"、公德）则通过法律而明确规范之。不管是内在人性的陶冶塑造（仁），还是外在行为的规范秩序（礼），一定的自我约束（"克己"）总是必要条件。[1]

第三段，点明作记缘由：藤君能以"四勿"名其斋，正好与作者生平之志吻合，故欣然为之作记。

分析当下弊端——提出自己观点——以藤君的追求印证自己的志趣，

---

[1] 李泽厚. 论语今读［M］. 合肥：安徽文艺出版社，1998：275、278.

层次井然，要言不烦。这里当然也有一个背景。

朱舜水是注重实践反对空谈的人。这篇"记"是为吉永守藤而作，其实也可看作是朱的夫子自道。宋代学者皓首穷经，辨析毫厘，遗憾的是终不曾做得一事。朱舜水论学问，以有实用为标准。"实用"有两层意思：有益于自己身心，有益于社会人生。遗憾的是，朱舜水的学问不行于中国，而行于日本。

反对玄虚，提倡脚踏实地的实用学风——如果我们以此为主题写一篇议论文，可能会如何构思？

首先，分析故弄玄虚带来的危害，一则让人摸不着头脑，二则无益于现实人生。

其次，分析脚踏实地做学问的好处，如，有益个人身心，有益社会进步。

最后，探讨脚踏实地做学问的具体途径，如，有一分证据说一分话，大胆假设小心求证等。

这样写起来可能太四平八稳、太呆板、太像议论文了。回头再看朱舜水的文章，我们发现：文章以简洁的语句，嘲讽普通学者苦心求学而不得圣人之门的窘境；然后暗用典故，揭示了整个时代限于琐碎精微的考据而缺乏对现实人生的关注这一缺陷。

朱舜水不是"炫其玉而求售"的贾人，他写这篇文章是不吐不快，借此机会向同道者宣示他的人生理想。朱舜水在酬答之间可以显示平生志趣，因为他一贯的追求正好遇到了一个志趣相投的人，遂能借题发挥，引经据典，连连质问，文气饱满酣畅。我们如果按朱舜水这篇文章的主题来写作，绝大部分人都写不出这般生气勃发、嬉笑怒骂的文字。

缘何？作家外物感于心，发而为文，奔腾激荡；乃命题作文是为了考试而设计的，要遵守一定规则，不免有着天生的缺憾。虽然命题者也试图打动考生，但话题越具有普适性，也许就越没有个性，越不能打动每个考生；想要讨好所有人，最后可能是所有人都不感兴趣。如果命制能打动一部分考生的试题，对全体考生又是不公平的。我们很难像古人那样把道理讲得迂回曲折，对古人的说理文，我们先学会欣赏吧。

藤君在日常的言行举止中追求"四勿"，本质就是克己归仁，以"勿斋"自号，借此鞭策自己。"我"和藤君乃新知而非旧雨，我不了解藤君过去的详细行状，藤君亦不得轻易请托我"为之作记"。——既然如此，一拍两散，还有啥好说的呢？

且慢，以上种种，不过是古人说话的技巧，蓄势铺垫而已。按常理，藤君不宜谬托知己，但今天他硬是找上"我"，要"我"为之作记，一定是有强烈的内心需求，或者有什么迫不得已的苦衷；而"我"本非"轻为捉管"之人，现在却欣然从命，也须给读者一个说法。

蓄势已足，下面该揭示原因了。

藤君在过去的求学历程中，也跟流俗一样，追逐过"高远玄虚之故习"，但后来他发现这些玄远的"道""茫如捕风"，现在他幡然醒悟，需要"我"的支持"以证其生平之志"。"我"对远离圣人之道的求学风习一直不满，如今遇到同道之人，遂不免"技痒"：要借别人之"斋记"，浇自己心中之块垒了。

本来应该奔腾直下的文势，在这里又拐了一个弯，此乃文章最堪玩味的地方：

> "先民有言，询于刍荛"，勿斋有之矣！"狂夫之言，圣人择焉"，余亦有之矣！

为了不给对方好为人师的印象，为了不让情感随意泛滥，古人有足够的功夫，将自己的意思曲曲折折地隐藏到典故中去。

"先民有言，询于刍荛"出自《诗经·大雅·板》，原诗的意思是说上古君王在发布政令之前，要事先征求社会底层民众的意见。朱舜水引用这句诗，是在说勿斋主人在学习圣人的过程中有志于"四勿"，在日常的视听言动间下足了功夫。他现在请我为其书斋作记，就好比古之君王发布政令前的"询于刍荛"，这样说，给足了对方面子，也消解了自己急吼吼的形象——不是"我"要急于表达什么，是藤君在学业精进的路上如此谦逊地向我垂询，我怎么好意思有所保留呢？

这还不够，朱舜水还要引用一句司马迁的话"狂夫之言，圣人择焉"（《史记·淮阴侯列传》），既褒扬了对方的修身理念，又表达了自己的谦逊之意。但笔者猜想，写到此处，朱舜水一定是酣畅淋漓，"提笔四顾，踌躇满志"。

回看我们的作文，即使有较好的表达素养，有一定的文化积累，也很难写出有生命的文章，不得不说是命题写作与自意写作之间有了不小的缝隙。如果只是熟记一些庸常的素材，套用一些呆板的结构模式，没有自己独到的、独立的想法，能写出什么样的文章，可想而知了。

徐师曾《文体明辨序说》对"记"体文的补充序说

又有托物以寓意者（如王绩《醉乡记》是也），有首之以序而以韵语为记者（如韩愈《汴州东西水门记》是也），有篇末系以诗歌者（如范仲淹《桐庐严先生祠堂记》之类是也），皆为（记体文）别体。至其题或曰某记，或曰记某（昌黎集载有《记宜城驿》是也，今不录），则惟作者之所命焉。此外又有墓砖记、坟记、塔记，则皆附于墓志之条，兹不复列。

（《文章辨体序说　文体明辨序说》，人民文学出版社 1962 年版，第145～146 页）

四、古人怎样写介绍信推荐朋友

——赠序的特点

过去有段时间，介绍信与人们生活息息相关。现在用到介绍信的场合不是很多，以至于不少人对这薄薄一纸介绍信的重要性乃至这种文体陌生起来。

这个东西派什么用场呢？过去，甲单位派职员到乙单位办事，几乎都要用到这样一张纸，以显示所办事项的郑重和合法。现在用电话或电子邮件，甚至短信、微信都可以实现介绍功能。一般情况下，不需要这种格式化的介绍信了。

还有一种介绍信，可能跟个人的关系更密切一些。即，位卑者没有正常的渠道表达自己的诉求，往往是假手权势者，企图借上位者的个人权力，干预官僚机构庸腐的办事程序，以解决自身问题。上位者如果接受了求人者的请托，往往会写一封推荐性质的介绍信，让直接处理事情的、与自己地位相当的同僚或者下属对此予以关照。这种信常常是要言不烦，直奔主题的。有没有写得情词恳切、催人泪下的，我没见过，不敢说。

古代倒是常有，百转千回，在平淡中蕴含着无穷意味。下面且以白居易的《送侯权秀才序》为例，介绍这种文体的特点。全文如下：

贞元十五年秋，予始举进士，与侯生俱为宣城守所贡。明年春，予中春官第。既入仕，凡历四朝，才朽命剥，蹇踬不暇。去年冬，蒙不次恩，迁尚书郎，掌诰西掖；然青衫未解，白发已多矣。时子尚为京师旅人，见除书，走来贺予。因从容问其宦名，则曰：无得矣。问其生案业，则曰：无加矣。问其仆乘囊辎，则曰：日消月朒矣。问别来几何时？则曰：二十有三年矣。

嗟乎侯生！当宣城别时，才文志气，我尔不相下。今予犹小得遇，子卒无成。由子而言，予不为不遇耳。嗟乎侯生！命实为之，谓之何哉？言未竟，又有行色；且曰："欲谒东诸侯。恐不我知者多，请一言以宠别。"予方直阁，慨然窃书命笔以序之尔。

白居易因"江州司马青衫湿"的诗句为大家熟知，他读书勤苦，为官清正，仕途坎坷，但大多数时光还是在官场上混，比一般的穷而且酸的读书人强多了。

侯权是白居易在宣城时的同学，当年两人的文才志气不相上下。贞元十五年（公元799年），28岁的白居易考中进士，一跃龙门；此后，经历了包括被贬江州司马（公元815年）在内的宦海沉浮，于唐宪宗元和十五年（公元820年，即上文中的"去年冬"），被任命为知制诰（即文中的"掌诰西掖"），这是白居易官场逐渐走向平稳的时期；接下来在苏杭刺史任上，有五六年时光的励精图治，然后便是赋闲优游的晚年。

这封信写于元和十六年（公元821年，作者时年50岁），在唐代算是长寿的白居易正处于壮年时期。刚刚被越级提拔，白居易的心情应该是宁静愉悦的。这时有几十年前的老同学来访，正值人生顶峰的诗人与一文不名的昔日同窗之间有了一段有趣的对话：

顾学颉校点，中华书局1979年版

诗人热情地问老同学：最近在哪里任职啊？

诗人知道自己秉性耿直在官场上处处不得意，猜测老同学凭借当初的才气，可能会比自己更有出息。谁知同学答道：单位都没有，哪有什么职位啊。

诗人接着问：在哪里发财啊？

即使没有一官半职，生计应该不错吧。老同学回答：没啥好门路。

这时诗人或者老同学都有点尴尬吧，还说什么呢？诗人天真率直，继续问：那你到京城来，仆人、车马，一路都还好吧？

老同学说：天天消耗，都快支撑不下去了。

哎，这话问的，怎么好像哪壶不开提哪壶，或者说，侯秀才原本哪壶都没开。

实在无话可问，诗人不想冷场，就感叹道：咱们这一别有多少年了？

老同学倒是非常清楚地回答：23年了。

这些年来，诗人在朝廷上的是是非非，侯秀才时有耳闻，诗人虽有短暂外放，终究回京担任要职，还得到过皇帝恩宠；可侯权还是一介青衫，二十多年了，仍然在科场奔波。怎么看都像一个笑话。

这种对话，由开始的寒暄，到后来的悲怆。就几十个字，省去了老友重逢的一般感慨，而将最直接最沉痛的对比呈现在读者面前。

现代社会没有这样可怕的引诱读书人的考试了，不会有一个成年人，在一项考试上花费二十多年时光。我们熟悉范进和孔乙己这两个文学作品中的人物，我们也知道落榜了的蒲松龄改弦易辙写小说的故事，但白居易笔下这个老同学不动声色的诉说，更显凄怆。这些年来，他一直处于备考状态，而且一直没有考中。听说老同学新任要职，赶紧找上门来，这也是需要勇气，舍得脸皮的。

年少时大家不分伯仲，都有一份少年的英气与傲气在。后来，白居易走上坦途，侯权则在圈子外挣扎。二十多年过去，彼此经历的人生相去甚远，哪有多少共同的话语要倾诉呢。侯权来见白居易，虽说曾是同学，但两人遭遇判若云泥，侯秀才也在担心，白大人会不会不理他呢？侯秀才蹉跎半生，未必能保持年轻时的清高，如今舍下脸皮来求旧日同窗，在白大人"从容"

的问话面前，不免讷讷。

"无得矣""无加矣""日消月朘矣""二十有三年矣"，四句话仅仅十七个字，侯秀才好像惜字如金，好像有气无力，好像面色微红。其中四个"矣"字，更显出答话者历尽沧桑的悲苦。

如果比作乐曲，这是乐章中"冰泉冷涩弦凝绝，凝绝不通声暂歇"的时候，下面应该是"银瓶乍破水浆迸，铁骑突出刀枪鸣"。白居易不是得志便猖狂的小人，他看到侯秀才如此委顿，不是蔑视，而是难以掩饰的痛惜：

侯生啊侯生，想当年咱俩才情相当，这些年却各自东西。我虽常常感叹仕途险恶，比起你来，我还是太幸运了。侯生啊，你如今遭逢这样的困顿，是天命如此，造化弄人，我等又有什么办法！

侯秀才听了诗人的感叹，并没有陷入情感的狂潮中去。这样的感叹，他在胸中不知演习了多少遍。由踌躇满志的白居易说出来，他还觉得不真实呢。他想说的只有一句话，他不会忘了今天拜见老友的真实目的："欲谒东诸侯。恐不我知者多，请一言以宠别。"

说出这句话是痛楚而艰难的：白兄，我还想在科场试试运气，但是没有人认识我，你能不能给我写一封推荐信呢，借你的大名，让我在考试时顺利一点。

人穷志短，马瘦毛长。能指望侯秀才慷慨激昂说出一通豪言壮语吗？能指望侯秀才议论风生指斥时弊吗？侯权年已半百还没拿到官场的入场券，他有什么资格在白居易面前说三道四？白居易经历了二十多年的升迁贬谪，人到中年，丰富的从政经历和济世情怀，使他的心坚硬起来，也使他的心柔软起来。侯秀才猛地出现在他面前，只是让他想到了自己的来时路。于是，他"慨然窃书命笔以序之尔"。

曲终奏雅，白居易写下了这封不到三百字的介绍信，写完交给侯权，一定还会怅然久之。

诗人有诗人的情怀，官场有官场的规矩。白居易懂得这些，他不知道这封信到底能不能起作用，能起多大作用，只能将这些和盘托出，只能寄希望于主考官对侯秀才多一份关注。

遗憾的是，侯权的名字在史书上只出现一次，就在白居易的这篇文章里。可以想象，他行色匆匆风尘仆仆孤魂野鬼的样子；可以预测，他多舛的命运并未因这封信而发生逆转。

尽管如此，千载以下，我们还是在大诗人的小文章里一窥其容颜，为他不幸的命运，为那个复杂的科举考试以及与考试相关的制度，为当时百分二三的录取率，感叹唏嘘。

傅璇琮《唐代举子情状与科场风习》

……大多数既无名气、最终也未登第的读书人，其景况则更为凄凉。我们在这里不妨举三个例子。一是《因话录》记：

进士陈存能为古歌诗，而命蹇。主司每欲与第，临时皆有故，不果。许尚书孟容旧相知，知举日，万方欲为申屈。将试前夕，宿宗人家，宗人为俱入试食物，兼备晨食，请存偃息以候时。五更后，怪不起，就寝呼之，不应。前视之，已中风不能言也。（卷六羽部）

这位陈存，考了大半辈子，没有考取，最后，知举者总算是熟人，可以想办法提携他了，却不料就在考试的前一夜，中了风。——向往了几十年的功名，这一次就算有了盼头，这是一喜。但是如果还像过去那样"临时有故，不果"，错过了这一次，往后就更没有希望了，这是一愁。寄宿于宗族本家，虽说同宗，总非家人，这是一悲。但看到这一家人为他准备考试期间的吃食，又安慰他让他临考前再好好休息一阵子，不免感到人世间的温暖，这是一乐。陈存就在这多种情绪影响下去躺在床上，脑子经不起这种种的冲击和波动，终于中了风。

另一个例子是《太平广记》所载：

　　李敏求应进士举，凡十有余上，不得第。海内无家，终鲜兄弟姻属，栖栖丐食，殆无生意。大和初，长安旅舍中，因暮夜，愁悒而坐，忽觉形魂相离，其身飘飘，如云气而游。……（卷一五七《李敏求》）

　　这里写的是生活中的一个片段，但这个片段却写得极为传神，把李敏求孤单一身、终生不遇、前途无望、四顾茫然的精神状态刻画得很准确。这一段的描写，如放在《聊斋志异》中，也是上乘之作。

　　第三个例子是白居易一篇文章：《送侯权秀才序》（《白居易集》卷四十三）（此处从略）。

　　宋代邵伯温在《邵氏闻见录》（卷二）中有一则记载，说："本朝自祖宗以来，进士过省赴殿试，尚有被黜者。远方寒士，殿试下第，贫不能归，多至失所，有赴水而死者。"宋代录取进士的名额远较唐代为多，却尚有殿试被黜而赴水自尽的，唐代落第举子是否也有同样的情况，缺乏直接的记载，但《邵氏闻见录》所载，仍可作我们研究唐代士子生活的参考。（傅璇宗《当代学者自选文库·傅璇琮卷》，安徽教育出版社1998年版，第297～299页）

　　傅璇琮（1933—2016），浙江宁波人，1951年考入清华大学中文系，后因全国院系调整，转入北京大学中文系。历任北京大学助教，中华书局总编辑、编审，清华大学中文系教授。从事唐宋文学研究及古典文献整理工作。曾参加《二十四史》的点校和编辑，担任《唐才子传校笺》《唐五代文学编年史》以及《全宋诗》《续修四库全书》《续修四库提要》等大型古籍整理类总集与丛书的主编，主要著作有《唐代诗人丛考》《唐代科举与文学》《唐诗论学丛稿》《李德裕年谱》《唐人选唐诗新编》，合著有《河岳英灵集研究》等。

最后，说一下赠序这种文体。

"序"原指书的序言。"赠序"由"书序"发展而来，发端于晋代，而形成并盛行于唐宋。唐初文坛，亲朋故旧在临别之际，经常饮酒赋诗，然后将这些作品结集作序，说明其作者和由来等，这便是最早的赠序。这种"序"来源于诗文集，和一般的"书序"性质很相近。后来，并无诗歌唱和，只是写一篇文章赠人也叫"序"，这就是"赠序"了。如韩愈《送孟东野序》《送李愿归盘谷序》，柳宗元《送薛存义序》，欧阳修《送曾巩秀才序》，宋濂《送东阳马生序》等，都是传世名篇。

赠序是赠人之作，为特定的对象而写，因此文章个人化色彩较重，不像上疏、奏章那样的"官样文章"，也不像颂赞文那样讲究辞藻的华美、句式的整齐、音调的和谐，而更像同好友促膝交谈，自由，随意，灵活。唐人重交游，人们每到一地，结交了若干朋友，临别时不仅居者赋诗作序赠送行者，而且远行人也主动请有名望者给自己写一篇序文。白居易为侯权写的这篇序文，已经与饯别诗毫无关系，全然是一封推荐性质的介绍信了。但这种介绍信，现代已很少有人会写了。

吴讷《文章辨体序说》徐师曾《文体明辨序说》对序体文的解释

《尔雅》云："序，绪也。"序之体，始于诗之大序，首言六义，次言风雅之变，又次言二南王化之自。其言次第有序，故谓之序也。

东莱云："凡序文籍，当序作者之意'如赠送燕集等作，又当随事以序其实也。"大抵序事之文，以次第其语、善叙事理为上。近世应用，惟赠序为盛。当须取法昌黎韩子诸作，庶为有得古人赠言之义，而无枉己徇人之失也。（《文章辨体序说 文体明辨序说》，人民文学出版社1962年版，第42页）

徐师曾《文体明辨序说》对序体文的补充解释

按《尔雅》云:"序,绪也。"字亦作"叙",言其善叙事理次第有序若丝之绪也。又谓之大序,则对小序而言也。其为体有二:一曰议论,二曰叙事。宋真氏尝分列于正宗之编,故令仿其例而辩之。其序事又有正、变二体(系以诗者为变体)。其题曰某序,曰序某;字或作序,或作叙,惟作者随意而命之,无异义也。(《文章辨体序说 文体明辨序说》,人民文学出版社 1962 年版,第 135 页)

诗之大序

诗大序也称为毛诗序。其中有大序、小序之说,小序是列在各诗之前,解释各篇主题的文字,传为子夏、毛公所作;大序指首篇周南《关雎》题解之后的《诗经》的序言。大序的作者,郑玄认为为子夏所作,朱熹以后都认为是卫宏所作。东汉卫宏可能是最后的辑录、写定者。下面是毛诗序的主要片段。

诗者,志之所之也,在心为志,发言为诗。情动于中而形于言,言之不足故嗟叹之,嗟叹之不足故永歌之,永歌之不足,不知手之舞之足之蹈之也。

情发于声,声成文谓之音。治世之音安以乐,其政和;乱世之音怨以怒,其政乖;亡国之音哀以思,其民困。故正得失,动天地,感鬼神,莫近于诗。

先王以是经夫妇，成孝敬，厚人伦，美教化，移风俗。

故诗有六义焉：一曰风，二曰赋，三曰比，四曰兴，五曰雅，六曰颂。上以风化下，下以风刺上。主文而谲谏，言之者无罪，闻之者足以戒，故曰风。至于王道衰，礼义废，政教失，国异政，家殊俗，而"变风""变雅"作矣。国史明乎得失之迹，伤人伦之废，哀刑政之苛，吟咏情性，以风其上，达于事变而怀其旧俗者也。故变风发乎情，止乎礼义。发乎情，民之性也；止乎礼义，先王之泽也。是以一国之事，系一人之本，谓之风；言天下之事，形四方之风，谓之雅。雅者，正也，言王政之所由废兴也。政有小大，故有小雅焉，有大雅焉。颂者，美盛德之形容，以其成功告于神明者也。是谓四始，诗之至也。

阅读经典文本的注疏，要尽可能选择最好的版本。历代为《左传》《战国策》《世说新语》等做译注的学者很多，中学语文教师一般会选择现代人在综合前人研究成果基础上的注疏、注译本。由于学养差异，同样的文献在不同学者的笔下呈现的状态肯定是不一样的。如能择善而从，语文教师在备课和进一步研读文本时，会获益良多。

本文以"世说"选段为例讨论如何探究文本主旨。推荐的阅读资源是余嘉锡的《世说新语笺疏》。

五、《子贡赎人让金》的主旨是什么

运用优秀传统文化的熏陶渐染功能，提高学生语文学科素养，是语文教材的重要责任。编写语文教材，必须重视选择有利于提高公民人格素养、适合学生年龄身心特点的经典名篇。经由教师的循循善诱，让这些蕴含丰富人文价值的名篇，在学生的诵读研习中，入耳入心入脑，成为语文学科素养的重要组成部分。一些久经积淀的优秀品质，将如盐在水，自然无形，内塑学生品格，影响祖国未来公民的言行。

以此标准审读语文出版社修订后的七年级语文上册教科书的两个古典诗文单元，深感编者用心之良苦。两个单元的古诗选有王勃、王维、李白、杜甫、刘禹锡、李商隐等人十首诗，蹑迹追寻，这里有"河岳英灵"的汇集，有不同题材体裁的饱览，如襟怀抱负的抒发，知己的离别之思，还有一些即景抒情的短章。古文选有《木兰辞》《卖油翁》《三峡》《世说新语·期行/乘船》《伤仲永》等一些名篇，涉及家国情怀、进业修德、山川之美、求学做人等。

本文单说七年级语文读本上册的一篇文章《子贡赎人让金》（选自《吕氏春秋·先识览·察微篇》），窃以为这种文章的意义更值得发掘。本文以此为例，探讨古典名篇的现实意义。

原文不长：

鲁国之法，鲁人为人臣妾于诸侯、有能赎之者，取其金于府。子贡赎鲁人于诸侯，来而让不取其金。孔子曰："赐失之矣。自今以往，鲁人不赎人矣。取其金则无损于行，不取其金则不复赎人矣。"

子路拯溺者，其人拜之以牛，子路受之。孔子曰："鲁人必拯溺者矣。"

[译文]鲁国的法令规定，鲁国人在诸侯国当奴隶、有能赎出他们的，可以到公家府库中支取金钱。子贡在诸侯国那儿赎出鲁人，回来后推辞不愿到府库中取钱。孔子说："端木赐不对啊。从今以后，鲁国人不会再赎人了。支取府库金钱并不损害自己的品行，不支取府库金钱则不再有人赎人了。"

子路拯救了一个落水的人，那人感谢他，送了一头牛，子路收下了。孔子说："从今以后，鲁国人必定会拯救那些落水的人。"

这则故事太有内涵了。它的主旨可能比《卖油翁》《伤仲永》难以提炼一些，但是，读懂这个故事，对学生的人格成长更有意义。

 链接

王利器和《吕氏春秋注疏》

王利器（1912—1998），重庆人。历任四川大学、北京大学教授。1954年到人民文学出版社文学古籍刊行社后，着力于文学遗产的整理。著有《风俗通义校注》《盐铁论校注》《文心雕龙校证》《文镜秘府论校注》《郑康成年谱》《宋会要辑补》《道教大辞典》《新语校注》《颜氏家训集解》《吕氏春秋注疏》等30余种。

《吕氏春秋》，亦称《吕览》，为秦相吕不韦召集门客各著所闻而成。分"十二纪""八览""六论"三部分，共26卷，160篇，为杂家代表作之一。

本篇为"八览"的第四篇《先识览》。先识即预言，亦即比别人早知道某事的发展趋势。文章列举夏太史令终古"出奔如商"、殷内史向挚"出亡之周"、晋太史屠黍"归周"等一系列事例说明：有道者由于忠言不被采纳，从而预见到国家必然灭亡而最先离去，目的在于从反面论证君主求贤、知贤、任贤的重要。

先识览分为"先识""观世""知接""悔过""乐成""察微""去宥""正名"8篇。"察微"是其中的第六篇，讲述观察微小之事，可预见未来。围绕"治乱存亡，其始若秋毫，察其秋毫，则大物不过矣"这一观点，从正反两方面举实例加以论证。所举事例，都是说明小事发展为大事，从而应知从小事观远化的道理。

上述所引《子贡赎人让金》一文，最后还有一句话：孔子见之以细，观化远也。所谓"观化远"，据高诱解释："见其始，知其终，故曰观远化也。"意即能观察到事物发展变化的必然态势。

这则故事的意思很丰富，本文只讨论其中的道德意义。公民必须遵守道德才有可能建立和谐社会，这原是常识。问题是道德的高标和底线在哪里，我们不清楚，更没有跟学生讲清楚。

子贡无疑接近了道德的高标，他做好事不留名、不求赏，本来属于道德标兵，应该感动鲁国百姓，可是孔子非常具有远见地批评了他。为什么？

我们一直没有好好思考过这个问题。我们总以为树立起道德模范就能纯化社会风气，迷信榜样的力量是无穷的。的确，在缺乏现代公民意识的大脑里，这种宣传真能风行水上甚至所向披靡。但现在不行了，就连十几岁的学生也敢于在课堂上质疑对这些道德模范进行宣传的意义。不是世风日下，而是连小孩子都清醒了。孔子早就看清楚了这个问题。我们再重复一下他老人家的担忧：

子贡啊，你用自己的钱赎回奴隶，不去国库支钱，你道德高尚，你也有能力这样做；但是这样一来就无意中形成了一种舆论：做好事最好不要拿钱，子贡都没拿，你好意思拿吗？——子贡你知不知道，不是所有的百姓都像你这么有钱，也不是所有百姓都像你那样道德高尚（不是反语，是真的夸你），那么最后倒霉的是鲁国在外做奴隶的同胞了。这些奴隶因为你子贡的高尚行为最后反而得不到解救了。为什么呢？鲁国百姓是实在的，一来他可能本来就没有钱，想救赎也无能为力（在出现你子贡这个道德模范之前是可以的，国家答应支付赎金）；二来，就算有钱，也没有谁规定必须无偿做好事，何必自找麻烦呢？

孔子懂得真实的人心和人性，没有做不切实际的浪漫构想，所以他批评了原本决无坏意却会带来恶果的善行，而褒奖了子路接受人家答谢礼物的朴实行为。

这则故事选做课文多么好啊！教师可以多做引导，学生会从中揣摩思考，得出许多启示。

为了群体的和谐相处，大家必须遵守基本的道德规范。这是所谓的道德底线。健康的社会应营造这样一种氛围：不过分追慕高远的、凡人做不到的道德，更不用那种常人难以做到的道德行为要求所有的人。孔子警告过我们，一味这样做，可能导致群体将基本道德都扔掉了。

既然这样，我们不如从最基本的道德规范做起：譬如教会学生在公共场合不大声讲话，进出门时小心开关门，骑自行车在路口为拐弯的车留出空当……总之，不要妨碍别人。这是一切道德的出发点，真能身体力行，也可以看作是道德的最高境界，因为"不妨碍别人"，是对别人自由领地的最大尊重。子路救了溺水的人，接受了人家答谢的"牛"，是懂得人情的行为，因为子路没有一味"高蹈"，妨碍别人表达真诚的谢意，也以救人行为促进了社会风气的改良。而子贡的善行，因为妨碍了别人善行的表达，终被孔子批评。

《世说新语·贤媛》里有类似的故事：

赵母嫁女，女临去，敕之曰："慎勿为好！"女曰："不为好，可为恶邪？"母曰："好尚不可为，其况恶乎？"

大意是母亲告诫出嫁的女儿说：到了婆家，不要做好事。女儿问：不做好事，难道要做坏事？母亲说：好事都不能做，何况坏事？

小时候听到这段故事有点不解。稍长大，有了一点人生经验，觉得这段故事很有意趣。母亲所谓的好事，不是单纯指道德上的善，而是指标榜自己道德高尚，炫耀自己品行的"好事"。这种"好事"在复杂的大家庭里属于出风头，容易引起妒忌中伤，所以母亲才这样告诫女儿。这里的"好事"也属于子贡那种未必有恶意却带来恶果的善事。

这则故事也可以入选教材或读本，作为比较阅读的文本。学生从中知道，子贡是道德的高标，有人愿意这样做，求仁得仁，是好事。但不能也不必要求大家都这样做。更不能炫耀善行，因为炫耀使得"行善"本身失去了意义。这一点赵母说得很透彻了。

余嘉锡和《世说新语笺疏》

余嘉锡（1884—1955），著名目录学家、史学家。《世说新语笺疏》作于1937至1953年间，耗时16年。作者去世30年后由其女婿周祖谟、女儿余淑宜整理出版。作者精于古代文献学，笺疏重在考察史实，考证细密周详，对《世说新语》原作和刘孝标注所说之人物事迹一一寻检史籍，考核异同；对原书不备的，略为增补，以广异闻；对事乖情理的，则有所评论，以明是非；同时对《晋书》也多有驳正。这是《世说新语》笺释最好的版本之一。

刘孝标（463—521），孝标是南朝梁学者、文学家刘峻的字。刘孝标以注释《世说新语》名闻于世，该注征引繁富，引书达四百余种。刘孝标文章亦擅美当时，代表作有《广绝交论》和《辨命论》。前者以主客问答的形式揭露和鞭挞了南朝士大夫阶层的人情世态，文笔尖锐犀利。后者的主旨是说明人的穷通都由天命决定，既非人事，也非鬼神。

古典诗歌的情韵最为丰富，选择的教学点很多。语文教师为教学方便，一般都会关注古诗中的意象，并以此为切入口，帮助学生领略诗歌国度的丰富画面和深切情感。

本文从颜色出发，梳理古典诗歌在描摹物象同一类特征寄寓情感的不同，窥看古诗的流变历程。

推荐优质资源：《诗词曲语辞汇释》《中国名诗句通检》。

六、诗歌中的"紫"

丹青妙手运用色调的浓淡、艳雅，能绘制出赏心悦目的画图。诗人运用富有色彩美的语言，也能构成不同色调，唤起读者丰富联想。赤橙黄绿青蓝紫各尽其妙。关于绿色，人们说得最多，诸如春草、碧柳、翠菱、绿萍，无不唤起人们对春天、生命、青春的珍惜之情。其实，搜索古今名篇，哪一种颜色都值得品鉴一番。本文且说紫色。

浙江师范大学教授 黄灵庚藏证

《楚辞·九歌·少司命》："秋兰兮青青，绿叶兮紫茎；满堂兮美人，忽独与余兮目成。"这是一首情歌，意思是："秋兰青翠茂盛，绿叶扶疏映衬着紫茎。满堂都是美人儿，独对我眼波传真情。"历代对"楚辞"的解读十分复杂，这里仅从字面解释。满堂美人，独对我钟情，这是主人公很享受的一件事。引发这种心情的"绿叶紫茎"，便是我们常说的"起兴"。

这里的"紫"隐隐透出一股与众不同的高贵感。

陶渊明《赠羊长史并序》："紫芝谁复采，深谷久应芜。"无人采摘，自然只有在深谷中荒芜。这是很让人痛心的事，资源浪费。"紫芝"是什么东西？一种真菌，像灵芝。菌盖半圆形，上面赤褐色，有光泽及云纹；下面淡黄色，有细孔。生于山地枯树根上。古人以为瑞草。道教以为仙草。陶渊明这样感慨，是否有自我比附的意思在？另外，"紫芝"还有一个意思，比喻贤人。

鲍照《拟行路难》："洛阳名工铸为金博山，……列置帏里明烛前。外发龙鳞之丹彩，内含麝芬之紫烟。如今君心一朝异，对此长叹终百年。"

"拟行路难"为乐府组诗名，共十八首。鲍照借此感慨人生艰难，表达寒门士人仕途上坎坷痛苦。"金博山"是一种香炉。相传汉武帝嗜好熏香，信奉道教。道家传说东方海上有仙山名曰"博山"。武帝即遣人模拟传说中博山的景象制作了博山炉。这首诗是典型的"托物寄意"：鎏金博山炉十分精美，也是君王喜欢之物，可是"君心一朝异"，再好的香炉也只能"长

《汉魏六朝诗选》（上海古籍出版社）
复旦大学邹国平教授选注

叹终百年"。专制社会，君王好恶决定英才命运，鲍照出身寒门，有此感慨自是常理。诗中说到的"紫烟"是指香炉里飘散出来的香烟，美丽孤高，氤氲缭绕；如此香浓，也难逃被抛弃的厄运。后世不得志的诗人，多引此自况。

这两处的"紫"有点神秘，有点孤傲。

也有纯粹写自然中的紫色的。如沈约《休沐寄怀》："紫篁开绿筱，白鸟映青畴。艾叶弥南浦，荷花绕北楼。"沈约老年生病，给朋友写信说：

"百日数旬，革带常应移孔。"意思是瘦得裤带要不断勒紧。后遂以"沈腰"代称憔悴，如李煜"沈腰潘鬓消磨"，"潘鬓"指另一位诗人潘岳——就是美男子潘安，据说他因为太多情，三十二岁两鬓先白。

这首诗写的是沈约在休假期间的一点闲散心情。秦汉时，已形成了三日一洗头、五日一沐浴的习惯。官府每五天给一天假，被称为"休沐"。四句诗写了"紫蓒"（初生的芦苇，呈紫色）、"绿筱"（筱：小竹）、"青畴"（青色的田野）、"艾叶"（浅绿或墨绿）、"荷花"（白或红色）等色彩清丽的植物，还有白色的飞鸟翱翔其间。诗中紫色的芦苇嫩芽，惹人爱恋。

这里的"紫"是植物新生幼芽的颜色，清新可爱。

以上说的是唐以前的诗歌。下面说说唐宋诗词中的"紫"。

岑参《和贾至舍人早朝大明宫之作》："鸡鸣紫陌曙光寒，莺啭皇州春色阑。金阙晓钟开万户，玉阶仙仗拥千官。"岑参是著名的边塞诗人，这首诗描写的却是大明宫前群臣上早朝时的氛围与皇帝的威仪。诗歌用语堂皇，造句伟丽，颇有唐代的盛大气象。诗中"紫陌"指京师郊野道路。如刘禹锡有"紫陌红尘拂面来，无人不道看花回"的名句。

再看王昌龄《青楼曲二首》（之二）："驰道杨花满御沟，红妆漫绾上青楼。金章紫绶千余骑，夫婿朝回初拜侯。"白马金鞍上的将军率领着千军万马在长安大道上行进，长安大道旁边楼上的少妇正在弹筝，马上的将军是楼上少妇的夫婿，他正立功回来，封侯拜爵，就连他部队里许多骑将都受到封赏。他们经过驰道回来时，把满路杨花都吹散到御沟里去了。

诗中"紫绶"意思是紫色丝带，"紫绶"是古代高级官员的配饰。

以上两首诗的"紫"都折射了盛唐社会的宏伟气象。

当然还有另外的紫色。如李贺《李凭箜篌引》："昆山玉碎凤凰叫，芙蓉泣露香兰笑。十二门前融冷光，二十三丝动紫皇。"这首诗是写音乐的最著名的作品之一。诗中的"紫皇"指道教传说中最高的神仙。据说太清九宫中最高者称太皇、紫皇、玉皇。连玉皇大帝这类人物都被打动了，可见李凭弹箜篌的神妙。

这里的"紫"代表神仙世界。

最通俗的"紫"可能是李白《望庐山瀑布》了，"日照香炉生紫烟，遥看瀑布挂前川"，升起的紫烟是阳光被水雾折射的结果。没有任何寄托，也很壮美。

晏殊《清平乐》："紫薇朱槿花残。斜阳却照阑干。双燕欲归时节，银屏昨夜微寒。"

宋词多妩媚。词中的"紫"指的是自然物。"紫薇"，花木名，又称满堂红、百日红。紫薇、朱槿、斜阳、双燕、银屏，营造的是富贵悠闲、精致优雅的境界。晏殊是坎坷较少而内心曲致的词人，他眼中的紫，是一种微寒的颜色。

欧阳修《再至汝阴》："黄鹂留鸣桑葚美，紫樱桃熟麦风凉。朱轮昔愧无遗爱，白首重来似故乡。"欧阳修写的这地方是今天的安徽阜阳，诗人终老于斯。这地方到现在还盛产樱桃。麦风凉，应该是阳历四五月份，樱桃紫色，令人垂涎。

宋代诗词中的紫，好像偏于自然一类。如朱熹《春日》"胜日寻芳泗水滨，无边光景一时新。等闲识得东风面，万紫千红总是春。"更是原生态的自然色泽了。

宋以后诗词曲赋中的"紫"对前代有继承，也有发展。

汤显祖《皂罗袍》："原来姹紫嫣红开遍，似这般都付与断井颓垣。良辰美景奈何天，赏心乐事谁家院。朝飞暮卷，云霞翠轩，雨丝风片，烟波画船——锦屏人忒看的这韶光贱。"姹：美丽，嫣：妖艳，美好。这里的"紫"只是与"红"相类的美丽颜色了。

马致远《远双调·清江引》："绿蓑衣紫罗袍谁为你，两件儿都无济。便作钓鱼人，也在风波里。则不如寻个稳便处闲坐地。"这里的"紫"又另有所指了。"紫袍"表面上是紫色衣服，实指高官朝服。"绿蓑衣""紫罗袍"代表两种完全不同的人生。其实干"绿""紫"何事？

这里的"紫"是普通的自然颜色，属于继承。

清代朱彝尊《高阳台》："重来已是朝云散，怅明珠佩冷，紫玉烟沉。前度桃花，依然开满江浔。"这首词写的是一段生死恋。少女在楼上遥望一男子，男子正从桥上经过，少女一见生情，由于情感未遂，竟至病死，临终前才得见男子一面。

朱彝尊学识渊博，通经史，能诗词古文，是清代浙西词派的创始者，写未遂之情的诗歌《风怀二百韵》，感人至深。这首词中的"紫玉"有两重含义。首先指紫色宝玉，古代以为祥瑞之物。"紫玉"而"烟沉"似乎就不吉祥了；其次，传说春秋时吴王夫差小女名紫玉，十八岁时爱上少年韩重，欲嫁而为父所阻，气结而死；后遂以"紫玉"指多情早逝的少女。这里的"紫"就蒙上了一层深沉执着、凄凉哀婉的色彩。

朱彝尊和他的《风怀二百韵》

朱彝尊（1629—1709），清代词人、学者、藏书家。字锡鬯，号竹垞，浙江秀水（今浙江嘉兴市）人。康熙十八年（1679）举博学鸿词科，除检讨。二十二年（1683）入直南书房。曾参加纂修《明史》。博通经史，诗与王士禛称南北两大宗（"南朱北王"）；作词风格清丽，为"浙西词派"的创始人，与陈维崧并称"朱陈"；精于金石文史，为清初著名藏书家之一。著有《曝书亭集》《经义考》等；所辑成的《词综》是中国词学方面的重要选本。

《风怀二百韵》：朱彝尊爱上了他妻子的妹妹，写了《风怀二百韵》组诗来记载这段感情。其时，朱已是很有名的经学家，有人劝他删掉这些作品，将来就能以经学家的身份享配孔庙。他说，我才不要去吃祭祀的冷猪肉呢。"风怀"有一首《桂殿秋》：

思往事，渡江干，青蛾低映越山看。共眠一舸听秋雨，小簟轻衾各自寒。

"紫玉"还是"紫竹"的别名，古人多截紫竹为箫笛，因以紫玉为箫笛之代称。如纳兰性德《琵琶仙·中秋》词："一任紫玉无情，夜寒吹裂。"据说箫笛在干燥环境中容易爆裂，寒冷的月夜里吹裂了，应该是吹奏的人内心太痛苦了。这里的"紫"似乎有着许多难言的隐情在。

这是前代的典故，此人借此寄托了新的意蕴。

紫色心香，一脉相传，缕缕不绝。现代诗歌中还有不少值得关注品味的"紫"。

不信请看：

舒婷《女侍》："菊在浊流之上／紫红的安静。"——有人说，紫色代表权威、声望、深刻，紫色是由温暖的红色和冷静的蓝色化合而成，是极强的刺激色。在舒婷看来，"紫"居然是"安静"的。

余光中《第叁季》：那比丘尼总爱在葡萄架下／数她的念珠串子／紫色的喃喃／叩我的窗子。——紫色的呢喃，这是一种怎样的声音呢？既热烈又寂寞？

食指《相信未来》："当我的紫葡萄化为深秋的露水／当我的鲜花依偎在别人的情怀／我依然固执地用凝霜的枯藤／在凄凉的大地上写下：相信未来"。——紫葡萄许多诗人都写过，紫葡萄化为深秋的露水，有点神秘。古人相信腐草为萤，相信鸟雀飞到水里变成蛤蜊，食指笔下，紫葡萄能化作露水，超出现代常识范畴，他是有意营造一幅凄凉绝望的画面吗？

查古诗词曲的难解词语：《诗词曲语辞汇释》

　　该书汇辑唐宋以来诗词剧曲中的特殊语词，详引例证，考释辞文与用法，兼谈流变与演化，该书从1953年由中华书局出版以来，发行数十万册，可谓是学界的畅销书和常销书。全书分八百多个词条，有的条目，一义即列十几个书证。

　　张相（1877—1945），字献之，浙江杭州人。语言文字学家。

 链接

查名句的资源

　　名句可从《中国古典诗词名篇分类鉴赏辞典》《唐宋名诗索引》《汉诗大观索引》《李白歌诗索引》《古代诗词曲名句选》等书中查阅。

　　《中国名诗句通检》（河南大学出版社2002年版）收录了上起西周初期下至现当代的诗句15299条，以部首由简到繁的顺序排列。所收诗句范围广，查阅方便。编这类书也许不需要太高深的学问，但需要付出许多辛苦，读者可省去许多翻检之功。

分论

写作评价

写作教学与评价，特别是高考作文，一直是语文学科备受热议的话题。写作教学向何处去，高考写作题如何命制，可能会一直处于讨论中。不少语文教师在教学实践中创设了灵活精巧的写作策略，也收到了实际功效。有关这方面的研究成果很多。从更开阔的国际视野研究写作教学，在当下显得尤为重要。

推荐的教学资源：

1. 洪宗礼等主编的《母语教材研究丛书》和《中外母语教材比较研究丛书》（可关注其中的国外课程标准及母语教材中的写作教学部分内容）。

2. 荣维东博士论文《写作课程范式研究》。

3. 南京曹勇军老师和美国傅丹灵教授发表在 2015 年《语文学习》杂志上的"中美写作系列对话"文章。

一、写作题命题新思路：设置情境，给定任务

——以江苏高考语文卷独立命题 13 年的写作题为例

2004 年高考卷开始分省命题，至今江苏语文卷已历 13 年。2017 年国家率先在上海、浙江实行新的高考方案，以后的命题会有新的变化。此际回首十多年来的命题思路，对今后的语文教学和评价都很有必要。本文仅以写作题为例，梳理命题思路变化，在此基础上提出一些新的命题建议，以供方家参考。

1.命题思路梳理

（1）试题回顾

作文题原材料文字量较大，具体表述也为读者所知，为节约篇幅，本文以表格＋关键词的形式概述历年来的写作命题情况，见下表。

时间	试题形式	材料关键词	备注
2004—2005年	材料＋话题	山的沉稳与水的灵动　凤头、猪肚、豹尾	话题
2006—2012年	材料＋命题	人与路　怀想天空　好奇心　品味时尚 绿色生活　拒绝平庸　忧与爱	命题
2013—2016年	材料	烛光使山洞里的蝴蝶飞走　"朽"与"不朽" 智慧　话长话短：个性与创新	自拟题目

（2）分析结论

第一，关键词重复出现，且重复频率较高。

每年都有人称猜中了高考作文题，实际上猜中的是人文母题。苏教版高中语文必修教材按照"人与自然""人与社会""人与自我"三大母题编制单元，按照这一思路，将每个大的母题略加细化，便可得出若干个下位的母题。世间万类，概莫论外。上述13道作文题也能归入此"三界"之中。这种猜题本来没有意义，但是如果真的猜中了命题的关键词，倒是暴露了命题材料中的概念过于抽象、宏大这一缺陷，近乎母题。

遗憾的是，十多年来的试题材料中，不少关键词反复出现；如果加上目标指向趋同的材料，重复概率更高。下面试做简析。

重复出现的关键词有"智慧"（2015，2008）、"平庸"（2011，2008）、"创新"（2016，2009）。

智慧是一种经验，一种能力，一种境界……和大自然一样，智慧也有其自身的景象。（2015）

质疑、发现、智慧、高尚、惊喜、快乐、烦恼、平庸……这中间的每个词都可能像影子一样跟在好奇心的后面。（2008）

不避平凡，不可平庸。为人不可平庸，平庸便无创造，无发展，无上进……（2011）

时尚表现为服装、语言、文艺等方面的新奇事物在一定时期内的模仿和流传。……创新与模仿永不停息地互动……（2009）

有时这是个性的彰显，有时则是创新意识的闪现。（2016）

还有一些试题，虽然材料没有直接出现某个关键词，但主题也十分明显地指向一些曾经出现过的词语。如：

有人说：世界上本没有路，走的人多了，就成了路。有人说：世界上本来有路，走的人多了，反而没了路。还有人说……（2006）

本题暗示了"创新"与"因袭/模仿"的关系。这两个词语，上面都已经出现过。2006年和2009年的材料，都喻指了"创新与模仿"这一话题，虽然最后的立意走向有变化。

这样检视和分析13年的作文材料，仿佛进入了抽象、宏大、凝练的词语华林，让人纷乱且心生隐忧：汉语的词汇太丰富了，虽然以关键词的形式提炼一些与学生生活及成长有关的词汇，往往免不了重复；但是，大型高利害考试多次重复相同的主题词，总不是什么好现象。本文主旨不在评价命题者思维上的捉襟见肘，而是提示大家思考：这种以宏大词汇作为关键词的命题形式，是不是本身就存在缺陷？

第二，命题思路不断变化，游移不定。

高考写作题的命题思路不能一成不变，不断变化的轨迹显示了命题人的艰难探索，变化是为了朝着更合理的方向发展。梳理十多年来的命题，大致可以看出三条路径：

第一，试题朴实而不失灵活。如"山的沉稳，水的灵动""好奇心"等。

第二，试题散发出较为浓郁的文艺气息。如"怀想天空""品味时尚""绿色生活""忧与爱"等。

第三，试题具有明显的思辨色彩。如"人与路""朽与不朽""话长话短：个性与创新"等。

如果将命题比作一条河流，河的两岸庶几可以命名为"理性思辨"与"文艺气息"。试题之水就在这样的两岸之间流淌，一会儿左倾一点，一会儿右斜一点。

十多年来的命题，2006年的"人与路"，2014年的"朽与不朽"，2016年的"话长话短"，基本是一个思路，注重检测考生思维的思辨性。而以"忧与爱"为代表的一大批试题，则散发着浓郁的"文艺气息"。

语文学科的核心素养集中体现在语言、思维、审美和文化四个方面，学生借助各类文本的学习，来提高语文素养。各类文本的作用并不止于一端，但是语文教学都应从语言出发，主要借助论述类文本发展学生的思维个性，借助文学类文本提高学生的审美素养，借助传统经典作品积淀学生的文化素养。而写作是语言、思维、审美与文化素养的集中体现。在此背景下，写作倾向于审美（文艺气息），或者倾向于思维（思辨色彩），都是符合课程标准精神的。

但是，综观全体学生的写作现状，能准确理解材料内容，明晰判断材料的情感态度倾向，以故事演绎或者以事例证实材料喻示的主旨，这样的学生就很优秀了。至于文章能体现审美意蕴，那更是凤毛麟角；因此，主题的确定应以平实为准，不宜在材料中体现明显的"文艺腔"。更为重要的是：讲清楚故事，说明白道理，是中学写作教学的目的，也是为了让学生走上社会之后具有基本的书面交际能力。

2.考生写作现状

写作题的命题最费命题者心思，最易引起社会议论。总体看来，命题者提供的材料意蕴是丰富的，空间是开放的，学生也能在此材料规定的语境中发表看法。至于是否贴近学生生活，是否能引起学生写作兴趣，是否能借此检测学生的思维品质，就很难说了。

目前材料暗示的关键词，总体上多属于"高大上"的词语，如"拒绝平庸""忧与爱""智慧""创新"等；遗憾的是，从阅卷结果看，通过这些词语并未能检测出学生的襟怀抱负，绝大多数作文，包括推举出来的优秀作文甚至满分作文，如2016年的《烟火蓝边碗》，与宏大的词语暗喻的主旨相去甚远。

今天的高考写作与往昔的科举考试不一样，高考写作目的不在检测学生的治国理想和胸襟视野，而重在检测学生运用语言文字表达自己观点的能力。命题者却总是以成人视角提供饱含思辨色彩的宏大话题，希望学生在此语境下展开思考，分出高下，但从阅卷结果看，立意深刻、有才华有见识的文章，极为少见。——这似乎不全是教师教学的问题，也不全是学生学习的问题。

学生的写作现状是否也在提示：以宏大词语作为关键词的命题形式，本身就存在缺陷？

本文试从以下两方面阐释理由。

（1）审题障碍：难以从材料提炼关键词

一般命题不在审题上设置过高的门槛——尽管如此，仍然有不少学生被拦在门槛之外，因为材料的意旨总是丰富、多面的，要全面理解材料，提炼合适的关键词，需要学生具有较高的阅读能力和思维品质，缺乏基本的抽象概括和思辨能力的考生，往往断章取义或者偏离题意，审题出现偏差，立意自然乏善可陈。

那些表述简洁，关键词较少，意旨集中的材料，学生审题不会出现大的偏差，如2008年的"好奇心"；而材料文字较长，关键词多，学生则较难把握，如2016年的写作题。这则材料的第一句话"俗话说，有话则长，无话则短"是为了引入话题，与第二句话"有人却说，有话则短，无话则长——别人已说的我不必再说，别人无话可说处我也许有话要说"形成对照。如果到此结束，审题上不会有太多障碍。学生会在"无话则长"处思考，可得出这样的立意：别人无话可说处我有话说，我比别人多了发现的眼光、说话的勇气、承担的精神、会说话的技巧等，我的"无话则长"，让你"于无声处听惊雷"。

命题者为了善意提醒学生思考第二句话，加上了第三句"有时这是个性的彰显，有时则是创新意识的闪现"。结果带来了新的关键词："个性""创新"。

这样的材料看似角度丰富，实则材料内部指向偏移，不能让学生在全面理解原材料的基础上确定出涵盖全部材料的立意。

材料提供的是宏大的关键词，在这样的命题背景下，很难降低审题难度，因为，要理解"怀想天空""忧与爱"本身就很难，在此基础上发表自己的看法更难。

（2）写作过程障碍：依赖例证，行文缺乏逻辑

如果过了审题立意关，如何运用积累的材料、布设合理的结构来表达观点，对很多学生来说仍是一件难事。学生不一定是不会说理，而是要说的这个道理对他来说太大了，狗咬刺猬无从下口。这当中自然有思维层次高下、材料储备多寡的原因，但普遍情况是，学生多采取举例的方式来讲道理，不会就某个关键词做深入的多角度的理性思辨，不擅长理论论证。

接下来的问题大家都很明白，例证与观点之间的若即若离，储备的材料与要表现的主旨之间的"拉郎配"，导致上下文缺乏联系、不讲逻辑的文章大量出现。哪怕是满分作文，也不乏这样的句子。请看下文：

蓝边碗没有繁复精致的花纹修饰，没有绚丽的色彩，没有复杂的工艺。可当你凝视它，就会情不自禁地想起一家人围在一起乐呵呵地吃热腾腾的饭菜的情景；就会想起苦日子里生活的精打细算的不易；就会想起寻常百姓家人间烟火的温度……

蒋勋曾在《品味四讲》中说"纯棉衬衫就像爱人"，让我感动了好久。一件物品使用久了，就会产生难以割舍的情感，对我来说，蓝边碗亦是如此。

这个学生的文笔很精彩，但是这种命题作文也使得作者勉为其难，少不了要"硬说""硬写"。文章的中心是"无话则长"，作者要从普通人觉得平淡无奇的蓝边碗里发现一些新意和深意，必须走托物言志的老路；硬从平淡无奇的物品中发现人生深刻的寓意，这实在是很危险的事。中国古代这样的文章太多了，如苏洵的《木假山记》，一段烂木头在苏洵笔下也大有深意，主要是他蹉跌的人生经历为这篇文字镀上了桀骜不驯的光芒，普通人要去写这种烂木头，只能折腾出一篇烂文章。

譬如上文说：你凝视蓝边碗，就会想到一家人乐呵呵吃饭的情景。我问：难道凝视其他的碗就会想到鸡飞狗跳的场景？如果要揭示蓝边碗的深意，必须写出蓝边碗区别于其他碗的特征来，在揭示特征的基础上才能托物寄意，否则就是硬说。

再譬如上文引用蒋勋的话"纯棉衬衫就像爱人"，蒋勋强调的是朴素真挚的物品让人觉得亲切（朴素—生情），后文完全可以借此说蓝边碗的朴素让人感动；作者却说物品用久了会生情（用久—生情），偏离了蒋勋原话的意思，既然偏离，何必援引他人的话。另外，用久了会生情的不是蓝边碗的特点，而是人的特点，也偏离了主旨。

笔者这样挑剔满分作文可能被认为是吹毛求疵，但笔者的主要意思不在求全责备这个学生，而是讨论这样的命题导致了学生痛苦地闭起眼来"硬说"，或者暴露了教学过程中对"遵循逻辑，好好讲道理"这一议论文写作基本要求的忽视。

3. 可能的改进思路

（1）国外写作课程标准梳理

上文从命题角度回顾并分析了命题轨迹，本文认为采用过于凝练、宏大的关键词命题，容易重复，且不足以检测学生思维能力的高下；采用文艺气息的关键词，不适合检测全体考生的语言运用能力。

从写作角度分析了学生写作现状，本文认为目前的命题形式下，学生不善审读材料；对于那些即使检测了思辨能力的宏大的关键词，学生囿于知识和经历，也很难写出有思维深度的文章，无法体现学生的襟怀抱负；另外还指出了当前学生写作的主要弊端：过分依赖例证、行文缺乏逻辑。

基于此，笔者提出一种新的命题思路，供命题者、教学测评研究者和一线教师参考。

国外写作教学经历了三个阶段：文章写作、过程写作和交际写作。[1]

---

[1] 关于写作教学发展历程的内容参见荣维东的博士论文《写作课程范式研究》（华东师范大学，2010 年），该论文经作者修改后以《交际语境写作》为名由语文出版社 2016 年 4 月出版。

文章写作就是将写作当作可以静态研究和教授的技巧，借助文章学的研究成果，从主题、结构、语言等角度，教学生如何审题立意、选择材料、安排结构、修改语言等。目前我们的作文教学基本沿袭这个思路。文章写作的缺陷是将写作这一高度活跃的思维活动简单化处理，忽视了构思过程的复杂性，对思维的严谨与活泼，思路的构建与调整，灵感的闪现与爆发等，关注不足，导致目前学生习作中普遍存在思考乏力，思维品质低下，观点与材料脱节，不讲逻辑的见怪不怪的现象。

文章写作的弱点暴露之后，过程写作随之出现。过程写作将写作分为若干个进程，强调语言和思维的转换，针对学生"心里有但说不出来"的困惑，注重从思维活动到语言表达的转译过程的研究。并从构思、行为、修改、注重读者意识等角度提供具体的写作策略，如头脑风暴法（选择一个话题让学生自由联想想象），自由写作（限定时间想到什么写什么，将想法泼到纸上）等。过程写作改变了以往写作教学片面强调写作知识和读写结合机械模仿的倾向，但是需要教师具有较高的教学技能，也需要学生具备较高的写作知识和能力的基础，比如：良好的语言表达能力、写作知识、合作写作的习惯、充裕的写作时间以及丰富的课程资源等。

第三阶段是交际语境写作。欧美国家在上世纪末和本世纪初相继提出。

美国 1996 年美国颁布的《国家语言艺术标准》总要求中提出："学生在写作时能够针对不同的对象和目的能运用多种不同的策略和恰当的要素进行书面交流。"[1]

英国《各年级作文学习标准》要求："针对不同读者和修辞目的写作时，选择和运用恰当的体裁、推理方式、说话风格。"[2]

澳大利亚维多利亚州《英语课程标准》："识别自己和他人的写作目的"，

---

[1] 转引自荣维东.写作课程范式研究［D］.上海：华东师范大学，2010：99.

[2] 洪宗礼、柳士镇、倪文锦主编.母语教材研究·外国语文课程标准译介［M］.南京：江苏教育出版社，2007：123.

"说明自己和他人的写作目的和对象"，"为特定的目的和对象选择恰当的文体类型来写作"，"根据情境、目的和对象调整写作"，"识别特定读者的特征和期望，并在写作时顺应和对抗这些期望"。然后各年级标准又有更细致的指标和要求。[1]

总而言之，交际语境写作强调写作要看对象、有目的，突出写作的交际实功能，以适应社会生活的实际需求。交际语境写作主要由"话题、作者、读者、目的、语言"五个要素构成。交际语境写作不是提供"绿色生活""品味时尚"这样抽象的概念，而重在设置具体情境，提出任务要求，如：

随着现代社会的发展，人们的生活更容易进入大众视野，评价他人生活变得越来越常见，这些评价对个人和社会的影响也越来越大。人们对"评价他人的生活"这种现象的看法不尽相同，请谈谈你对这种现象的思考。（2016年上海卷写作题）

具体情境是：现代社会中，在网络新闻、微信、微博、博客等媒体上评价他人的生活是一种普遍现象。

任务要求是：你怎么评判这种现象？

这还不是一道典型的交际语境写作题，但至少提供了比较具体的话题，从"智慧""自由"等高蹈的词语回到了现实生活中。

有意思的是，越具体的情境，越能引导学生关注身边的现实，培养学生从关注社会的"毛细血管"（评价他人生活是每时每刻发生在普通人身上的事）出发，引导学生参与社会公共事务，并承担社会责任（不损害他人名誉、不侵犯他人隐私，同时对违背共序良俗的行为提出批评），最后形成理性精神。这比用宏大的关键词引导学生思考，来得更为切实。像"怀想天空""拒

---

[1]　丛立新.澳大利亚课程标准［M］.章燕译.北京：人民教育出版社，2005：9、10、19～20.

绝平庸"的命题初衷是好的，指向的是宏大的概念，指向的是学生的襟怀抱负，但不是真实情境下的具体任务，学生难以找到合适的切口下笔写作。

（2）交际语境写作题典例

为了说明交际语境写作的几个要素，我们选择国外一篇交际语境写作的案例来简析。

[例1] "投诉信"的语境分析表[1]

作品题目	投诉信
作者角色	某小朋友的家长
读者角色	某某马会公关经理：（1）见面频率少。（2）感情深浅：初次接触，之后亦无必要继续交往，故难言有感情。（3）地位高低平等。
写作背景	作者一家人依时参加"自游玩乐日"，其儿子欲一尝策骑小马乐趣，马会工作人员竟宣布号筹已派完，并指责客人来迟，儿子失望而回，于是作者便向马会公关经理投诉。
写作目的	向马会公关经理投诉作者的不满，希望对方做出合理的交代。
写作策略	作者先点题，向马会公关经理投诉；然后，交代事情始末，让对方知道要投诉的是怎样的一回事；接着逐点质询，又施加压力，希望对方既能解决自己的申诉，亦能做出合理的交代。
文体形式	公函——投诉信
社会意义	利用书信的形式反映，投诉不合理的事情，以期获得公平的对待，避免权利受损。

这道写作题从作者角色、读者角色、写作目的等八个方面做了规定和提示。尤为重要的是，这篇文章的写作背景、读者角色和写作目的十分明确。

写作背景在这里就是设置具体的情境：儿子按照规定的时间申请骑马

[1] 转引自荣维东.写作课程范式研究[D].上海：华东师范大学，2010：151.

被拒，父亲向公关经理投诉。

读者角色是指这篇文章是写给谁看的，不要误解，阅卷者只是试卷的评阅者，不是读者。同理，语文教师也从来不是学生作文的真正读者，只扮演评阅和提出修改建议的角色。这篇文章的读者是马会公关经理，这是交际语境中的读者，虽然是虚拟的情境，但是设置真实，要求具体；不像我们习惯的命题方式设置的那样：

绿色，生机勃勃，赏心悦目。绿色，与生命、生态紧密相连。今天，绿色成为崭新的理念，与每个人的生活息息相关。请以"绿色生活"为题写一篇不少于 800 字的文章。（2010 年江苏卷）

两相比较，我们清楚地看到，交际语境写作设置情境，要求作者完成既定的任务：介绍、申诉、说服、劝说，是发生在与人交往过程中的真实任务；传统的高考作文命题往往是要求作者论证、阐释（或以故事暗喻）材料中蕴含的道理。

本题写作目的是希望对方做出合理的交代。关于合理的交代，写作策略里告诉作者可以将这封投诉信分为三个部分：首先叙述事情经过，然后提出质疑，最后要求对方解决问题。

这是设置情境给定写作任务的一个典范例题。有人可能觉得这太接近应用类文体了，太简单了，不能反映学生的情怀抱负。

其实，这里的社会意义更加深远。目前的写作命题当然是有情怀、有对现实人生强烈的关注意识，但是，材料切口过大，从学生写作结果来看，要么在例证消失了自己的个性，要么用散文化的笔调议论，不免在逻辑上频发硬伤（前文已分析）；学生真的显示自己情怀抱负的文章极少。而这道题目表面上看类似应用文，甚至只是一封信，但是，这封信的写作目的是要求有工作有失误的对方给自己一个合理的答复，它要求：

第一，叙述事情经过清晰明确，让对方知道事情的前因后果，不夸大不隐藏，客观公正。

第二，提出质疑要尖锐醒目，语气要不卑不亢，要考虑到对方可能的推诿和敷衍塞责；因此，要运用议论文的表达方式，将道理说透，目的是引发对方对自己失误的反省。议论文的语气要有感染力，并凭借公理正义给对方施加合理的压力，才有可能真正说服对方，让对方无法逃脱责任。——这里会显示不同作者的心理动机、说理技巧包括人文素养，在交际中有理有据地说话，是培养合格公民的基本途径。

第三，题目设置的是我们生活中经常会遇到的情境，即遭遇不合理或者不公正的待遇；这时，我们要养成讲道理的习惯，要通过合适的渠道表达自己的诉求，通过语言运用，展现逻辑力量，捍卫自己权利；这是使社会走向真正和谐的重要途径。与以"拒绝平庸"这类宏大的关键词引导学生相比，本题来得更实在，更能体现语言运用能力，在体现学生的情怀抱负上并无丝毫逊色之处。

（3）国内高考写作命题实施例证

［例2］阅读下面的材料，根据要求写一篇不少于800字的文章。（2015年全国I卷）

因父亲总是在高速路上开车时接电话，家人屡劝不改，女大学生小陈迫于无奈，更出于生命安全的考虑，通过微博私信向警方举报了自己的父亲；警方查实后，依法对老陈进行了教育和处罚，并将这起举报发在官方微博上。此事赢得众多网友点赞，也引发一些质疑，经媒体报道后，激起了更大范围、更多角度的讨论。

对于以上事情，你怎么看？请给小陈、老陈或其他相关方写一封信，表明你的态度，阐述你的看法。要求综合材料内容及含义，选好角度，确定立意，完成写作任务。明确收信人，统一以"明华"为写信人，不得泄露个人信息。

　　这是国内大型考试运用交际语境写作命题的典例。设置的情境真实具体，提出的任务明确清晰。且材料设置了不同的读者（小陈、老陈或其他相关方），给定了可选择的人物方向（点赞、质疑或其他），学生的写作空间更大。此题甫出，议论四起，不少论者着眼于材料中暗含的伦理道德，在此基础上给出正面或负面评价——当然这也提示此题的命制仍有改进空间；其实命题者的用心在于推动一种新的命题形式——任务驱动型作文，也就是交际语境写作。

　　玩味上面所举的国外国内两道试题，与我们过去习惯采用的命题形式相比较，至少，交际语境写作给我们提供了思考的新视角，也希望能带给我们命题的新思路。

洪宗礼和他的教材研究

　　洪宗礼（1937—），江苏镇江人。特级教师，江苏母语课程教材研究所所长，苏教版初中语文书主编。洪宗礼教育科研的重要成果是"母语教材研究"。

　　《母语教材研究》（十卷本，洪宗礼、倪文锦、柳士镇主编，江苏教育出版社2007年版）纵向研究了我国清末至今百年来各个历史时期的多种版本的课程标准、大纲、教材，横

向研究了世界五大洲四十多个国家和地区的母语课程教材，是迄今参与人数最多、研究范围最广、成果最为卓著的多卷本母语教材研究专著。本套书 2009 年 1 月荣获中国最高图书奖之——中华优秀出版物奖。《母语教材研究》分十个专题：卷一《中国百年语文课程教材的演进》，卷二《中国百年语文教材编制思想评析》，卷三《中国百年语文教材评介》，卷四《中国百年语文教科书课文评选》，卷五《外国语文课程教材综合评介》，卷六《外国语文课程标准译介》，卷七《外国语文教材译介》，卷八《外国学者评述本国语文教材》，卷九《语文教材编制基本课题研究》，卷十《中外比较视野中的语文教材模式研究》。

另有一套《中外母语教材比较研究丛书》（五卷，主编柳士镇、洪宗礼，江苏教育出版社 2000 年版），分别是：《外语文教材评介》《汉语文教材评介》《中外母语课程标准译编》《中外母语教材选粹》《中外母语教材比较研究论集》，也是教材研究的重要参考书。

"中美写作系列对话"（括号中的数字代表《语文学习》杂志 2015 年的刊期）

《写作：在理想、传统与现实之间》（1），《写作现实向右，写作改革向左》（2），《写作教学的"变"与"不变"》（3），《教材里的写作风景》（4），《作文题及其背后的写作文化》（5），《写作评估何为？》（6），《倒影回声里的中美高考作文题》（7-8），《写作课堂里的计划、过程和激情》（9），《寻找写作教学专业成长的心灵种子》（10），《美国写作教学名家及其代表作》（11），《读写教学中批判性思维的培养》（12）。

　　高考作文命题被社会热议，专家学者和普通人对作文题目都可以发表自己的看法；学生写作处于什么状况，却只有语文教师能亲身体会。我们每周、每月评阅的是什么样的作文，学生的写作能力在高考背景下为何呈现这种状态，这些问题可能会一直困扰语文教师。写作命题要研究，学生写作过程中的种种不如意处更值得研究。

　　推荐的阅读资源：研究国外高考作文的若干博士硕士学位论文。

二、学生高考作文：最缺乏的是思考的针对性

——以 2015 高考上海卷为例

　　写作的本质目的是表达和交流。交流的前提有两个：一是作者有表达交流的愿望，即写作的内在动机；二是作者有表达交流的内容，即作者有丰富的传输信息。

　　高考作文的命题一般都会在这两方面作出努力，目的是让广大考生有写作的内在驱动力，题目能激发考生思考，让考生想说话；且能在考生的表达中显示其思考的针对性、准确性和深刻性。本文不对今年十多道作文题一一臧否，因为语文学科内外的许多专家从各自的学科背景和个人兴奋点出发对高考作文题进行点评，得出的结论千差万别，这对高考作文命题和中学写作教学实践意义不大。因此，本文仅以上海卷作文为例，探讨高

考写作的目的和现实困惑，并提出一些建议。

1. 考试大纲：预设的目标并不高远

高考写作要求考生能写记叙文、议论文、说明文和常用的应用文。上海卷《考试手册》从"思想内容""结构布局""语言表达"三方面做出了详细规定。全国卷及其他省市卷的考试说明评判写作分为基础等级和发展等级两类要求，发展等级强调深刻、丰富、有文采、有创新。简而言之，高考写作主要是检测高中学生审题立意、布局谋篇和语言表达的能力。

（1）与法国高考作文的比较

法国高中毕业会考的哲学作文题，相当于中国高考的语文作文题。根据法国教育部颁发的教学大纲，哲学课目的是"培养学生的批判性思维并建立理性分析坐标，以领悟时代的意义"。法国国民教育督察官马克·谢林姆说，教育对于构建哲学的"文化与思辨"基础至关重要；而哲学教育的主要目标在于发展个体的"自我省察能力"。[1]哲学课的设置旨在培养具有"智性批评能力"的启蒙公民。哲学的思考方式教人如何在日常生活中反省，如何深入思考问题。

如果将这些要求与法国作文相比较会发现，我们的检测指标倾向于写作的技术性要求。我们的哲学课程不属于母语教育范畴，我们所谓的思辨性被简单地理解为"一分为二"看问题的思维方式。实际上，思辨强调的是在不同层面上对同一个问题展开有条理的分析，下文将对此展开讨论。

从思想层面看，我们的高考作文主要是检测学生是否能读懂语料（包括材料作文、话题作文和命题作文），是否能从语料中抽绎出主旨，并选择自己熟悉的领域确定文章主旨，然后选用合适的材料演绎主旨。——这

---

[1] 韩梁. 法国"高考"为何偏爱哲学［N］. 文汇报，2015-6-20.

很大程度上是对命题者设题意思的解读和回答，与启蒙公民的"智性批评能力"关系不大，离"培养学生的批判性思维并建立理性分析坐标"还很遥远。

下面是法国的作文题，可能会引起考生和语文教师的不适。

"尊重一切生命是一种道德义务吗？""现在的我是我所经历的一切造就的吗？""个人意识仅仅是其所属社会的反映吗？""艺术家是否在其作品中刻意留下让人意会的内容？""艺术品是否一定具有某种意义？""政治无须讲求真理吗？""所有信仰都与理性相悖吗？""工作仅仅是为做个有用的人吗？"[1]

我们的语文高考作文目前无法与法国作文相比，也不好做简单比较。我们的试题一般是给定语言材料，且语料隐含了题旨，在此情境下，考生的作文仍然存在很多问题。高考作文暴露了考生的思维空间狭小，也暴露了写作技术层面上的困境，由此折射出的语文教育问题，值得深思。

（2）与科举时代写作比较

回溯过去，科举时代的写作是替圣人立言，在立言过程中可以见出考生的襟怀抱负，考官据此选拔才俊，目的是选取和储备治国安邦的行政官员。命题和阅卷都由主考官操持，命题的目的和选拔的标准更加明确。今日高考作文命题，虽然有人诟病其政治正确的呆板，一方面可能是批评者的过分解读；另一方面，即使有政治性也是作文命题的题中应有之义。问题是，让考生思考这些政治正确的空泛论题，与选拔人才的关系并不密切。今日阅卷者与考生的关系，与科举时代考官与考生的关系早就不可同日而语。这种背景下，即使命题者煞费苦心，考生的写作，与哲学

---

[1]　同上.

思辨与社会政治与国计民生的关系还是无限遥远，考生的襟怀抱负还是难以窥见。

因此，今日之高考作文，总体上只是让考生在命题者设置的话题范畴内，表达大家心知肚明的正确的看法。命题者、考生和阅卷者相互敷衍，高分考生贡献的也不过是行云流水的符合主旨的故事，炉火纯青的起承转合。具有深刻见识者极为鲜见。

2. 考场现状：思维的平庸和表达的混乱

我们来看 2015 年上海卷作文题：

根据以下材料，自选角度，自拟题目，写一篇不少于 800 字的文章（不要写成诗歌）。

人的心中总有一些坚硬的东西，也有一些柔软的东西，如何对待它们，将关系到能否造就和谐的自我。

这道题目继承了上海卷近几年的风格，即：在两难困境中如何选择才能趋于平衡。前几年与此相似的题目有："一切都会过去，一切都不会过去""穿越沙漠的道路和方式的自由与必须穿越这片沙漠的不自由""生活中，大家往往努力做自己认为重要的事情，但世界上似乎总还有更重要的事"。

这些题目多少都揭示了人类生存的困境，凡是揭示了人类生存困境这类永恒话题的作文题都是好题目。因为它超越了当下，又在当下被普通的生命经历着。这些题目都需要考生有较高的思维水平。

从给定的材料中寻找并演绎主旨，相对于给定一个哲学话题要求考生阐释自己的看法，难度要低得多。有人指出今年上海卷的这道题最大的局限就在于答案已定——要做一个和谐的人，考生只要回答如何处置内心的柔软和坚硬，就可以了。饶是如此，考生的作文仍然远远没有达到让人满意的程度；就算是回答这样的问题，也仍然没有出现大量"观点正确，表达流畅"的文字。

（1）审题立意出现偏差，是思考能力薄弱的反映

从给定的语言材料中抽绎出主旨，看似简单，实际上并不是一件容易的事。

题目设置的情境是柔软和坚硬同时存在于人的内心，让人难以取舍决断，要求考生面对这一困境思考如何达成和谐的自我；题目的核心旨意应是讨论如何对待原则与人性，如何在坚硬的原则（道德、法律等）和柔软的人性（情感、悲悯）之间达成平衡。考生作文中有以下的立意：

·坚硬的是原则，柔软的是坚持原则时也不会冷血；即使是惩罚罪犯，也有一份对生命的原本的悲悯与同情，有一份超越于法律之外的柔软在。

·铁石心肠宣称自己是正义的化身，罔顾人情岂不等同于机器人？过于柔软为情所困忽视道德伦理亦非正常合理之举。

·一个人做任何事都好像在执行法律，板上钉钉，那他周围的人定会离他而去，因为他太绝情。但如果他有求必应，对任何请求都不愿意说出"不"，那他就可能为此疲于奔命，并且为自己无法满足别人的要求而痛苦，甚至有可能为此踏入法律的禁区。

不少考生却将立意悄悄改为"性格的坚硬与柔软"或者"侠肝义胆，铁汉柔情"。如：

一些考生在文章中讨论坚硬和柔软的关系，进而提出"因为人的外部坚硬，内部柔软，所以要用坚硬保护柔弱，增加坚强的比重，弥补柔软之不足"之类似是而非的观点。

还有不少考生援引当下发生的新闻事件，认为某位抢险救难的英雄人物舍生取义，是因为他们有坚强的内心；这位英雄的坚硬恰恰是因为他内心对受灾受难群众的热爱（温柔的软）。——这些立意与原材料若即若离，实属隔靴搔痒。

正确审读材料，进而确定自己文章的主旨；能写出"语言通顺，观点正确"的文章，就算是二类卷了（满分70分，二类卷为52～62分），这样的考生远没有半数。至于观点深刻，立意创新，具有批判性思维的文章更是凤毛麟角。

尽管命题者的初衷是不在审题立意上为难考生，让不同层次的考生都有话可写，但高考作文的命题很少有那种一望即知的材料，每年都有不少考生在审题立意这一关就基本被淘汰出局了。这也是选拔性考试应该具有的功能。对于写作教学来说，教师还是应该训练考生的分析材料的能力，让考生在审读材料时有精准的针对性，不能提炼太过，如上文列举的"度"，还有什么"现象与本质""心态最重要"等，这类母题凌驾于任何作文题之上，只是提供了思考的范畴，决不能代替思考本身，考生往往不明就里，简单套拟，最后写出了不伦不类的文章；也不能不做提炼，仅就事论事；还要严防偏离题旨，若即若离的立论。

（2）文章结构单一，是说理能力薄弱的反映

不少作文在举例分析时，一例写坚守信仰的坚硬，一例写温情脉脉的柔软，两者毫无关系。常见的模式是：先写张三性格坚硬，再写李四柔软，最后提供正确的案例：王五软硬适中，所以他和谐了。这样的作文，错误的根源还在审题立意上，思考没有针对性——原材料讨论的软硬不是分属于不同人的不同性格，而是一个人如何面对自己内心的柔软和坚硬。单独讨论坚硬和柔软的优缺点，对这个作文题而言，有什么意义？

不少考场作文在确定主旨之后，通篇采用例证，形式单一，缺少议论和分析，实际上这也是思维单调和肤浅的表现。为什么考生习惯于以叙代

议？因为相对于艰难的说理，叙事总要简单些。说理的第一要义是要有针对性，要和命题者给定的材料语境在同一层面上讨论问题；这对不少考生来说，是要"踮起脚尖的事"，很困难。而叙事则可以用现象代替议论（高明的说理也会用到形象，我们不否认形象说理的必要性和优越性），遗憾的是大部分考生因为对题旨本身就理解得不够准确，列举出来的现象就更加模棱两可。因此，考场上产生了大量这种审题立意不清晰，以叙代议、结构单一的"伪文章"，严格来说，它根本就不是文章，没有明确清晰的主旨，通篇堆砌了一些前后不相衔接的例子，从屈原司马迁到尼采昆德拉，就像一堆杂木棒子横七竖八地摞在一起。

我们缺少布局谋篇方面的训练。教师习惯的是教给考生一些大而化之的概念，一些模式化的结构。下面这些问题值得思考：

· 针对材料提供的信息，考生与命题者在同一层面进行思考了吗？

· 考生能用一句话，清楚明晰地表达自己的观点吗？

· 考生在表达自己的思考时，有没有让读者顺着他的思路逐渐抵达问题的核心？

如果这些问题在写作教学中得不到落实，考场上的作文肯定还是让阅卷者觉得乏善可陈；更严重的是，考生没有思考的习惯，个体的"自我省察能力""智性批评能力"永远得不到培养，这样的公民，将来也就很难在日常生活中反省，很难有针对性地思考社会问题。

由此反观我们的写作教学，的确有许多地方有待改进。教师提供给学生的往往是作文结构的模式，如起承转合，如并列层进等等，学生习惯的是记住这些模式，至于概念辨析、逻辑推理等能力则很少得到训练。下面我们引用上世纪末曾在四川任"外教"的美国人何伟（彼得·海斯勒）的故事，对于其中的细节，我们一定会觉得很熟悉：

这是一篇典型的五段式文章，文章的开篇讲述了人们反对三峡工程修建的几大风险：自然风景和历史名胜被淹、所危及的物种可能濒临灭绝、纵深四百英里的水库大坝容易招致地震、滑坡和战争破坏的威胁。"总之，"文章的第二段总结道，"该工程所面临的风险太大，很难说有什么益处。"紧随其后的两个句子起到了"承上启下"的作用。"其中的担忧和风险不无道理，"文章继续写道，"但我们不能因噎废食。"接下来，文章的作者对其中的益处进行了描述——发电量增加、航运条件改善、洪水得到控制——最后的结论是三峡工程利大于弊。

那个学期剩下的时间里，我因为学生在作文中大肆应用那种承上启下而备受折磨。他们习惯了用死记硬背的方式进行学习，也经常性地套用这样的范例，甚至到了抄袭的程度。很难真正意识到这样的做法是错的——全校上下的学生得到的教诲就是模仿范文、抄抄写写、不加质疑地接受，他们就是这样走过来的。后来，我布置学生就哈姆雷特的性格特点写一篇议论文，他们在开篇部分列举了哈姆雷特的弱点——优柔寡断、对奥菲利亚太冷酷——到此为止，很多学生的作文似乎都写得相当不错，可那个讨厌的句子不知从哪里又一下子冒了出来："但是，我们不能因噎废食。"我开始感到厌恶，反复跟学生讲，这是个令人反感的转折句，但它仍旧不断地在学生的作文里露面。[1]

很多学生只会简单地模仿，所以不能只简单地教给他们一些结构方法和典型句式，要开启学生的大脑，让他们主动思考。

我们耐心地查看三类卷四类卷作文，希望从混乱的叙事和说理中理清头绪，极力还原考生的思考过程，可惜的是，最后也被他们给绕了进去，

---

[1]　[美]彼得·海斯勒著，李雪顺译.江城[M].上海：上海译文出版社，2012：110~111.

不知所云，无功而返。由此，我设想，训练学生的逻辑思维能力很重要，高中三年的写作教学一定要教会学生让思维聚焦于一个核心原点，教会学生针对主要问题发表看法的好习惯，至于观点是否深刻，倒在其次。

（3）语言表达华美空虚，是思维混乱的反映

请看下面一些美妙而奇怪的句子：

·反观《不能承受生命之轻》一书中主人公萨比娜酷爱创作，她能从虚假的广告牌背后直面淋漓的真相。真正的勇士以坚定的信念面对惨淡的人生，你又怎能说他们没有一颗温暖柔软的心呢？

·枕以柔席，筑以磐石。在这个物欲横流的社会，面对浮躁的尘世铅华，我们能做好的，不就是内心建造一所灵魂的居所，盛放我们疲惫的灵魂吗？

·冷漠无情的人心中尽是坚硬的磐石，贴近他们的内心不过是寒冷如冰；阿谀奉承的人心中尽是柔软的枕席子，让人无法心生好感。

·海子说，我有一栋房子，面朝大海，春暖花开。淡淡的海盐香味扑面而来，幽幽的花的芬芳……这不仅是海子心中的柔软，也是亿万儿女心中的柔软。这是一种爱，对生活和生命的爱。

看到这些句子，我只想说四个字：请讲人话！

这类文风在全国各省市的作文里并不鲜见。我还记得有一年的优秀作文的标题是"让冷香飞上语文"，一想到这个题目，牙齿不免发冷。2016年某省的高考优秀作文居然又以此为题，可见此风正炽。

文风华丽当然可以，前提是有真实的内容。有些见解深刻的文章，文采斐然，文质彬彬，自然是不可多得的优秀范例。我想说的是，上面列举的这些缠夹不清的句子，绝大部分是作者认识混乱的表现。有的是对援引的原著不了解（或者根本没读过，或者读了但似懂非懂，或者完全错解），有的是对文章要讨论的核心概念在确认时游移不定，有的是对一些流行语句简单模仿。——凡此种种，皆由思维不清晰造成。欣幸的是，上海卷阅卷主事者严厉抵制了这种文风。

3. 建议：批判性思维的培养和题目可能抵达的深度

（1）简单质疑前贤是肤浅无知，批判性思维是对前贤困惑的继续思考

这些年一谈到高考作文，大家都知道写高考作文要学会"思辨"。但"思辨"到底是什么意思，却很难说清楚。一般人理解高考作文的"思辨"就是一分为二地看问题，分析坚硬和柔软的矛盾统一关系，认为柔软和坚硬二者的完美统一就是和谐，将这道写作题变成了一道庸俗的、简单的哲学问答题。

词典上的解释是：

思辨：哲学名词，纯粹的思考，相对于经验思考而言。也指思考辨析。

详细论之，思辨指的是运用逻辑推导进行纯理论、纯概念的思考。思辨能力主要表现在分析问题时能将思考的层面区分开，能讲究层次、清楚准确、明白有力地进行说理。

不是所有的问题都需要纯粹的理论思考，或者说，许多问题仅靠经验思考就足够了。需要思辨的问题往往是将人置于一种两难处境，如上文列举的近几年的上海卷作文题，我们很难就此斩钉截铁地给出一个简单明确的答案。有时候，命题者未必是让你给出答案，因为能检测考生语文能力的往往是思考的深度，而不是结论本身。对于人类永恒的困境，有些结论太简明，有些结论早就众所周知，写作检测的是考生面对这一困境时是怎样进入思考空间的，是怎样条分缕析、有层次地表现他的困惑的，并不追求考生有自己崭新的回答。

循此审视今年上海卷的作文题，要求考生在准确解读坚硬和柔软之后，讨论如何使二者和谐。题目规定了话题指向，一定程度上也就缩小了论辩空间。大多数考生在规定的区域里老老实实答题。很少有考生思考：给出如何达成和谐的答案不是重点，思考这两者的矛盾才是正经。展示思考的过程，表现自己的困惑，也许更能显示思考的深度。

我们的教育总是告诉学生，我们今天的文明处于人类历史上最辉煌最伟大的时刻，学生常常自豪地站在人类历史的制高点，轻描淡写地说：从宋朝开始，人们就已经知道要做到坚硬与柔软的和谐，那么我们今天还有什么难题不能攻克吗？毫无理由地自信，自以为能解决人类历史上出现的任何难题，对这些难题都能给出放之四海而皆准的答案。实际上，他完全忽视了人类永恒的困境。肤浅的答案阻止了思考应有的深度。如面对哈姆莱特"生存还是毁灭"的经典之问，那些平庸的自以为真理在握的大脑会说：哈姆莱特，你不要忧郁，不要犹豫，做人嘛，就是要挺身而出！面对叔本华的悲观哲学，他会说：不要悲观，没有比脚更长的路，没有比人更高的山。要对生活充满信心嘛！——你说的都对，但请注意，哈姆莱特、叔本华是在什么情境下说出的这番话，你端来的心灵鸡汤只适合在什么范围传播，对话之先，要懂得别人到底说了什么，因何说了这些。所谓思辨，还指论说者要和原材料同处一个层面，有针对性地进行对话。

一切好的作文题都指向人类生存的永恒困境。如果对这一困境有自己的思考，甚至只是困惑体验，就已经在拓展命题者原来设定的空间了。不必责怪试题空间小，要让自己的脑洞大开。不要简单质疑前贤，或者粗暴地回答前贤留下的永恒问题，譬如说，当我们遭遇到原则之硬和人性之软的矛盾难以自处时，不要简单地谈什么和谐统一，谈什么巧妙结合，不如谈我们遭逢这些问题时的苦楚矛盾与煎熬，对前贤提出的如今降临在我们身上的问题继续思考，体验那一份取舍的艰难，才是真正的批判性思维。答案给得越直接，越简单，越说明你的头脑太简单。自以为真理在握的人，都是值得怜悯的。

（2）能否写得更深刻？——上海卷作文题可以写成一曲人道主义的颂歌

下面是笔者阅读《日瓦戈医生》及相关文献[1]，对上海卷作文题"坚硬·柔软→和谐"的思考，抛砖引玉，意在证明哪怕作文材料隐含了题旨答案，作者写作时，仍有自己的无限空间。

日瓦戈医生的坚硬与柔软

国家的重大利益，历史前进的滚滚车轮，这些词语无疑是坚硬的，个体生命或主动或被动地接受这些坚硬概念的浸入，这些宏大的概念也逐渐长成个体生命里坚硬的东西，成为人不得不正视的对象。

一般情况下，我们接受的教育是服从历史服从国家服从上级，但当我们发现一些伟大概念的真相未必光彩夺目时，我们内心对人性的坚守又倔强地复活了。在真实的生活中，有多少假借"历史""国家"的名义对"个人"强势入侵和粗暴凌驾的时刻？这时候，我们不得不思考：是"坚硬"帮我们把持了做人的原则，还是"柔软"最后救赎了我们？

历史的发展与个人的发展、国家的命运与个人的命运之间常常是充满矛盾的，历史进步的目的与达到目的的手段这两者之间很多时候是构成冲突的。绝大部分人被历史的洪流裹挟，处在洪流中的人，面对重大的历史事件，都要做出选择，都要表态，并找到自己的队伍：或冲锋陷阵，或随波逐流，或被洪流吞噬。这些是坚硬的，不容商量的，因为一失足成千古恨。

但总有一些人，置身事外。面对历史，苏联作家帕斯捷尔纳克笔下的日瓦戈医生既置身其中，又置之度外，他从侧面，甚至从对面打量自己所处的历史，通过他的思考和写作，更多的是通过他的行为和存在本身，来

---

[1]　刘文飞.日瓦戈何许人也[J].世界文学，2015（3）.

表达他与历史的对峙，他对历史的抗拒。因为历史的存在意义在于个性的实现，而不是剿灭个性。

如果浇灭内心人性柔软的火光，只剩下原则、纲领、革命、国家，那国家建设和历史发展的目的又是什么呢？人的存在，就在于创造历史和改造历史，而不是被历史吞没。

日瓦戈医生在革命洪流面前表现得"缺乏意志"，他"优柔寡断""无能为力"。我们可以说他不够坚硬，如果这坚硬指的就是那种毫不动摇地接受那些单一决定的能力；——可要知道，这种"坚硬"最容易伤及无辜，也最容易被利用，因为它缺乏理性的判断。

革命刚开始，日瓦戈也有许多美好的憧憬，以为人类可以借此摆脱千年噩运从此走上坦途，然而，后来发生的与人性相悖的事情却使他迅速放弃了幻想。可贵的是，他精神上永远毅然决然，从不左右逢迎，更不助纣为虐。他的内心自始至终柔软，谦恭，和谐；他的人道主义立场从未改变。——这是他内心最柔软，也最坚硬的部分。

介绍法国高考作文的文献

期刊论文讨论法国高考作文，大多将法国的哲学和文学命题作为热点关注，未从课程结构和教育目标的设定等层面进行研究，深度不够。下面推荐几篇学位论文，可资参考。

厦门大学刘清华博士论文《高考与学校教育的关系研究》（2003），论文第五章为"高校招生考试与学校教育关系的国别比较研究"，其中第四节为"法国高校招考与教育的关系"，讨论了作文测试情况。

西华师范大学相光彩硕士论文《高考作文命题变革与新课标理念下的高中作文教学策略研究》（2009），论文第三章为"国际视角下的高考作文命题分析"，包括法国高考作文题分析，法国高考作文命题给我国高考作文命题的思考，法国高考作文命题给我国高中作文教学的启示。

浙江师范大学王婷硕士论文《海内外高考作文命题比较研究》（2012），论文第二章是"海内外高考作文命题的概述"，其中有对美法日高考作文题的发展和现状作的概括；第四章第一部分概括了美法日高考作文命题在广度和深度上的共性。

学生写高考作文鲜有出彩处，非独某省某市一地情况。一跟命题有关，二跟考场情境有关，三可能跟学生当下的浅阅读和碎片化阅读有关。

本文举出具体例证，一一揭示学生理解的误区，目的是促进学生的真实阅读。唯有认真地阅读整本书，了解故事、概念、主旨的来龙去脉，在引证举例时才不会捉襟见肘或张冠李戴。整本书的阅读，也是高中新课程标准要求语文教师带领学生共同完成的任务。

推荐资源：1. 根据作文病例提供针对性阅读资源；2. 西南大学魏小娜博士论文《语文科真实写作教学研究》（2009）。

三、从考场作文看学生写作现状

——以 2016 高考上海卷为例

随着现代社会的发展，人们的生活更容易进入大众视野，评价他人生活变得越来越常见，这些评价对个人和社会的影响也越来越大。人们对"评价他人的生活"这种现象的看法不尽相同。请写一篇文章，谈谈你对这种现象的思考。

要求：（1）自拟题目；（2）不少于800字。

这是 2016 年高考上海卷作文题。本文仅以本题写作过程中暴露的问题为例，窥看中学生写作中存在的逻辑混乱、思考肤浅的弊端，其他省市可能存在类似状况，语文教师和关心中学生写作现状的研究者对此应引起重视。

1. 把握不住关键词，立论游移不定：违背"同一律"

这则材料明确要求学生针对"评价他人的生活"这种现象进行思考。按照题目要求，至少应关注以下几个关键词：

评价他人的生活（人们对这种）现象 （不同）看法→（你的）思考

试题要求针对"评价他人的生活"的"现象"表达自己的看法，我们首先应分析这一现象的不同表现形态、产生的根源、带来的危害/好处等；接着，在讨论评判这类现象时，应表达自己对如何妥当恰切地"评价他人生活"的看法。

遗憾的是，许多人讨论这道题时，将重点放在了如何"评价"上。且将"评价他人的生活"泛化为"评价"（文章只讨论"评价"的重要性），或者泛化为"评价他人"（文章主要讨论如何评价他人，包括讨论他人的个人作品、专业成果等等），生活虽然包括物质生活和精神生活，但他人追求、创造的过程可以看作是追求者、创造者的精神生活；追求的某种品格、创作的某类艺术作品却不属于本题所说的"生活"。一些人在讨论本题时，将袁隆平的杂交水稻、梵高创作的向日葵、司马迁的"史记"，都当作他人的生活，作为评论的对象，明显超出了材料限定的范畴。

还要注意的是，材料指出，评价他人的生活，是基于"现代社会的发展，人们的生活更容易进入大众视野"这一背景，因此，如果写作过程中，用较大篇幅讨论牛顿、瓦特、梭罗、司马迁、陶渊明、苏轼（高考作文引用频率最高的名人）等如何遭遇和应对他人评价的事例，而不指向特定背景的今日的"评论他人生活"，就有离题之嫌了。

除了将"评价他人的生活"泛化为"评价"（或"评价他人""评价古人"），还有一类审题的失误，将文章重点放在如何"应对别人的评价"上，材料要求你发表对于这种"现象"的看法，结果却写成了"不忘初心""做好自己""走自己的路，让别人说去吧"等等。

形式逻辑的"同一律"要求：

语言（词、句子或一段话）有确定的意义，利用语词歧义的诡辩、偷换概念，转移论点等，都属于违反同一律要求的错误。

在论证过程中，把原来需要论证的那个判断（发表对于"评价他人生活"的看法）无意地或有意地换成另一个判断（他人"评价我的生活"时我应如何面对），这就是转移或偷换论点。转移论点常常是由论点不明确引起的。由于论点不明确，就会把几个不同但又近似的判断混淆起来。于是，在论证过程中，有时是在论证这个判断，有时又是在论证另一个判断，也就是说，有时是在论证这个论点，有时又是在论证另一个论点。这是学生审题和论证过程中最易发生的错误。针对这种常见的失误，有兴趣的教师在引导学生审题时，可以研究相应的对策，矫正学生的这些错误行为。

2. 思路不清，强为之说，逻辑混乱：神一般的文字

教会学生清晰、准确地表达自己的想法，是语文教学的重要任务，也是培养合格公民的重要途径。参与社会生活，投身公共事务，表达自己见解，是现代公民的基本素养。很难想象，一个思路不清表达含混的人，在公共事务中如何实现自己的构想。

清晰地表达自己的想法，不是一件容易的事情。语文教学在这方面大有可为。只要关注任何一个网站新闻后面的跟帖，就可知道网民在评价新闻事件时有多少"歪楼"现象，有多少不靠谱的、与本题无关的莫

名其妙的评论；可以推测，这些"歪楼"的网民当初写作文时基本是思路不清的跑题者。同样，学生作文里的思路混乱者，将来就是"歪楼"的积极建设者。建设一个健康的社会，需要先培养公民平心静气正确说理的习惯。

学生的议论文表现出来的思路不清，原因大概有：对材料的关键概念界定不清（上文已说）；对要展开的议论，自己本来就没有想清楚；为追求所谓的深刻而"为赋新词强说愁"，引用诗文名句而缺乏内在逻辑联系；表达能力本身就很薄弱，造成读者理解上的障碍，等等。文章病症和作者思路上的混乱，表现形式千差万别，下文姑举数例，我们可以借此见一知三，并希望从中发现一些规律性的东西，在教学过程中予以及时矫正。

/ *病例* 1/

引证中的"硬说"

两岸猿声啼不住，轻舟已过万重山。我喜欢这两句诗。我可以控制自己，却无法改变山林中有猿猴的事实。猿猴的声音是停不住的，可只要我顺着河流的方向流淌便能过万重山。猿声与我有何干系，外人的评论与我何干？

"千万里，我追寻着你神一般的思路"——我在思考两个问题：作者到底想说什么，他实际说了什么。

从结尾一句话可以看出，这段文字要表达的是"外人的评论与我何干"。本题要求学生发表对于人们"评价他人生活"这一现象的看法，思考的立足点应是"评价的发出者"，这段文字却从"评价的接受者"这一角度出发，感叹"外人的评论与我何干"，已经偏离题旨。

这也就算了，宽泛一点看，也算是在材料话题之内讨论问题。神奇的是前面的一段话，类似这样的表达，在中学生作文中，并非个例。一些教师在未深究的情况下，似乎也喜欢这种"富有文化的表达方式"，从而催生了这种"神异"的文风。

只是委屈了李白，如此作践他的诗句。仔细分析作者的思路，他的意思是：猿声代表了外界的评论，你尽管不住地啼，我才不管你呢，我乘着轻舟穿越万重山，抵达了我的目的地。

可以化用前人诗句，也可以打破前人诗句的格局，赋予新的含义。但是要遵从前人诗句的内部逻辑思路。不然，强为之说，对原作者和读者都是一种愚弄，当然，最后愚弄的是自己。

李白原诗以"不住啼"的猿声突显空间之大，仿佛崇山峻岭的江陵，千里之内都是猿鸣不断；而就在这一片猿鸣声中，轻舟已过，从而突显时间之快。这两句诗以空间之辽远写时间之快捷，遂为名句。上文硬将猿鸣设定为旁人闲话，将轻舟设定为自己的人生航向，在这样的语境中，猿鸣对轻舟构成了威胁，可是，原诗这两个意象完全没有这种关系，这样野蛮地赋予名句新意，看上去颇有文化和文学气息，实则是毫无道理的"硬说"。

/ 诊治方案 /

正常说话：宁愿朴素说理，不要装神弄鬼。装神弄鬼者往往先吓到了自己，上例得意地引用了诗句，忘记了说理的角度和重点（思考评价的发出者，而非接受者），就是典例。

/ 病例 2/

例证中的"臆想"

中国作者余华原来只是贫苦村庄的一名爱好写作的默默无闻的小青年。

正是了解他的老师认为他的文章视角独特会大有成就，终于使余华走上文学道路。在其发表的《兄弟》里还提出了"写作，从狭窄中写出宽广"的文学真知。

例证要尽可能贴近题旨，能有力地证明主旨。别忘了背景材料：现代社会人们的生活更容易进入大众视野，因此"评价他人的生活"成为一种常态。我们要讨论的是这种背景下对"评价他人生活"这种现象的看法。任何无视这一点的例证在论证力度上都要大打折扣。

如果作家余华对他的邻居的生活说三道四，指桑骂槐；对作家圈内某个同行的生活发表了中肯的意见或者提出了合理的建议，凡此种种，如果这个名人的事例足够典型，且有说服力，我们都可以援引为例证，在此基础上，表明我们对余华"评价他人的生活"这一现象的思考，这样完全可以证明本题题旨。

现在的文字基本是作者的臆想：凡是名人都有一个贫苦的童年，凡是大家都有一个卑微的往昔，且有一个慧眼识珠者发现了他的独特；最后，因为难得的鼓励，可怜虫终于长成了威猛大汉。——这是典型的"鸡汤文"思路，与本题没有关系。这段文字讨论的角度仍是"评价的接受者"而非"评价的发出者"，更没有针对评价"现象"本身，也没有考虑现代社会这一重要的背景提示。

称呼余华为"中国作者"也很神异。余华是中国在国际上最出名的作家之一，他被誉为中国的狄更斯。这段文字的作者可能没看过余华的一本书，道听途说，再嫁接上不知哪里得来的信息，使得例证毫无说服力，同时还暴露了作者阅读视野的狭窄和认识的苍白。

余华，1960年生于浙江杭州，祖籍山东，后随父母迁居浙江海盐，不是"贫苦村庄的小青年"。他的长篇小说《活着》和《许三观卖血记》同时入选百位批评家和文学编辑评选的"九十年代最具有影响的十部作品"。

他的作品被翻译成英文、法文、德文、俄文等十多种语言在国外出版。当然，这些都与本题无关。奇怪的是，上面所引文字最后一句话"在其发表的《兄弟》里还提出了'写作，从狭窄中写出宽广'的文学真知"，作者想说明什么？余华这句话出自《兄弟》一书的"后记"，是作家的创作谈。作者引用这句话难道是要论证贫苦村庄的小青年终于从狭窄中写出了宽广？

/ 诊治方案 /

选择合适的例证：不打诳语，知道多少说多少；不知道的尽量不说，以免露怯。

/ 病例 3/

论证过程简单武断

庄子说，子非鱼，安知鱼之乐。显然，每个人都有自己的生活准则与方式，我们无权评价他人生活。

"子非鱼，安知鱼之乐"这句话是惠子对庄子说的。庄子接着说的是："子非我，安知我不知鱼之乐？"

惠子又说：我不是你，固然不知道你；你也不是鱼，那你不知道鱼的快乐，是很明显的了。

庄子回答说：我们将问题再捋一捋，你说，"你怎么知道鱼是快乐的"这句话，就是你已经知道了我知道鱼的快乐才来问我，现在我告诉你，我是在濠水的桥上知道的啊。

这就是著名的濠梁之辩。用朱光潜的话说，庄子强调的是审美的移情作用，我虽然不是鱼，但我可以将他人他物看成自己，或是将自己推到他人他物的地位。庄子看到鱼出游从容便觉得它快乐，因为庄子自己对于出游从容是有经验的。人与人、人与物都有共同之点，所以能以己度人，所以能对别人的生活感同身受，做出自己的评判。

如果完整引用这段话，上面这段文字的观点就不攻自破了。庄子的意思是，我完全可以感受、想象出别人的生活啊。

这个作者说：每个人都有自己的生活准则与方式——对啊，但是，凭什么就得出"我们无权评价他人生活"？

评价的意思是：对人、事或现象进行衡量、判断、分析，评定其价值。每个人有权选择适合自己的生活（包括生活方式和生活内容、生活追求等），其他人对这种选择做出价值判断，怎么就不可以了呢？

评价不是干预，不是强制要求对方必须怎样做。评价只是表达自己的看法，尽管这种看法可能影响到被评价人的自我判断，但就评价本身而言，无可厚非。评价是一种价值判断，我们可以对任何人、任何事情做出自己的价值判断。我们要制止的是自以为是强迫别人接受的评价，或通过媒体的放大作用，影响了别人正常生活的评价；而不能无端否定"评价"这个中性的词语。

类似的例子还有很多。如：

没有人有权利评价别人的生活，就像两口隔开的井中的青蛙，没有哪只有权评价另一只没有眼界。

这也是很奇怪的一段话。作者的意思是大家都是井中蛙，眼界彼此彼此，谁也别嘲笑谁。这是对的。但是，正因为大家都是井中蛙，对彼此的境遇和心理都很熟悉，正好可以相互评价啊！虽无权嘲笑，但有权评判。这个比喻用在这里是蹩脚的。比喻论证大都取喻体的一项特征，使其对准要论证的题旨，遗憾的是："井中蛙"可以比喻没有眼界，也可以用这只井中蛙评价那只井中蛙没有眼界来证明五十步笑百步的荒唐，但不能证明它们不能相互评价"对方的生活"。"没有人有权利评价别人的生活"这个判断也是粗暴武断的。

再如：

鲁迅先生说，无尽的远方，无数的人们，都与我有关。在鲁迅那个年代尚且有将他人生活与自己联系的人，更何况现在。

这段文字选自鲁迅的《这也是生活》（《且介亭杂文附集》）。奇怪的是第二句话。你有怎样的自信，就觉得时间过去了一年人类就进步了一截呢？我们太习惯了"古人尚且能做到这一点，何况我们今人呢"这种思维。有些技术的进步的确是今胜昔，但人类思想上的创造未必永远是今胜昔。至少，对于先秦诸子的辉煌、李白的诗歌、鲁迅的思想锋芒等，不能下这样简单的断语。若按照这种思维类推，几千年前的孔子岂不是要退到弱智才能显示今人的伟大？

/ *诊治方案* /

议论文是讲道理的，对那些所谓的不言自明的道理要保持足够的警惕，尽量少用"显然"这类词语；尽可能多追问为什么，展示说理过程。另外，对关键词的意思要判断准确。

3. 浅阅读造成思考乏力：读书不多，想得太多

高中生课业负担沉重，阅读量普遍下降，在有限的阅读时间里，碎片化阅读又占据了主要地位。结果是：学生知道的书名和作家名不少，知道书中的名句也不少，对整本书的内容和主旨却语焉不详。这种浅阅读带来的恶果就是人云亦云和思考的乏力。

/ 病例 1/

误解名人名言

他人即地狱。萨特的意思是他人的评价会对个体产生影响甚至伤害。我们要提防自己心中的魔鬼。

萨特的这句话太有名了，但这句话的含义却极易被误解；许多名言都有类似的遭遇。这个学生认为：人和人之间，彼此都是对方的地狱；自我之外的人对我都会构成威胁，我也同样对他人构成威胁，所以我不能随意评价他人。这个作者还是有一定思考能力的，但是他不必援引萨特的这句话，因为萨特不是这个意思。

萨特的原文是这样的：

我说的"地狱即他人"一直被人们曲解。人们以为我想说的是我们跟他人的关系恶劣。我的意思是说，如果跟他人的关系变坏了，那么他人只能是地狱。因为当我们捉摸自己，当我们试图了解自己，所用的其实是他人对我们的认识，我们运用他人掌握的手段，运用他人判断我们的手段来判断自己。他人的判断已经进入我的脑海，在我身上扎根，我跟他人的关

系之所以不好，是因为我自己完全依附于他人了，于是我当然犹如处在地狱里。世界上有大量的人处在地狱的境地，因为他们太依附他人的判断。[1]

---

[1]　萨特.超越生命的选择［M］.武汉：长江文艺出版社，2009：176.

在萨特看来，"我"和他人的关系是"看/注视"与"被看/注视"的关系（见萨特《存在与虚无》），"我"过分依赖他人的眼光，完全从别人的眼光里审视自己，就会使得自己犹如生活在地狱里，并非简单下断语：别人就是地狱，而是当自己过分依赖别人的判断，我们的存在就变得虚无，如同处在地狱里。世纪之交，人民文学出版社、安徽文艺出版社相继推出八卷本"萨特文集"，但印数少得可怜，人文社仅印 1000 套（册）。可以想见，大家口耳相传一些名家名言的时候，很少有人阅读原典，深究其中内涵。

萨特和他的著述

让－保罗·萨特（1905—1980），法国 20 世纪最重要的哲学家之一，法国存在主义代表人物，一生中拒绝接受任何奖项，包括 1964 年的诺贝尔文学奖。他也是优秀的文学家、戏剧家、评论家和社会活动家。著有《存在与虚无》等。1998 年安徽文艺出版社出版其文集八卷，包括哲学论文集、文学论文集、小说集、戏剧集、辩证理性批判等。2000年人民文学出版社出版萨特文集八卷，基本是文学类著作，包括小说 4 卷、戏剧 2 卷、文论 1 卷、书信 1 卷。

萨特的文学作品主要有小说《恶心》《墙》《文字生涯》《自由之路》等。《恶心》第一次以文学形式提出了存在主义哲学的基本命题："没有本质的存在等于虚无。"短篇小说集《墙》中所收的几篇作品提出了存在主义哲学的另一个基本命题："人是自由的，人的命运取决于自己的选择。"自传体小说《文字生涯》则诙谐俏皮、妙趣横生地讲述了作者本人自我认识和自我实现的过程，解释了存在主义思想和整个学说的出发点。

萨特的戏剧作品有《苍蝇》《隔离审讯》《死无葬身之地》《恭顺的妓女》

《脏手》《魔鬼与上帝》《涅克拉索夫》《阿尔托纳的隐居者》《凯恩》等。

再如：

王安忆在复旦研究生毕业典礼上说，我希望你们有足够的自信与主流价值体系保持一定的距离。——太过注重别人的评价，会使自己迷乱。当我们面对评价时，一定要追问自己的内心，追问这个评价，是否将我们引向不认可的方向。

王安忆所谓的自信，应是对知识分子人格的自信；王安忆强调的是独立的、自由的人格，希望复旦的研究生们走向社会之后要有知识分子的信念和操守。这与"评价别人的生活"有何干系？学生可能从微信圈或者教师那里关注过、听说过王安忆的这段话，这是好事，但是引证这句话与本题很难贴合。还有，仍然是前文揭示的一个老问题，学生将"评价他人的生活"翻转成了如何应对"他人对自己的评价"，也是不妥当的。

/ 诊治方案 /

引用那些我们能准确解释的、与本题关系密切的名言，才能为文章增色，相反，误引名言可能导致文意含混，伤害主旨的表达。

/ 病例 2/

对史实缺乏基本判断力，遑论分析

司马迁评价了3000年的各路英雄，最为精彩的还是项羽本纪。司马迁无法客观地评价，字里行间充满对于曾让自己遭受宫刑的不满之情，硬将项羽置于本纪之列。看，无论多么伟大的人物都做不到客观公正，何况我们呢？

第一，这不是发生在现代社会传媒发达背景下的评价；第二，这不是对他人生活的评价；第三，这不是对评价他人生活这一现象的看法。

这些错误就不深究了，虽然这些错误已非常严重。我想讨论的是学生对于司马迁的评价。司马迁写《史记》是为了"究天人之际，通古今之变，成一家之言"，他有自己独特的史识，有一以贯之的价值观，教材中还有《无韵之离骚》（资中筠）这样的课文，学生怎么就得出了司马迁写作《项羽本纪》时"不客观公正"的结论呢？司马迁敢将当朝皇帝的老太爷的死对头置于祖宗同等的位置，这是何等的勇气。说司马迁字里行间充满了遭受宫刑的不满之情，这种说法怎么看怎么猥琐。这是对孤愤之书的无知，是对美好事物和高尚情感的漠然。不读原著，道听途说，戏说历史，最后的结果就是轻浮、无知。

再如：

公元前399年，一名悲剧作家将苏格拉底告上法庭。他评价他的生活说：苏格拉底完全不敬神，他整天向青年人传播他那套毫无道理的学说。法庭宣告苏格拉底死刑。这就是因为那位作者错误地评价了苏格拉底，导致世界失去了一位大哲学家。

说某个人（这个人是米列托斯）的错误评价导致苏格拉斯被判死刑实在是匪夷所思。苏格拉底是在古代民主的诞生地雅典通过公民大会的形式宣判死刑的。他的罪名是渎神。苏格拉底全力以赴的是对他的同胞进行道德教育，促进民众生命的完善。苏格拉底认为：没有哪个阶级天生代表正义，正义内在于人的行为以及国家的行为之中，这对于习惯于讲派别的政治而言，无疑是颠覆性的，所以他的死的根本原因还在于政治阴谋。

/ 诊治方案 /

对于历史上的重大事件、著名人物的思想，要借助名家的较为权威的著作，对事件和人物有总体的、清晰的了解。不要轻信胡乱拼凑的小册子的介绍，以免以讹传讹。

写作终究是要表达思想的，如果概念界定不清、逻辑混乱、思考肤浅，一定是写不出好文章的。学生的这些弊病如何纠正，本文仅提供一些思路，具体操作有待广大教师继续研究。

苏格拉底

苏格拉底（公元前469—公元前399年），古希腊著名的思想家、哲学家、教育家、公民陪审员。他和他的学生柏拉图，以及柏拉图的学生亚里士多德并称为"古希腊三贤"，被后人广泛地认为是西方哲学的奠基者。

据记载，苏格拉底最后被雅典法庭以侮辱雅典神、引进新神论和腐蚀雅典青年思想之罪名判处死刑。尽管苏格拉底曾获得逃亡的机会，但他仍选择饮下毒汁而死，因为他认为逃亡只会进一步破坏雅典法律的权威。

苏格拉底没有留下自己的著作，后人只能从柏拉图和色诺芬的记载中探索，如色诺芬《回忆苏格拉底》，柏拉图的《苏格拉底的申辩》。要从记载中区分柏拉图和苏格拉底两人的概念很困难，要从色诺芬的记载中寻找苏格拉底的理念也不简单，因为这些理念可能不是苏格拉底本人所提出的，而可

能更接近于记载者自己的看法。不过，今天要想了解苏格拉底，只有阅读这些

著作了。

魏小娜《语文科真实写作教学研究》

该论文提倡真实写作，且列出写作目标、写作情境和任务要求，这与国际上通行的任务情境写作主张是一致的；论文还列出了按照此理念编写的写作教材样章，可供教师选用。果能如此实践，也许能够改变学生写作中不愿且不能"真实"表达的种种病状。

论文认为：传统真实写作主张摹写客观真实，张扬主观真情，重视写作人格的真诚，但存在误读真实写作本质、忽视理性写作能力和泯灭学生主体意识等问题。针对此，本文重新界定真实写作的内涵——真实的目标、真实的情境、真实的写作任务、多元统整的课程形态。并以此为逻辑起点制定教学目标、开发课程内容、设置教学策略和评价策略。

论文第二章提出了语文科真实写作的内涵体系：真实的目标（逼近真实生活世界的写作行为）、真实的"情境"（自然生活情境、文化实践情境、物理情境）、真实的写作任务（复杂有意义的任务、动态探究的写作过程、高水平认知参与、运用多学科知识）、真实写作的课程形态（多元形态的统整课程）。并从时代发展、学科知识状况和学生个体发展三方面对语文科真实写作内涵进行理论辩护。

论文第四章设计了语文科真实写作的教学内容。从各学科知识中提取"功能文体学文体知识""认知类写作知识"和"写作活动"等三大课程内容要素；然后围绕三大课程内容要素编写教材样章，展示了真实写作课程内容"教材化"的可能形态；最后提供了真实写作课程内容向教学内容转化的具体措施。

与《国文百八课》以知识统领文选的语文教学模式相反，现行的语文教材中没有编入系统的语文知识，要求教师在文本教学中自行选择和确定教学内容，给教师带来了创生空间，也带来了较大的随意性。语文科过去一直强调的语法、修辞、逻辑和文章学的知识，在新教材体系里，有些体现得不够充分；有些则完全没有，譬如逻辑。

表达观点时缺乏针对性，不只是浅阅读的问题，而是知识结构残缺的问题。本文针对此，以案例形式呈现学生的写作误区。

推荐资源：简易的形式逻辑读本，如金岳霖主编的《形式逻辑简明读本》。

四、写作论述性文章要遵守形式逻辑原理
——有针对性地讨论问题

形式逻辑的基本规律同一律要求：

语言（词、句子或一段话）有确定的意义。利用语词歧义的诡辩、偷换概念，转移论点等，都属于违反同一律要求的错误。

语词的歧义指在同一语言环境中，一个词语同时表达了几个不同的意义。学生写作过程中，一般不会有意偷换概念进行诡辩，也不会主动转移论

点。出现违反同一律的情况往往是审题不充分、论据准备不足，乃曲为之说。一些教师在辅导学生写作时，让学生准备了典型的论据材料，教学生运用同一则材料证明不同的观点，片面夸大材料说理功能，乃至出现一则材料适合所有作文题的"超级论证"现象。学生在考场写作的限定时间内，调动有限的积累应对复杂的考题，出现张冠李戴、拉郎配现象也就不足为奇了。

不仅是一般学生的应试作文出现这种现象，考场上产生的优秀作文中，也有不少存在这一问题。表面看上去，文章的语言流畅，说理头头是道，细究起来，其实有很大的思维漏洞。这一现象，在平时的写作教学和应考复习时，都应引起重视。

1. 论点要明确，不能转移或偷换论点

论点明确，是论证的先决条件。论点是我们需要确认其为真的那个判断。如果这个判断不明确，就无法找出适当的论据与正确的论证方式来论证它。糊里糊涂地进行论证，结果必然是文不对题。

在论证过程中，把原来需要论证的那个判断无意地或有意地换成另一个判断，这就是转移或偷换论点。转移论点常常是由论点不明确引起的。由于论点不明确，就会把几个不同但又近似的判断混淆起来。于是，在论证过程中，有时是在论证这个判断，有时又是在论证另一个判断，也就是说，有时是在论证这个论点，有时又是在论证另一个论点。

我们先看一道作文题：

根据以下材料，自选角度，自拟题目写一篇不少于800字的文章（不要写成诗歌）。

"知止"二字作为座右铭高悬于李嘉诚办公室的醒目处，清人曾国藩一生的作为和成就也处处有"止"的烙印。

古语云"知行知止，知止而行"，意思是要懂得"行"，也要懂得"止"，懂得"于止中行"。

这则材料要求考生对"行"与"止"关系进行思考。材料提示，要懂得"于止中行"，学生要明白"止"不是完全的停止和寂灭；还要理解曾国藩等人为什么提出"止"——一个生活静如止水的人不需要讨论"止"，讨论"止"的应该是那些"一直前行、停不下来的人"。懂得这一层，才算理解这则材料的真正内涵。

再看考场上的优秀作文片段：

李嘉诚、曾国藩都将"知止"作为人生中的良药，古语也云："知行知止，知止而行。"前者教会我们在行中止，后者告诉我们在止中行。我认为，止是告诉我们知道追求的限度，或是懂得放弃，或是对利益或对功名，要知止，知足；而行是告诉我们对目标要不断追求进取。

以我之见，行止合一，相互融合方能造就我们。李嘉诚、曾国藩知止，但他们一直在"行"。在追求理想时，首先要知行。"千里之行，始于足下。"除了"行"时的毅力、努力外，"止"也必不可少。行至半路发现"此路不通"，发现力不从心，要知止。但"止"绝不是我们一遇到困难就以止而退缩的安慰，而是保存实力向更适合自己的目标进取的机动。同时，知"止"还表现在"行"时追求的纯粹，"行"，于科学家而言，是追求学术高地上的成就，于古之臣子而言是匡时济世的胸怀，"止"便是他们对个人利益、功名的不计较，不在乎。

第一段对"行""止"的定义是"不断追求进取""知道追求的限度"，准确且清晰。可是到了第二段，"止"有了多重含义："发现力不从心，要知止"，"保存实力向更适合自己的目标进取的机动"，"对个人利益、

251

功名的不计较，不在乎"。前两种解释与上文基本一致，最后一种解释明显是作者新增出来的。不是说一个词不可以有多重含义，但是要结合原材料的含义阐释。这里的"止"应该是适可而止的"止"，指的是不要一味前进，而要学会沉潜、适当地退让、隐忍。现在增生出第三重意思，很容易发生偷换概念转移话题的错误。不信看下文：

行止合一，还能表现出一个人的谦逊和气度。北大一级教员侯仁之先生，他每天坚持自己打扫庭院，待人春风化雨。我们知道，他在学术上的造诣不会"止"，但他在追求功名方面是"止步不前"的。由此，我们尊重他的气度。异曲同工，"行""止"融合在美国总统华盛顿身上也体现得很明显。为了使美国民主政治"行"，他不惜"止"住自己的总统生涯，成为美谈。

很明显，作者重新诠释了"止"的含义，将"止"理解为在功名追求上的谦逊的气度。这就是上文说的将"不同但又近似的判断混淆起来"。

原材料"知行知止，知止而行"有老子"行""止"相反相成的意思，意思是要坦然奋进、追求目标，但不要汲汲于事功；不能一味鲁莽前行还要知道回旋与休止，但这个休止绝不是停滞寂灭，而是寻找合适机会继续行进。——尽管"不能一味鲁莽前行还要知道回旋与休止"这个意思与"谦逊"有一点相关性，但毕竟是两个意思，更重要的是：这里的"行"与"止"是针对同一对象说的，作者误解为事业上"行"，名利上"止"，这样就错解题意且浅化、窄化理解原材料了。

一篇文章中，关键词可以诠释为若干个义项，但前后文的论述要保持一致，更重要的是要与原材料喻示的旨意保持一致，而不能在行文中随意更换，否则就犯了同一律这一基本的思维规律。

在平时的谈话和讨论问题过程中，由于论点不明确，常会引起无意义的争论。双方有时未能核定关键词的含义，把并不互相冲突的意见当成互相冲突的意见，争论了半天，才发现彼此之间原来没有什么分歧。在写作中，由于在审题之初没有确定关键词的内涵和边界，也很容易犯这种错误。上面的优秀考场作文也不例外。

2. 论据要真实，不能循环论证

形式逻辑的论证原理认为：论点的真实性是由论据的真实性推出来的。如果一个判断是不真实的，就不能用它来做论据。论证过程中，论据如果是虚假的，并不因此论点也一定是虚假的。但是，论据虚假，表明了论证是不正确的，那就说明：论点没有得到证明。

以上规则在论述类文章写作过程中要特别注意。由于我们的作文基本是命题者通过材料暗示主旨或直接确定主旨，所以一般不存在论点的虚假。但在论述过程中，论据的运用常常出现问题，导致上文所说的论点得不到证明。

运用论据要遵守两个规则。第一，论据应当是已确知为真的判断。第二，论据的真实性不能依赖于论点的真实性来证明。常犯的错误有窃取论点与循环论证两种错误。窃取论点是说论据的真实性是由论点的真实性推出来的，循环论证的论据的真实性是由论点的真实性和一些中间环节推出来的。这两种论证都是应用尚未确知的论据来进行论证，都是错误的论证。

为了方便讨论，我们看一道作文题：

根据以下材料，自选角度，自拟题目，写一篇不少于800字的文章（不要写成诗歌）。

有人说："痛苦本身不是财富，对痛苦的思考才是财富。"

论点是：经历了痛苦，且对痛苦有反思，才可能从中沉淀教训、发现规律，从这个意义上看，思考使得痛苦的经历成为继续前行的财富。

看一篇考场优秀作文的开篇：

20世纪50年代著名历史学家冯友兰提出了对文化必须抽象传承的看法，在五十多年间历经批判，其经受来自各界的压力是痛苦的，这种压力对于文化的破坏亦让人痛心。时至近期，习主席认为文化的抽象传承必不可少。

文章应该讨论的是对痛苦的思考，开篇第一段意义何在？此其一。其二，论据虚假。冯友兰没有经历五十年的批判。文化浩劫那段时期，冯的哲学观点遭受过批判。新中国成立前和新时期以后，有人对他的观点提出不同意见，这是学术界正常的讨论。冯谈不上经受了各界压力造成的痛苦。文化的"抽象继承法"是冯氏在20世纪50年代针对民族虚无主义提出的主张，自有其合理性，这里不讨论。这篇作文开篇提出冯氏因此遭受了痛苦，接下来应重点讨论冯氏如何面对这一痛苦进行思考，进而有何成就，可是刚开了头就煞了尾，后文无一字涉及。引证冯友兰的学术经历作为论据，证明反思痛苦促进前行，当然可以，但要说出子丑寅卯来。本文语焉不详，指向不明，那就不如不用。究其原因，学生无力探讨问题要旨，只在问题表面清浅滑行，不了解冯氏的"贞元六书"，不读冯氏几经修订的《中国哲学史》，就不要讨论冯氏到底经历了怎样的痛苦。深刻的主题，需要深厚的积累，至少需要广泛的阅读。学生总希望通过速成法找到"高大上"的论据，殊不知盲目滥用，恰恰暴露了知识与学理的空疏，往往适得其反。

以上论据什么也没有证明。

链接

冯友兰和他的著述

冯友兰（1895—1990），字芝生，河南南阳人。中国当代哲学家、教育家。

1918 年毕业于北京大学哲学系，1924 年获美国哥伦比亚大学哲学博士学位。回国后，任清华大学教授。著有《中国哲学史》《贞元六书》等。被誉为"现代新儒家"。

　　贞元六书：又名"贞元之际所著书"，作者在抗战前后（1937—1946）所著《新理学》《新事论》《新世训》《新原人》《新原道》《新知言》等六书的合称。自称取"贞下起元"之意，强调抗战时期即为中华民族复兴之际。旨在通过对中华民族传统精神的反思，"接着讲"自己的哲学见解，以建立"新统"。

　　贞元：《周易》"乾卦"的卦词为"元亨利贞"，说《易》者有的解释此句为春夏秋冬的循环。所以"贞元之际"就是冬、春之际的意思，冯友兰用以说明抗战时期面临压城之黑云，但也是民族复兴与民族觉醒的前夜。作者说："值贞元之会，当绝续之交，通天人之际，达古今之变，明内圣外王之道者，岂可不尽所欲言，以为我国家致太平、我亿兆安心立命之用乎？虽不能至，心向往之。非曰能之，愿学焉。此《新理学》《新事论》《新世训》及此书所由作也。"

再看这篇文章后面的例证：

　　思考个人之痛能成就事业之辉煌。居里夫人尝尽放射性元素带来的疾病之痛，但痛定思痛之余，她明白自己的痛苦会给后人带来无尽的财富，她的思考超越了缠身的病魔，终成伟业。司马迁亦如是，宫刑的痛苦带给他的思考是正直平等的判断，以客观的文字成就了浩然巨著，是历史永恒的财富。

众所周知，居里夫人的伟业不是从对病痛的思考中得出的，司马迁创造的财富并非因为宫刑。上文说过，论据的虚假不一定造成论点的虚假，但会伤害对论点的证明。而且一般来说，伟大人物大都有可能在其丰富的人生经历中遭遇过巨大的痛苦，并在对痛苦的反思中有所成就。论点是正确的，但是，不能拿论点本身证明论据的正确性。我们只有写出他们具体经历了怎样的痛苦，并在这种痛苦中如何思考，才能证明论点。遗憾的是，居里夫人身体的病痛不是她成就事业辉煌的原因；司马迁并未因宫刑的痛苦导致"客观的文字"，相反，我们知道对他文字最好的评语是"无韵之离骚"，无韵之离骚就不是"客观"所能概括的。"正直平等的判断"更不知所指为何。

下面是其他同学同题作文的片段：

【一】项羽兵败，承受痛苦，最终自刎于乌江，为千古遗憾。正是痛苦压垮了他，压垮了这一代西楚霸王重振雄风的梦想。从这一点上说，痛苦若只是痛苦，而承受对象只看到了痛苦，看不到希望的话，痛苦本身绝不是什么财富。

【二】思考又能构筑自我，获得心灵上的财富。泰戈尔的诗中这样提到："真理之川从错误之渠中流过。"这就是说，人们在错误之中经过思考，能够悟出人生的真谛。这样的说法是有依据的。越王勾践在丧国之后，经历了生理与心理上的痛苦，但他勇于思考，对痛苦有了深刻的思考，在忍辱负重之时，通过卧薪尝胆来自我警戒，最终从那错误之渠中饮得了真理之水，重新夺回了国土。有些人面对痛苦，陷入了对人生境遇的嗟叹与自我沉湎，不能拨开痛苦的迷雾，反而将自己推向了更灰暗的深渊。而理性的思考，是通往人生真谛、实现人生价值的康庄大道。

这两个片段中，项羽、勾践的事实论据，泰戈尔的名言论据，都是真实的，符合本题题旨的，能够证明论点。

选择论据时不要一味求新求深，要选择自己确实熟悉的真实的论据，要与题旨保持高度一致，这样的论证过程就不容易出现疏漏和错误了。

在论证过程中，还要注意：不加鉴别地引用权威人士的话，作为不可置疑的论据来支持自己的看法，这是滥用权威。因为权威是某个领域的权威，他的话未必普适正确；还有他说话一般会有具体情境，引用时很难避免断章取义。还有一种论述类文章，作者采取"以情动人"的手法，文章不着力证明自己的论点的真实性或别人论点的虚假性，却采用一些夸张和煽情手法，吸引读者的注意。这些都是不好好说话（写文章）的表现，这些不好的文风，在语文教学中，教师要引导学生极力避免。

金岳霖《形式逻辑简明读本》

金岳霖主要从事哲学和逻辑学的教学、研究和组织领导工作。著有《论道》《逻辑》和《知识论》。——这三本书是哲学和数理逻辑领域的精深著作，非一般读者所能读懂。形式逻辑在金岳霖的研究视野里属于小儿科，但新中国成立后他领衔编写的这本《形式逻辑简明读本》（中国青年出版社 1978 年第三版）却是逻辑学初入门者的最好读物之一。这本小册子结构清晰，要言不烦，例证通俗易懂。

全书分为五章。第一章是"概念"，分为"什么是概念""怎样才算概念

明确——外延和内涵""明确概念的一种方法——定义""分类"等四小节；第二章是"判断"，分为"什么是判断""简单判断""几种新的判断""判断间的一些关系——矛盾、反对和蕴涵""复合判断"等五小节；第三章是"推理"，分为"什么是推理""演绎推理""归纳推理""假说"等四小节；第四章是"形式逻辑的基本规律"，分为"什么是形式逻辑的基本规律""同一律""矛盾律""排中律"等四小节；第五章是"论证"，分为"什么是论证""论证的规则和论证中常发生的错误""反驳"等三小节。每章结尾是该章的内容提要，有利于自学和复习。

学生写作议论文的最常见方式是以若干个名人轶事作为例证，证明他未必想证明但命题者需要他证明的道理。选择例证有可能缺乏精准针对的目标意识，所以本文专门链接了钱锺书的"喻之二柄""喻之多边"的说法，强调例证和原材料主旨的密切贴合。

另外，依赖例证会带来思维的惰性，说不通硬说；思维的浅层次滑行还会带来作文与原材料主旨的漂移，导致偏离题旨。所以本文建议语文教师在指导学生写作时，少用例证，多讲道理，先将问题思考透彻，再考虑如何表达；而不要先搜索枯肠，寻找自己整理储备的与"题目／材料／话题"接近的材料，这种急功近利的材料总是很贫瘠，最后往往就免不了穿凿附会地硬写。

推荐资源：周振甫《诗词例话》中的"喻之二柄"和"喻之多边"。

五、有理讲清楚　有话好好说

——不要完全依赖事实论据来说理

论述类文章的论据分为事实论据和道理论据：社会事件、历史掌故、名人逸事等属于事实论据；名人名言、公式原理等属于道理论据。考前，老师一般都会引领学生准备一些事实论据，这是很有必要的，但不能过分依赖这些事实素材。本文试说其详。

1. 依赖素材的天然缺陷

许多事实类素材的指向是多向的，即同一则材料可能包含多重含义，具有多个指向。就像拿一件具体的事物做比喻一样，由于这件事物本身具有不同的特色，喻体也因此有了不同的指向。钱锺书将这类现象称为"喻之二柄"和"喻之多边"。"喻之二柄"指同一个本体在不同的比喻句中，可以用来喻示截然不同的两个事物。"边"指事物的某一性状或特征，"喻之多边"指运用比喻时，对同一本体可根据不同的需要任取一"边"或数"边"。

事实类素材本身包含丰富的含义，即这个材料也是具有"二柄"或"多边"的。如果取舍失当，不但不能证明论点，相反还会使行文思路混乱，更易暴露作者思维的漏洞。

请看下面的例子。

【作文题材料1】痛苦本身不是财富，对痛苦的思考才是财富。

【作文片段1】居里夫人尝尽放射性元素带来的疾病之痛，但痛定思痛之余，她明白自己的痛苦会给后人带来无尽的财富，她的思考超越了缠身的病魔，终成伟业。司马迁亦如是，宫刑的痛苦带给他的思考是正直平等的判断，以客观的文字成就了浩然巨著，是历史永恒的财富。

居里夫人的确遭遇了放射性元素带来的病痛，但她有没有针对身体上的痛苦进行反思，得出什么结论来？存疑。她的伟业应该与反思病痛无关。居里夫人病痛的"柄"或者"边"未能对准作文题的主旨，造成了材料不能证明观点的毛病，读者不免怀疑作者的逻辑。

同样，司马迁的确遭受了宫刑带来的病痛，但《史记》的撰写与对宫刑之痛苦的反思不能简单地联系起来。尤其是"以客观的文字成就了浩然巨著"更是不知从何说起。司马迁遭受宫刑是引用率最高的素材，在这里未必完全不可用，主要看作者能否把握好这则材料的"柄"或"边"。如果作者这样说：

【作文片段2】司马迁在遭受宫刑之后，对自己太史令的地位进行了痛苦的反思，肉体虽遭侮辱，志向虽被压抑，但恰好锻炼了他一双充满感情的双眼，使得他饱含"悲愤"之心，特别关注历史上的悲剧英雄，从而使得《史记》除了成为一部秉笔直书的史学巨著之外，也成了"无韵之离骚"的文学著作。

这样一来，材料的"柄"或"边"就基本对准作文题了。

不是说例证就不可用，而是在运用时要对准题旨，要简洁，不要铺叙。如，有同学援引"越王勾践"为例：

【作文片段3】越王勾践在丧国之后，经历了生理与心理上的痛苦，但他勇于思考，对痛苦有了深刻的思考，在忍辱负重之时，通过卧薪尝胆来自我警戒，最终从那错误之渠中饮得了真理之水，重新夺回了国土。

这样完全可以。但是由于不少同学阅读量有限，容易依赖例证：居里夫人、越王勾践、牛顿和司马迁在不同主题的文章里轮番穿行，这样做实在很有风险，因为不少材料天然具有二"柄"多"边"现象，作者必须具有足够的思辨能力，让素材对准作文预定的题旨范畴，这中间需要深刻的思考，巧妙的勾连，新颖的发现。不少同学随意引用众所周知的烂熟的例证，不仔细辨析命题者提供的材料，以大而化之的母题覆盖作文题的独特个性，基于这样的背景，笔者才提出：不要完全依赖事例类素材了！

2. 理解题意，把道理讲清楚

基于上面的分析，建议同学们写作文时，先准确理解题目的意思，确立自己写作的主题；然后尽可能运用道理论据，学会将道理讲清楚，不要在道理未明白之前就堆砌事例。单靠滥俗的事例含混不清地论证主题这种恶劣的文风，必须停止了。

还是上面的作文题，我们看一篇没有事例论据的作文的片段：

【作文片段4】痛苦，是人们生理与心理上所受到的折磨，而心理上的痛苦却远远大于生理上的痛苦；思考，即是指对自身现状的反思和对未来的布局；而财富，并不是那些充满铜臭气味的纸张，而是归属于心灵上的收获，是人生的价值所在。

芸芸众生之中，既然活在这世间，就难免会有多多少少的痛苦。"痛定思痛，痛何如哉！"在平复之时，思当痛之时，结果会更加痛苦。为了避免这种反复的痛苦，于是人们学会思考。思考可以总结经验，罗列出自己所该做的与不该做的以此区分；思考也可以布局未来，想想今后自己如何做、如何不重蹈覆辙。痛苦后的思考不是"痛定思痛"的往复折磨，是使自己立足社会能更加智慧，更富有经验的捷径。思考得越早，当时的痛苦就越早结束。

思考又能构筑自我，获得心灵上的财富。泰戈尔的诗中这样提到："真理之川从错误之渠中流过。"这就是说，人们在错误之中经过思考，能够悟出人生的真谛。

获得了财富之后，心灵能够更加丰满，人生更加多姿多彩。彼时的你，在经过痛苦的洗礼，学会思考，获得了人生真谛，这些都使你的视野更加开阔，前方的路也是柳暗花明，不再遍布荆棘。财富，又使你少走弯路，避免了不少痛苦。

　　本文没有一点铺张的事例论据，没有华丽的辞藻，也不曾深刻挖掘主旨，不偏不怪，甚至不见得作者多有才华；但是，中规中矩，清清爽爽。——我们首先要学会理清自己的思路，写这种顺畅的说理文章。

　　再看一例。

　　【作文题材料2】将草地中的一粒草籽转移到干旱、贫瘠、满是石头的地方，让它在那里萌芽生长；如果它能在这样的地方存活，它就会一直遭受恶劣条件的考验；如果它还能在这么恶劣的环境中繁殖后代，那么，这些后代就会形成与原来草地上的物种完全不同的种类。

　　【作文片段5】在恶劣的环境中，既要有坚忍不拔的"不变"的意志，又要有自我调整的"变"的机灵，才能最后求得生存和发展。

　　这颗草籽能在恶劣环境里继续生长，关键是在变与不变中找到了平衡。究其原因，首先是自身具有强大的意志力。所谓古之成大事者，不唯有超世之才，亦必有坚忍不拔之志，古往今来，恶劣条件的考验永远存在。草籽经受的是恶劣的生存环境，"百感忧其心，万事劳其形"的人可能还要经受创业的失败、情感的枯竭、灵感的丧失等各种挫败，但是，人也可以像这颗草籽一样，用坚定的意志固其根本——根不固而求木之长，源不深而望流之远，一切都是空谈。一个内心强大的人，会在恶劣的环境中坚守住，不被摧毁。

　　但是，一味固守原有品性而不能变通发展者，也必然被淘汰。草籽如果没有更强大的抗旱能力，光有活下去的意志有什么用？必须发展出更适应戈壁滩地貌的吸收水分和养料的功能。人也如此，有顽强的意志是基础，还要有斗争艺术，抗挫策略。

　　没有事例论证，全凭道理推演，适当援引简练的名言，文脉清晰，说

263

理清楚，文字晓畅。也是挺好的一个范例。

3. 注重表达，有话好好说

如果能正确理解命题者提供的材料的含义，确定了自己文章的主旨，接下来要注重表达。

还是以"草籽"这个作文材料为例，我们看下面的片段：

【作文片段6】我的心绪飞扬，但成长的坎坷不断让我们失望，让我们忧伤。感叹面对困境时的迷惘，感叹面对困境时我们曾失去方向，感叹世事无常。但面对挫折和迷茫，我们必须满怀希望，怀揣最初的梦想，从心中坚持着那胜利的光芒，让我们始终看着远方。如果前方是漫无边际的海洋，我即使是一叶扁舟，也要远航。

作者应该认识到了原材料中人应如何面对困境的问题，但是作者将问题简单化了，未能聚焦材料仔细辨析，在思考深度上远不如前面举例的"片段5"，作者只讨论如何面对挫折，并在挫折面前应该保持何种心态。——这种老生常谈的话语实在是毫无意趣。道理未能得到展开，论点在原地滑行，不能给人任何智慧上的启迪。可能作者也考虑到了这一点，于是想用抒情句式弥补说理的不足，遗憾的是，从上述文字来看，这种有意无意追求的押韵句式，这些稀松平常的比喻，除了暴露作者思考能力的匮乏，也显示了作者语言掌控能力的薄弱。

这是错误的例子，要引以为戒。因此，还是要先将问题想清楚，尽可能想深入一点，不然，花里胡哨的句子，或者装神弄鬼的句子，都很难帮你摆脱思考力匮乏的困境。不信请看关于反思"痛苦"的作文片段：

【作文片段7】痛苦本身并不是财富。生与死，苦难与衰老，都蕴含在每个人体内，总有一天我们会与之遭逢，并且浑然难分，像水溶于水中。将痛苦认真地思考，作为财富，前路漫漫，带着它走。当你的灵魂体会遍了人世间的痛苦，这些养料足以让你长成一棵树，高大挺拔。

小苗可以长成参天大树，"我"的灵魂尝遍了人间痛苦，"我"最终也不能长成高大挺拔的树。要用比喻可以，比喻要放在一定的语境里，前后一致，还原一下本体和喻体，看看自己把问题搞清楚没有。

"生与死，苦难与衰老，都蕴含在每个人体内，总有一天我们会与之遭逢，并且浑然难分，像水溶于水中。"这些话好神秘。——写高考作文时，还是请好好说话，说大家能听得懂的明白话。高考作文检测的是思维的清晰度和表达的准确度。一切为赋新词强说愁的话，一切所谓的高深、神秘和模棱两可的话，少来！

"喻之二柄"和"喻之多边"

周振甫（1911—2000），浙江平湖人。著名学者，古典诗词、文论专家，资深编辑家。1931年入无锡国学专修学校，跟随当时著名国学家钱基博先生学习治学。1932年秋，入上海开明书店任《辞通》校对，后任编辑，1951年任中国青年出版社编辑。1971年借调到中华书局，参加《明史》点校工作。1975年正式调入中华书局任编辑、编审。主要著作有：《严复思想评述》《鲁迅诗歌注》《诗词例话》《文章例话》《小说例话》《文心雕龙今译》《中国文章学史》《中

形式逻辑简明读本

中国青年出版社

国修辞学史》《周振甫文集》《周振甫讲谭》等。

喻之二柄

至于自家语有时异用者，如韦苏州诗："心同野鹤与尘远，诗似冰壶彻底清。"又《送人诗》："冰壶见底未为清，少年如玉有诗名。"黄常明云："此可为用事之妙，盖不拘故常也。"

中国青年出版社 2006 年三版，当时总印数 仅万余册

吴景旭《历代诗话》卷五十二《翻案》

同此事物，援为比喻，或以褒，或以贬，或示喜，或示恶，词气迥异；修辞之学，亟宜拈示。斯多葛派哲人尝曰："万物各有二柄。"合采慎到、韩非"二柄"之称，聊明吾旨，命之"比喻之两柄"可也。

李白《志公画赞》："水中之月，了不可取。"施肩吾《听南僧说偈词》："惠风吹尽六条尘，清净水中初见月。"超妙而不可即也，犹云："高山仰止，虽不能至，心向往之。"是为心服之赞词。黄庭坚《沁园春》："镜里拈花，水中提月，觑着无由得近伊。"《红楼梦》第五回仙曲《枉凝眉》："一个枉自嗟呀，一个空劳牵挂，一个是水中月，一个是镜中花。"点化禅藻，发抒绮思，则撩逗而不可即也，犹云："甜糖抹在鼻子上，只教他舐不着。"是为心痒之恨词。《论衡·自纪》曰："如衡之平，如鉴之开。"诸葛亮《与人书》曰："吾心如秤，不能为人作轻重。"均以秤喻无成见私心，处事遇人，各如其分，公平允当，褒夸之词也。《朱子语类》卷十六："这心之正，却如秤一般，未有物时，秤无不平，才把一物在上面，秤便不平了。"周亮工《书影》卷十："佛氏有'花友''秤友'之喻，花者因时为盛衰，秤者视物为低昂。"则官心之失正、人之趋炎，为谄让之喻矣，"秤友"正刘峻《广绝交论》所斥"操权衡"之"量交"也。

（钱锺书《管锥编》第一册 37 ~ 38 页《周易正义·归妹》）

　　比喻的"异用"，即同一个比喻的褒贬、好恶异用，钱锺书先生据以提出"比喻之二柄"来。慎到的二柄是"威德"，韩非的二柄是"刑德"，在这里都是借用。韦应物《赠王侍御》"心同野鹤与尘远，诗似冰壶彻底清"，这个"冰壶"是比喻，用它来比诗的彻底清，是赞美的比喻。"冰壶见底未为清"，是同一个比喻，不过这个冰壶是未为清，是带有贬义的比喻，贬低冰壶是为了抬高少年，用少年的冰清玉洁来比，冰壶就显得不清了。

　　比喻的二柄，也有用来指同样的事物的，主要是写变化。比方屈原的《离骚》，上面说："扈江离与辟芷兮，纫秋兰以为佩。"这里的辟芷与秋兰都是香草或香花，是好的，比喻品德的高洁。到后来"兰芷变而不芳兮，荃蕙化而为茅"，香草变坏了；"览椒兰其若兹兮，又况揭车与江离"，这里的椒兰、江离等都含贬义。接下来说："惟兹佩之可贵兮，委厥美而历兹；芳菲菲其难亏兮，芬至今犹未沫。"这个佩就是上文"纫秋兰以为佩"之佩，用秋兰等香草结成的佩，有褒义；但上文既指出这些香草都变坏了，变成了贬义，那又怎样说这个佩还是可贵，还是芳香呢？正因为比喻有二柄，外面的香草变坏了，用的是贬义；我这个佩上的香草还是香的，没有变，用的是褒义，所以并不矛盾。这就在一篇作品里，同样用秋兰作比，这个比喻就有二柄，一种是贬的，指变坏的；一种是褒的，指没有变坏的。都是秋兰，可用二柄来比，正说明事物的变化。（周振甫《诗词例话》，中国青年出版社 2006 年版，237 ~ 239 页）

　　【喻之多边】使用譬喻时，根据需要对同一喻体可取不同性状以为喻的现象。钱锺书《管锥编·周易正义·归妹》："比喻有两柄而复具多边。盖事物

267

一而已，然非止一性一能，遂不限于一功一效。""立喻者各取所需，每举一而不及其余。"如北周庾信《镜》"月生无有桂"，取明之相似；宋王禹偁《龙凤茶》"圆似三秋皓月轮"，取圆之相似；唐陈子昂《感遇》"微月生西海，幽阳始代昇"，太阴当空，以喻武则天：各取月之一边。选用喻体时，可只取其一"边"，也可同时选取几个"边"。（详见上书 239～242 页）

分论

阅读评价

对于高考阅读题的研究，局部的、零碎的较多，全方位的较少。加上媒体关于文本作者不会解答高考阅读题的误导，语文界内外对阅读题的评议甚多，解决问题的思路甚少。

回到阅读测试本身，语文教师和教研人员必须全方位了解阅读评价的框架和具体实施策略，而不能仅限于答题思路和解题技巧方面的研究。

以下四篇文章讨论了高考阅读题的命制问题，仍属于局部的研究。关于阅读评价方面的著述，推荐阅读以下优质资源：

1. 章熊《中国当代写作与阅读测试》，四川教育出版社 2000 年版。

2. 倪文锦《语文考试论》，广西教育出版社 1996 年版。

3. 薛晓嫘《新课程语文阅读学业成就评价》，重庆大学出版社 2008 年版。

4. 王文龙、危家丁主编《阅读测试研究与指导》，辽宁大学出版社 1991 年版。

一、课程标准对高考阅读题设计的导向作用

　　高中语文课程标准（以下简称"课标"）基于核心素养的要求，描述了高中阶段的学业水平表现，设置了高中阶段语文学业水平标准，并对高中学业水平测试和高考提出了命题建议。这一标准将取代语文学科的《考试大纲/说明》（以下简称"考纲"），成为语文学科学业水平测试与高考命题的指导性文件。

　　"课标"从"阅读与鉴赏、表达与交流、梳理与探究"三个维度，根据必修和选修的课程内容，针对高中语文学科的15个学习任务群，提出了5个层级的水平要求。这些水平标准的描述，必将对高考命题产生直接影响。本文结合"考纲"的能力分类和层级要求，对"课标"规定的"质量标准"试做解读。

　　"考纲"在"考核目标与要求"里指出，高考语文要求考查考生识记、理解、分析综合、鉴赏评价、表达应用和探究六种能力。这个能力划分遵循的是布卢姆的教育目标分类法。在"考试范围与要求"里按照文体类型提出了不同要求。全国高考语文试卷根据"考纲"命制，试卷分为"阅读与鉴赏""表达与交流"两大部分。"课标"的学业质量标准则在"阅读与鉴赏""表达与交流"之外，单列"梳理与探究"，既是在原来"考纲"最高能力层级"探究"基础上的发展，更是为了培养学生创新质疑能力而设置。

　　本文讨论的是高考试卷中的阅读题的命制，谨从"阅读与鉴赏""梳理与探究"两个维度察看"课标"的质量标准与"考纲"的能力要求之间的差异，讨论"课标"的质量标准对高考阅读题命制的影响。"表达与交流"涉及的主要是作文和语言运用题，另文讨论。

1. 阅读与鉴赏

阅读与鉴赏能力的评价框架应包含阅读理解、欣赏和创造等三种能力，其中，理解能力主要包括语言积累能力、作品意义把握能力等；欣赏能力包含阅读中的愉悦体验的能力和对作品优点的分析说明能力；创造能力包含对作品在内容和形式上的迁移能力与质疑能力，主要表现为发挥作者的观点和质疑作者的观点。我们主要讨论检测不同类型文本阅读时，在欣赏和创造这两个能力点设置上应如何更新思路，并改进命题形式。

（1）"课标"与"考纲"的比较分析

"考纲"根据文本类型，提出了相应的能力层级要求。"课标"基于核心素养的要求，对不同文本和多种文本的比较阅读设置了学业质量标准。这个质量标准分为 5 类水平，表述较为复杂，本文只择要列出"课标"中部分与"考纲"不同或更为详细的文字。

①论述类文本

"考纲"对阅读这类文本规定的能力点有：理解和分析综合。

"课标"的学业质量标准对论述类文本的阅读要求还有（文字有删减，下同）：

能区分事实和观点，发现观点和材料之间的逻辑关系（水平一）；

能对文章阐述的观点作出有依据的评论（水平二）。

"考纲"对于阅读论述类文本，只要求"理解"和"分析"；"课标"的质量标准还涉及"评价"能力，要求学生区分材料和观点，能依据文本对文章的观点进行评价。评价是在理解文本内容，并能分析文本思路和主旨基础上的能力要求，评价培养和检测的是学生的质疑精神和理性思维。

273

②文学类文本

"考纲"对阅读这类文本规定的能力点包括：分析综合、鉴赏评价和探究。

"课标"的学业质量标准对文学类文本的阅读要求还有三点：

对作品的内容和形式作出自己的评价。能通过文学作品的阅读，感受和理解不同时代和地区的文化。（水平一）

能联系特定的历史文化背景对作品的内容和形式作出评价。（水平二）

对同一个文学作品的不同阐释能提出自己的看法或质疑；能运用已有的文学知识，结合作品的具体内容，分析、解释作品与时代、作者之间的关系。（水平四）

在分析和鉴赏作品的主题、结构、表现手法、语言、形象等方面，两者要求基本一致，但"课标"要求更为具体，价值更为多元，如"课标"要求对"作品与时代、作者之间的关系"进行解释，"感受和理解不同时代和地区的文化"等；在"评价""探究"能力方面，"课标"更强调"质疑"精神。

③其他各类文本

目前高考语文试卷中"阅读与鉴赏"部分检测的文本类型主要有论述类文本、文学类文本、实用类文本和古代诗文，前两种文本上文已讨论，后两种文本，"课标"和"考纲"的要求差别不大。"课标"在学习任务群中列出了更多的文本，设定了详细的标准。如（着重号为笔者所加）：

阅读多个文本，能将其中的信息归类、比较和概括，发现这些文本在内容、观点、情感倾向、材料组织与使用等方面的异同，尝试提出需要深入探究的问题。（水平二）

能利用文本信息做出合理推断，将阅读中获得的事实信息用于分析、

解释新问题。（水平二）

结合具体语境分辨词语语义和情感上的细微差别；能体味重要语句在语言环境中的意义和作用。（水平三）

能分析、说明复杂文本中可能存在的观点与材料之间的多种关系；能就文本的内容和形式提出质疑，并能主动查找相关资料支持自己的观点。（水平三）

阅读比较复杂的、连续性和非连续性的实用类文本，能分析、说明观点与材料之间的关系，就文本的内容或形式提出质疑，并能找出相关证据支持自己的观点，能用文本中提供的事实、观点、程序、方法和策略等解决学习和生活实际中遇到的具体问题。（水平四）

以 2016 年高考全国的三套试卷为例，阅读题主要根据"考纲"要求，从理解、分析、鉴赏评价等角度设计，其中体现"分析"能力的试题占据阅读题的主体，"鉴赏"试题很少，评价题和探究题则完全没有。

（2）命题改进建议

目前的试题多停留在对文本的分析和解释上。根据"课标"的学业质量标准，阅读类试题的改进途径有：

①改进分析类试题

目前的分析类试题多集中在筛选整合原文信息和概括作品内容主旨上。如分析标题或文中一句话、一个词语在体现主题上的作用，如 2016 年全国 I 卷文学类文本阅读的 11.（2）（3）（4）三道试题；或者概括作品描述的形象，解释文中某种说法的原因等，如全国 I 卷的古诗阅读的第 8 题和实用类文本阅读的第 12.（2）题。

实际上，分析能力的检测可以拓宽命题思路，如分析能力体现在根据已有材料做出合理推断上，试题可以要求学生在全面理解材料的基础上能发现规律，提出和解决新的问题。分析能力还体现在不同文本的比较阅读上，如：比较不同文本写作对象所具有的特点的异同；比较不同作品在内容、语言、手法、情境等方面的异同。

目前命题类型固化，多年缺少变化，很难检测出学生的真实阅读水平。命题的惰性带来了阅读教学的惰性；阅读教学不在思维品质、文化内蕴以及审美趣味上多做研究，不管阅读什么文本，仅满足于主旨和结构的分析，学生仅会获取和解释文本信息，而不能对信息做细致入微的比较分析，最后必然导致分析能力的低下。

②新增和改进鉴赏类试题

要"结合具体语境分辨词语语义和情感上的细微差别"，从语言的细微处出发，培养学生的审美能力，让学生对祖国语言一直保持着新鲜的、敏锐的感受力。目前的试卷中鉴赏题很少，且题型老套，很难激活学生思维，更难提高学生审美素养。

③新增评价类试题

新增评价类试题，其目的在培养学生的"质疑"能力，让学生在阅读过程中形成"自己的观点"并能找到"相关资料支持自己的观点"——拥有观点与证明观点，后者更为重要，因为评价的核心在于说理。要求学生对文本隐含的主旨或者体现的价值（情感）表明态度，能增强阅读的主动性，这是在强化读者与文本以及作者进行对话；要求学生寻找合适的资料／信息证实自己观点，能培养学生的理性精神。

2. 梳理与探究

阅读教学要帮助学生在接触文本时唤起和补充自身的生活体验，提供合适的阅读策略，积累并梳理阅读技能和方法。学生的阅读素养不仅体现在上文讨论的解释、分析、鉴赏等能力上，还包括反思、探究能力，以及运用阅读来达到生活目标的能力。因此，梳理阅读经验、总结阅读策略，阅读中探究、发现和解决新的问题，是提升阅读素养的重要创新点。

（1）"课标"与"考纲"的比较分析

①对"探究"能力的不同描述

2007年，"考纲"中首次出现探究能力要求，并指出：探究能力是处于最高层级的阅读能力。考查探究能力，是在文学类文本和实用类文本阅读中，要求读者针对文本的主旨、价值、创作意图等进行发掘和探讨，对作品进行个性化的解读，对文本中的某些问题进行深入探讨。

"课标"则远不止于此。"课标"将"梳理"与"探究"并称，旨在引导学生梳理语文知识、方法、技能、策略，借此去解决阅读和写作中遇到的新问题。所谓"探究"，强调的是各项语文活动中的应用（综合运用）能力。请看"课标"学业质量标准中"梳理与探究"水平1～4的相关表述：

对所学的各类文章进行归纳、分类，能比较不同类型文章的表达方式及其特点，理解不同文体的基本特征，并将所得的知识应用于阅读和写作中。

能有意识地梳理阅读过的文学作品，通过梳理和探究，了解重要的作家和作品，了解诗歌、散文、小说、戏剧等文学体裁的基本特征。（水平一）

能结合具体作品，探究多种表达方式综合运用的效果，讨论如何根据表达的需要选择恰当的表达方式。

能主动积累文言知识，并能将整理所得应用于文言文阅读。

能在相关活动中运用语文学习中获得的经验收集整理多方面的材料，提出值得研究的问题，阅读整理相关文献，撰写调查报告等。（水平二）

能结合自己所学过的历史知识，有意识地梳理语文课中学到的文学、文化知识，能说出不同时期重要的作家作品和基本风格特征，并能将这些知识应用于自己的阅读与鉴赏活动中。（水平三）

能运用掌握的语言知识，探究常用词语的语义变化，准确理解语言。

能主动探究语言运用中的逻辑问题。在读写论说类文本和讨论、辩论、演说时，注意考查概念、判断和推理的使用，能指出并纠正实际语言运用中存在的问题。（水平四）

"课标"列出的这些内容，都集中于积累相关知识后对这些知识进行"梳理"，然后发现语言、文章、文化现象的一些规律，最后运用于阅读写作之中。这是学业质量的层级标准，具体如何体现在试题中，"课标"没有举出具体案例。

探究题的提出迄今已有十年，检视前几年的试卷，曾出现过一些探究题，近几年销声匿迹。如何检测探究能力，"课标"在"学业水平测试与高考命题建议"一节中指出：

考试与测评应……真实呈现学生核心素养的发展过程与现有水平，准确判断学生核心素养提升过程中的问题与原因，引领学生核心素养的发展。

这是总体要求。具体原则有：

以语文核心素养为考查目标，依据高中学生语文学业质量标准相应阶段要求，通过"阅读与鉴赏""表达与交流""梳理与探究"等语文实践活动，呈现核心素养的发展过程与现有水平。

以情境任务作为试题载体，让学生在个人体验、社会生活和学科认知等特定情境中完成不同学习任务，呈现语文学习的不同表现方式。

以综合考查作为命题导向，通过综合性言语实践活动，考查学生语文学习能力和水平。

"语文实践活动""情境任务""综合考查"这几个关键词值得我们玩味。试题首先要设计出"情境"（虚拟），然后借助"情境"给出"任务"，让学生在具体明确的要求中运用已经掌握的语文技能、方法、策略完成阅读任务。"课标"在"测试内容"里对"梳理与探究"的检测是这样表述的："梳理与探究"侧重考查积累整合、筛选提炼、归整分类、解决问题、发现创新等内容。——重在发现和解决阅读写作中的问题，在解决问题中体现创新意识与创新能力。"课标"对测试形式还提出要求：在语文实践中，考查学生的语文素养，避免以单纯的知识点和能力点设计考题……可围绕情境选择相关材料，设置一组有内在联系的、指向核心素养的问题或任务。

对比"课标"和"考纲"对"探究"能力的不同表述，笔者认为，"考纲"提出的"探究"能力未能在高考阅读题中得到很好的落实，与目标要求的宽泛有一定关系，而设置具体的语言情境，提供合适的语言材料，是探究题命题的关键。

②不同的命题实践

下面是 2009 年全国Ⅲ卷的一道探究题：

小说这样来写孕妇，有人认为让人感动，也有人认为有些做作。你的看法呢？请结合全文，谈谈你的观点和理由。（8分）（文学类文本）

从命题中心给出的参考答案来看，第一道题已经暗示了学生须在"感动"和"觉得做作"两个观点中选择，没有体现质疑与创新意识；确定观点后，须从原文中筛选和寻找合适的信息支撑观点，多半属于分析能力，而非探究。

答案虽有一定开放性，但由于设问的角度过大，学生能选择的空间就极其有限，用来支撑自己观点的材料也是固定的文本，因此，这样的试题很难检测出学生的探究能力。另外，试题高达 8 分，如果答案区分度不大，检测的效度和信度也不免受到伤害。这也可能是后来的试卷中不出现这类探究题的原因。

再看一道试题：

阅读下列材料，完成相关任务。

材料：

1. 归去来兮，请息交以绝游。世与我而相违，复驾言兮焉求？（《归去来兮辞》）

2. 假舆马者，非利足也，而致千里；假舟楫者，非能水也，而绝江河。（《劝学》）

3. （华）佗之绝技，凡此类也。（《华佗传》）

4. 因左手把秦王之袖，而右手持匕首揕之，未至身，秦王惊，自引而起，绝袖。（《荆轲刺秦王》）

5. 孔子晚而喜易，读易，韦编三绝。（《孔子世家》）

6. 天宝中，益州士曹柳某妻李氏，容色绝代。（《唐传奇》）

问题：

（1）请解释上述材料中加点字"绝"的词义，这些意义可以归纳为几个义项？并简单说明你归纳的理由。

（2）"绝"字这些义项之间有关系吗？如果有，说明它们的相关处在什么地方。

（3）"断绝""继续""缠绕""缔结""编纂"这些动词，"纲纪""经纬""纤维"这些名词，"红""紫""绿"这些颜色词，都在"纟"部，说明它们较早的意义都与古人的哪一个生活领域有关？你能从这些词里想象这个领域的生活情境吗？写一篇短文把你的想象描写出来。

这是一道很好的"梳理与探究"试题。试题首先提供了一组文言文语料，可以理解为命题人设置的文言文学习活动的具体情境。问题（1）要求学生在理解的基础上积累相关知识，然后对掌握的知识进行归类；问题（2）在梳理相关知识的基础上，要求学生探讨知识背后的规律；问题（3）提供新的信息，设置更加具体细致的情境，切口非常小，问题非常实际，引导学生关注和发现学习文言文中遇到的新问题，并试图用刚刚"梳理"之后发现的文言文词义的规律来解决它，这便是探究。最后还设置了一个写作任务，检测了想象与表达能力。

（2）命题改进建议

探究题要放在具体的情境中设计，要结合"积累""梳理"等语文活动一起检测，让学生在梳理语言现象之后发现语言规律，用规律，包括语言现象的规律，学习某项知识能力的策略等，去探究和解决面临的新的语文学习问题。

如上述这道题，妙处在于不是孤立检测文言实词的词义，而是给出情境，提出具体任务，让学生在"阅读与鉴赏""梳理与发现""表达与交流"等一系列语文活动中，提取记忆，规整分类，发现规律，更重要的是解决文言文学习中的问题：同一部首的实词词义的相关性、实词词义的演变历程等，为今后的文言文学习提供解决问题的途径和学习的策略。另外，命题人还将阅读与写作打通，检测了学生的想象力和语言表达能力。可以说，一道试题完成了一组任务。

当然，探究类试题的命制方式是非常丰富的，除了上述案例，还可以提供同一话题的多个文本，让学生比较阅读，引导学生关注这些文本表现形式的异同，梳理整合之后，得出文本内容与形式关系的一般规律，运用这个规律，探究某个文本的创作价值。此外，国际上阅读评价项目也有许多可资借鉴之处。如美国国家教育进展评价项目（NAEP）在构建阅读评价框架时，除了整体感知、形成解释、联系自身之外，还特别关注做出评价，所谓做出评价，就是要求读者对文本进行批判性地衡量、比较；试题会要求学生能评价文本的语言及结构要素，能评价写作目的及风格，有些问题要联系一组阅读材料来探究。

语文阅读测试研究资源

1. 章熊《中国当代写作与阅读测试》，四川教育出版社，2000 年版。

　　该书第三章为"阅读能力的测试"。第一节为"阅读的能力因素和层次"，内容包括各国阅读教学目标的比较、阅读能力的因素分析和阅读理解的测试指标。第二节为"阅读测试的方法"，内容包括阅读测试的类型、默读测试的题型。第三节为"阅读试卷的编制、分析与量表"，内容包括汉字阅读的特点、阅读试卷的编制、试卷的分析、阅读量表的编制。尤为可贵的是提出写作量表和阅读量表的编制。该书将阅读量表的编制分为四个阶段：

　　第一个阶段，设计编制阶段。为此，需要对阅读学的理论和阅读测量学的理论进行比较深入的探讨，还要对测试对象、目的进行分析，才能设计蓝图，编制试题。第二个阶段，试测分析阶段。设计的意图和方案是否符合实际，要经过实践的检验。试测的规模不可过小，而且要注意覆盖各种不同情况（城市、乡村，重点中学、非重点中学等）。第三个阶段，修订复测阶段。要经过反复测试和修订才能保证量表的可靠性。其道理毋庸多说，然而限于人力和物力，这往往又成为量表编制者感到十分困难的事。第四个阶段，建立常模。只有拥有足够的资料才能建立常模。只有建立了常模，才能对测试的成绩做出解释。

　　编制阅读量表虽然如此困难，但有了它，阅读水平的测定就有了客观、科学的度量标准和工具。我国从事这方面研究的学者，早期有陈鹤琴等，陈氏编有《中学默读测验》和《小学默读测验》，此后有艾伟编著的《国文理解能力测验》等。

　　章熊（1931—），江苏苏州人。先后在北京大学附中、中央教科所等单位任职。主持全国语文高考多年，并领衔教育部考试中心"大规模考试作文评分误差控制"课题组，编写了新中国成立以来第一部大规模考试的作文评分参照量表，著有《中国当代写作与阅读测试》《语言和思维的训练》《语文教学沉思录》等。

　　2.倪文锦《语文考试论》，广西教育出版社，1996年版。

　　该书全面论述语文考试理论，对语文考试的类型、功能、题型、解题思路、高考语文测试研究、标准化考试、考试心理等专题进行探讨，展示了现代考试的基础理论，分析了新时期语文考试的特点和走向，具有学术性和实用性。

　　其中第六章为"高考语文测试研究"，内容包括高考语文知识试题研究（单项性知识试题、综合性知识试题）和高考语文阅读试题研究（现代文阅读试题、文言文阅读试题）。

3. 薛晓嫘《新课程语文阅读学业成就评价》，重庆大学出版社，2008年版。

该书在实践研究方面的主要贡献在于，以《语文课程标准》（实验）为依据，初步建构了阅读学业成就评价内容框架，同时开发了部分适应新课程评价理念的阅读学业成就评价工具，提出了可操作的阅读学业成就评价方案。该书的理论成就表现为：建构了以"言语实践、情感体验和主体参与"为立足点的语文阅读学业成就评价的学科立场，强调在评价过程中重视学业成就评价的内在价值，强调欣赏学生的阅读学习经验。

该书第二章内容与本文关系较大，讨论的是"新课程语文阅读学业成就评价的内容框架"，包括语文课程目标分析、语文阅读目标内容分解、语文阅读学业成就评价的内容框架。

4. 王文龙、危家丁主编《阅读测试研究与指导》，辽宁大学出版社，1991年版。

该书出版年代略早，但书中所提问题仍未解决，值得重温。其中第二部分

标题为"阅读测试命题研究"，内容包括阅读测试命题的"指导思想""客观
依据""基本原则""取材范围""一般程序"和"质量标准"等；第三部分
标题为"阅读测试题型研究"，内容包括阅读测试"题型的设计""题型的特
点""题型的结构""题型的种类""标准化常用题型示例""题型变化举隅"。
特别值得一提的是，本书提供了常用题型和变化题型的示例，这对试题的创新
研究很有启发。

朱绍禹为该书作序说："阅读特别是复杂的阅读，往往难能给以科学的控制，
阅读测试要做到客观、公正，也常为许多教师力所难及。本书的执笔者们知其
难而不避，并确实解答了阅读测试中许多难题，可以便于读者既得到理论的启
迪，又得到实际的帮助。" 朱先生认为的难题，至今并未解决。

朱绍禹（1922—2008）吉林永吉人。东北师范大学文学院教授，语文教育家。
曾任全国语文教学法研究会理事长、中国高等教育学会语文学习科学专业委员
会理事长。

二、理性评价高考语文卷 促进命题和教学的改进

——以 2016 年全国卷为例

　　大型考试结束之后，试卷评价成为语文研究者关注的问题；考试影响教学，广大师生也会对试题进行研究，揣摩命题导向，借此指导教学和复习。有人认为，评价试卷是见仁见智的事，如有的教师认为有利于教师教和学生学的就是好试卷，有的认为难度适中有一定区分度的就是好试卷。但前者评价的其实是教材编写而非试题命制，后者提供的是所有学科试卷的共同标准而非语文这一门学科的标准。

　　对语文学科试卷，不能简单地从个人感觉出发评判试题的难易和是否属于偏题怪题，应该有相对统一的、理性的客观标准。

　　总而言之，评价的起点应该是：这份试卷检测了什么？为什么要检测这些？——检测内容和检测目的都应遵循《课程标准》和《考试说明》。高考是具有选拔功能的高利害考试，信度、难度、区分度是对试卷的基本要求，对于语文学科而言，试卷应该全面检测的是学生语文学科的核心素养。语文学科的核心素养是指：学生在积极的语言实践活动中构建起来的个体语言经验和个性品质，是学生在语文学习中获得的语言知识和语言能力，思维方法和品质，情感、态度和价值观的综合体现。语文试卷要从总体上检测学生在语言、思维、审美、文化等方面的素养。

　　分而言之，本文以全国三套试卷为例，从试题设计与《考试说明》关系的角度讨论语文学科核心素养在试卷中的体现，以区别感性化的评价。在此基础上，列举新的试题样式，希望借此促进语文教学的改进。

1. 从试题与《考试说明》关系的角度审视命题

历年高考全国卷的《考试说明》将语文能力分为识记、理解、分析综合、鉴赏评价、表达应用和探究六个层级。针对不同的考试内容（阅读文本），规定了相应的能力要求。下面按文本类型分别讨论。

（1）一般论述类文本阅读

①命题现状

《考试说明》对论述类文本阅读的要求有六点，如下：

理解：（1）理解文中重要概念的含义；（2）理解文中重要句子的含意。

分析综合：（1）筛选并整合文中的信息；（2）分析文章结构，把握文章思路；（3）归纳内容要点，概括中心意思；（4）分析概括作者在文中的观点态度。

2016年全国三套试卷第一题（论述类文章阅读）的三个问题的题干大同小异：

1. 下列关于原文内容的表述，不正确的一项是（　　）

2. 下列理解和分析，不符合原文意思的一项是（　　）

3. 根据原文内容，下列说法不正确的一项是（　　）

对照《考试说明》对论述类文本的阅读要求，我们发现，应从概念的含义、重要句子的含意、筛选整合信息、把握结构思路、概括中心、分析作者观点等六个角度设置试题。可是以上三道题，虽然表述形式有所不同，但1、2两道题都集中于是否符合原文意思，即检测考生"分析综合（1）"的能力，两道题的八个备选项基本不涉及文中相关概念的理解，而是指向全篇中部分内容的表述。这样设题的缺陷如下：

第一，能力点布设不均衡。能力点过于集中于筛选信息一点，其他五点基本不涉及。

第二，加大了信息检索难度。考生在完成这两道题时，针对这八个备选项都必须在全文搜索；在实际答题中，不断检索全文，且要与选项反复比对印证，难度很大。

第三，试题超出《考试说明》规定。第3题要求"根据原文内容"，选出说法不正确的一项。四个备选项并不是原文直接呈现的信息，而要求考生根据已有信息做推测和判断，得出新的结论，难度更高。与此相对的能力要求应是"根据文章内容进行推断和想象"，遗憾的是，2008年曾在《考试说明》里出现的这一能力要求，此后不再出现。与此能力相应的试题保持而《考试说明》阙如，对此，应作出说明。

②改进建议

第一，均衡设题。《考试说明》已经设置的能力点，在试题中应均衡出现，体现检测的全面性。如，论述类文本的试题设计可以参照下面的试题模式：

1. 解释第★段画线词语／句子在文中的意思。（［对应考点］理解：理解文中重要概念的含义，理解文中重要句子的含意）

2. 概括文章中某个重要概念的特点。（［对应考点］分析：筛选并整合文中的信息）

3. 以下对文章的分析不恰当的一项是（　　）。（［对应考点］分析综合：分析文章结构，把握文章思路；归纳内容要点，概括中心意思）

4. 分析作者观点。（［对应考点］分析综合：分析概括作者在文中的观点态度）

以上试题基本覆盖了《考试说明》中规定的各项能力要求。虽然命题不必一定循此改进，但至少不要多年一贯地设计部分考点重复、大部分考点疏漏的三道选择题。

第二，完善《考试说明》。考试说明对能力点的要求要更明确，更详尽。上面所举第3题，应增列"根据文章内容进行推断和想象"这一能力要求。其他还有完善的空间，根据布卢姆目标分类法，结合语文学科特点，针对论述类文本阅读，笔者尝试增补下列要求：

分析综合：（1）举例，按要求选择或举出例子，并说明举例原因；（2）应用，用文章中的原理、方法，对给定对象进行分析说明；（3）分析词、句、段在文中的作用；（4）分析文章所运用的某种表现手法与观点的关系；（5）分析写作的背景和意图。

鉴赏评价：（1）鉴赏论述类文本的语言特色；（2）评价论述类文本的材料与观点的一致性；（3）评价论述类文本观点的思想意义和价值。

探究：根据论述类文本内容，对文中所讨论的问题进行探究，形成自己的见解。

目前，《考试说明》对论述类文本阅读只设置了"理解""分析"两个能力层级，实际上，有些论述类文本的表现力很强、文字很有说服力，完全可以且应该设置"鉴赏评价"能力层级。部分论述类文本提供了讨论问题的路径，但给出的不一定是最完善的或者唯一的结论，也可以增设"探究"能力层级的试题，借此检测学生的思维深度，训练学生批判性思维品质。这类试题对教学的导向作用将更加明显。循此思路设计试题和指导教学，试题设计的路径更加丰富，阅读理解的层次也将更加深入。

（2）文学类文本阅读
①命题现状

《考试说明》对文学类文本阅读的要求有八点，如下：

分析综合：（1）分析作品结构，概括作品主题；（2）分析作品体裁的基本特征和主要表现手法。

鉴赏评价：（1）体会重要语句的丰富含意，品味精彩的语言表达艺术；（2）欣赏作品的形象、赏析作品的内涵，领悟作品的艺术魅力；（3）对作品表现出的价值判断和审美取向做出评价。

探究：（1）从不同的角度和层面发掘作品的意蕴、民族心理和人文精神；（2）探讨作者的创作背景和创作意图；（3）对作品进行个性化阅读和有创意的解读。

这里以 2016 年全国 I 卷的文学类文本阅读为例讨论。

11. 阅读下面的文字，完成（1）—（4）题（25分）

（1）下列对小说相关内容和艺术特色的分析鉴赏，最恰当的两项是（5分）

（2）小说以"锄"为标题，有什么寓意？请结合全文简要分析。（6分）

（3）小说较为夸张地连续使用"几万""几百万"之类的词语描述百亩园的历史，这样写的作用是什么？试简要分析。（6分）

（4）"我不是锄地，我是过瘾"这句话，既是理解六安爷的关键，也是理解小说主旨的关键，请结合全文进行分析。（8分）

两相对照，发现（1）题涉及分析和鉴赏两个层级，（2）（3）（4）题均为"分析"题。这样设题的缺陷如下：

第一，试题考查重点偏移。文学类文本阅读应体现语文学科核心素养中的审美素养，重点应倾向于对鉴赏、探究类能力的考查。目前绝大部分试题停留在分析层级，《考试说明》提示的"鉴赏评价"和"探究"能力层级未能在试题中得到体现。

第二，《考试说明》有待完善。目前，分析能力层级下设定了两个子项目，即分析的对象是：作品结构和主题，体裁特征和表现手法。前两题的考查点与《考试说明》基本吻合：第（1）题涉及了作品的体裁和特征及表现手法；第（2）题涉及了作品结构和主题，还涉及标题与主题之间的关系。后两题则超出了目前《考试说明》的规定：第（3）题要求分析文中重要词语或者句子的作用；第（4）题要求分析文中重要句子与主旨的关系。——这些考点是文学类文本阅读的基本要求，《考试说明》应予补充。

②改进建议

第一，增设有质量的评价题和探究题。

相对其他文本，文学类文本更具包蕴力，主题更为丰富，解读的空间自然也更为广阔。以2016年全国Ⅰ卷的文学类文本《锄》（李锐）为例，试做说明。

小说《锄》反映了传统农业生产、生活方式的结束，主人公六安爷对土地的依恋令人叹惋，发人深思。

若干年前，散文《又见鹭鸶》（陈忠实，2011年上海卷）表现了对人与鹭鸶和谐相处的美好过去的无限怀念和重现此情此景的强烈愿望。

散文《一幅烟雨牛鹭图》（汤世杰，2006年江苏卷）关注了乡村文明的消殒这一主题，展示了古老的农耕生活画面，抒发了对古老农耕文明既眷恋不舍，又为其终将消失而无奈惆怅的感情。

同一主题有许多表现形式，与挽歌牧歌完全不同的《锄》，显示了作家表现当下生活的功力。应该说全国Ⅰ卷的文学类文本是最好的。农村在面对现代工业(焦炭厂)入驻时是一种什么姿态，值得作家和读者思索。笔者以为，末流作家的处理方式是：歌颂焦炭厂给农村带来了新的生机，改善了农民生活。一般作家是为传统农村生活方式唱一曲浪漫挽歌。优秀作家既不急于唱赞歌，也不肤浅地唱牧歌挽歌，而是直面农村贫困现实，期盼农村发展，同时对走向工业文明的农村心存忧虑，反映其间的曲折历程和心灵挣扎。

本文则超越一般农村/城市文明对立模式，抒写农民对土地的天然依恋，作家借此探讨的是人对自己喜欢的生活方式的一种至死不休的热爱。不写粗暴刚烈的反抗，也不写内心的曲折和挣扎，只以隐忍和坚持，表达一种执着：面对马上要变成工厂的耕地，面对在收获之前就要被铲除的茁壮生长的庄稼，面对众人的嘲笑，六安爷一如既往在田垄间劳作。

松软新鲜的黄土上留下两行长长的跨距整齐的脚印，脚印的两旁是株距均匀的玉茭和青豆的幼苗。……六安爷心里知道，这是他这辈子最后一次锄地了，最后一次给百亩园的庄稼锄地了。

这是优美而沉痛的。对无法挽回的事情的坚持，看似没有意义，其实最能体现当事者的品格。很遗憾，这个文本最有价值最有个性的地方，在试题里未得到充分的揭示。

基于以上的分析，我们是否可以设置这样的试题：从主旨和表现形式关系的角度，评价本文表现形式的独特之处；与其他反映农业文明与工业文明冲突的文学作品相比，本文主旨的独特性在哪里？试做探究。

以上仅为举例。命制评价题和探究题，对文本的要求很高，只有包蕴丰富的文学类文本，才有更丰富的命题空间。本卷的《锄》无疑是非常好的文本，命题者深入细致地解读文本，方能在试题设计上腾挪跌宕。

第二，细化《考试说明》的能力要求。

目前《考试说明》对文学类文本阅读的能力要求是清晰的，但不够细致。笔者试做补充如下（已有的不再列出）：

分析：（1）分析词、句、段在文中的作用；（2）比较不同作品在主旨、语言、表现手法等方面的异同；（3）分析作品标题与主旨的联系；（4）分析作品运用的场景、细节、手法与主旨的关系；（5）分析作者的情感、作品背景和创作意图。

鉴赏评价：（1）鉴赏作品的构思特点；（2）评价作品主旨、构思、形象、语言之间的关系。

以上对文学类文本阅读能力点要求的补充未尽完善，只是提供一种思考路径，希冀结合命题实践，不断修订和完善《考试说明》，以期更好地指导教学和复习。

除了以上两类文本阅读，其他文本的试题命制也有一些问题需要注意。如古诗阅读题的命制，试题大多集中在"分析"层级上，建议重心适当移动到"鉴赏评价"能力层级上。

文言文阅读的翻译题分值过高，其他省市多在6分，至多8分，全国卷为10分，且没有提供详细的评分标准和评分量表。这样高分值的试题在评阅时每一分都要明确到位，如果按点赋分，10分就得有10个得分点；如果编制评分量表，每一个分值都得提供若干个答案样例，这两种情况都会加大评阅难度。如果标准不清晰，评阅不准确，就失去了考试的信度和区分度。因此，翻译题的分值应适当降低，再命制一道文本分析或鉴赏题。

文化知识的考查，也需斟酌。高考要求阅读浅易的文言文，浅易的文言文会涉及哪些文化常识，较难把握。命题者一般情况下是随文设题，而不太可能设定考文化常识之后再据此寻找文本。目前的文化常识试题有些近于历史学科试题，如"契丹"；有些则较冷僻，如"移疾""中宫""首相"等。有些试题能做出正确判断并非因为看懂了每个选项，而是因为正确选项太明显，错误选项则设定在一个陌生的词语上。没有边际的试题，会使教学内容随意放大或者缩小。因此，这类题型也需考虑改进。

部分试题使用能力动词不规范，如有些分析题，从命题者提供的答案看，归入鉴赏题似乎更为合理。能力动词使用不规范，会导致考生答非所问，命题者也应极力避免。

2. 试卷评价与教学的关系：以文学类文本阅读为例

上文讨论了试题命制与考试说明的关系，并对试题命制和编写《考试说明》提出了建议。最后，这些建议要落实到试卷上，更要影响到教学上。考试对教学的影响是个大话题，本文仅以文学类文本阅读为例，展示"鉴赏评价"能力层级试题命制的新思路，提醒师生关注试题变化，改进教学思路。

（1）借助文本之外资源，提升评价能力

在实际教学中，教师为了取得复习成效，常常教给学生答题策略，如鉴赏类试题的答题路径为：指明诗句运用的修辞/表现手法＋该手法取得的表达效果＋作者情感/创作意图。此亦无可厚非，但学生如果不从诗歌的语言入手，不去欣赏语言运用与构思之妙，仅仅套用这些静态的答题公式，不仅无法得到满意的分数，更与语文学科培养学生的欣赏能力、提升审美素养的宗旨背道而驰。为了矫正这种教学和答题思路，可以从命题的源头进行改进。如下面笔者命制的这道试题，要求学生借助前人评语，深入解读原诗的情感主旨。除了读懂原诗和前人评论之外，别无他途。

［例1］阅读下面的作品，完成习题。

咏贫士　［晋］陶渊明

万族各有托，孤云独无依。暧暧空中灭，何时见余晖？

朝霞开宿雾，众鸟相与飞。迟迟出林翮，未夕复来归。

量力守故辙，岂不寒与饥？知音苟不存，已矣何所悲。

关于末句"已矣何所悲"有以下两种说法，请评析之。

［甲］世无"知音"，与前文"万""众""孤"的对比呼应。"何所悲"说明寓愤于中，悲不自胜。

［乙］举世皆依乘风云，而己独无攀援飞翻之志。宁忍饥寒以守志节，纵无知此意者，亦不足悲。

有些诗歌蕴含的情感是喜是悲，非常明确，有些诗歌则悲中有喜，喜中含悲。试题一般选择主旨和情感比较丰富的文本，借此考查学生的鉴赏评价能力。本题借咏贫士，其实是陶渊明的夫子自道，有与现实对抗的无以名状的悲愤，亦有清净贞正安贫乐道中的坚韧与不屑，所以评论者从不同角度可以得出"悲不自胜"与"亦不足悲"两种看似相反的结论。

文学类文本的阅读教学，应从语言入手，教会学生从语句中寻绎作者隐含的情感和观点，提高学生的审美素养。如果不能从语言中品味文学作品蕴涵的复杂情感，单凭答题策略是无济于事的。以上这类引入文本之外评价资源的试题可以倒逼教师改变教学思路，带领学生真正进入文本，提高鉴赏评价能力。

（2）从欣赏重要词句／表现手法入手，培养学生审美素养

提升学生审美素养的主要途径是教会学生阅读和鉴赏文学类文本。鉴赏能力的核心是在理解、分析的基础上加强体味感悟，并能对文本做出理性评判。在教学中要摒弃模式化的答题训练，要引导学生真正理解且能鉴赏文本高下。只有从文字和表现手法入手，逐步含英咀华，才有可能整体提高审美素养。下面列举海峡两岸的两道试题，我们可以从不同命题者共同的命题思路，窥见他们在设计"鉴赏评价"能力层级试题时的良苦用心。

［例2］阅读下面这首词，完成习题。（2016年全国高考北京卷第16题）

西村　陆游

乱山深处小桃源，往岁求浆忆叩门。

高柳簇桥初转马，数家临水自成村。

茂林风送幽禽语，坏壁苔侵醉墨痕。

一首清诗记今夕，细云新月耿黄昏。

"茂林风送幽禽语，坏壁苔侵醉墨痕"两句，以"声""色"调动人的听觉和视觉感受。下列诗句"声色兼备"的一项是（　）。

A. 梁台歌管三更罢，犹自风摇九子铃。（李商隐《齐宫词》）

B. 横笛闻声不见人，红旗直上天山雪。（陈羽《从军行》）

C. 春来茗叶还争白，腊尽梅梢尽放红。（韩元吉《送陆务观福建提仓》）

D. 梅子留酸软齿牙，芭蕉分绿与窗纱。（杨万里《闲居初夏午睡起二绝句》其一）

［例3］卢挚《沉醉东风》："恰离了绿水青山那答，早来到竹篱茅舍人家"，就事件发生先后而言，"来到竹篱茅舍"实际上晚于"离了绿水青山"，却加上"早"字把时间刻意提前，使文意灵动有味。下列文句，"早"字具有相同作用的选项是（　）（2016年台湾地区指定科目考试国文试卷第5题）

A. 小荷才露尖尖角，早有蜻蜓立上头

B. 午梦任随鸠唤觉，早朝又听鹿催班

C. 回羡耕夫闲胜我，早收鸡犬闭柴扉

D. 定有奸谋阴祸起，早须排备莫惶惊

两道试题均选择文本中最具特色的词语（"早"）/表现手法（"声色兼备"），并提供其他诗文名句备选，要求从备选项中找出有同样表达效果的语料。这类试题的好处是，可以检测考生是否真的懂得了原文本的语言运用之妙，从群体中找出独特的"这一个"，需要老辣的眼光和开阔的眼界。如果采用主观表述题，不少学生在不懂语言之妙的情境下也可能会虚与委蛇一番，这对于提高学生的审美素养毫无作用。我们的试题在这方面浪费了师生很多精力，是需要改进的时候了。

总之，教师在文本解读和试题设计过程中应设置多样性和选择性的活动任务，围绕语文核心素养，主动创新试题形式。并借助这些创新的试题，倒逼语文教学思路和教学模式的改进。

近年研究语文评价的博士论文

上海师范大学乐中保博士论文《语文高考阅读测试内容研究》（2009）

论文从考试内容的角度切入，试图解决以下三个问题：第一，通过对语文高考阅读测试的考试性质、组成要素的分析，探明语文高考阅读测试内容的运行过程，确立语文高考阅读测试内容研究的维度；第二，在对高考阅读测试试题进行定量分析与定性分析相结合的基础上，探讨语文高考阅读测试内容在近三十余年来发展变化的基本过程、特点以及存在的弊端；第三，结合近三十余年语文高考阅读测试内容的发展变化，探讨其影响因素，为语文高考阅读测试内容的未来建构与发展提出合宜的建议。

值得关注的是作者对试卷的标准化问题提出了一些建议，在论文第五章"语文高考阅读测试内容的表征"的第三节"语文高考阅读测试的标准与非标准化考察"中，作者梳理了"语文高考标准化考试的起源与发展"，对"语文高考标准化与非标准化的论争"做了理性分析，并提出了自己的意见：

从考试目的看，要求考查全面、精细、信度高的水平考试、学能考试，采用标准化题型比较合适；要了解考生解题过程的，获得更多反馈信息的成绩考试，要求综合考查解决问题能力的高层次考试，采用主观试题较为合适。从考试规模看，考生数量大的社会性考试，用标准化试题较好；考生数量少的课堂考试，采用主观试题较为合适。从考试条件看，有充分命题时间并希望快速评阅的试卷，采用标准化试题较为合适，反之采用主观试题较为合适。从考试的经常性程度看，需定期举行的重复性考试，采用标准化试题较为合适；偶尔举行的临时性考试，采用主观试题较好。

论文对开放性试题也做了较深入的思考。

湖南师范大学周宓博士论文《能力立意：语文高考试题改革研究》（2015）

论文将高考大纲（考试说明）对语文能力层级划分与中学语文教育教学中语文能力的常规划分结合起来，具体分析了不同能力要求标准的对应性。将语文高考能力考查要求与考试内容联系起来，根据语文高考大纲对语文能力层级划分及考查的规定，按照现行语文高考卷中的不同题型，实例分析语文高考在试题命制思想、考试内容和设题形式等方面对高考大纲规定的能力层级考查实现的具体表现，论述了语文高考试题在内容上是如何实现国家提出的"能力立意"要求的。

值得注意的是，论文关注了部分省市语文试题的创新设计，着力分析了语文高考如何通过试题创新更好地实现能力立意。创新不仅是盯住某种题型或某道试题本身，而是立足于高考内容改革，从试题的考查目的、题型功能、设题形式等角度入手，突显能力立意，更加重视对学生独立思考能力、运用知识解决实际问题能力及创新能力的考查。

上海师范大学王建军博士论文《高考小说阅读试题内容分析框架研究》（2015）

论文从高考小说阅读试题内容分析框架的提出及论证、分析框架的运作过程和方法、分析框架应用的实证研究、分析框架对小说阅读教考的作用等四个方面进行了探讨。

作者首先提出并论证了高考小说阅读试题内容分析框架。分析框架由小说文体关键点和认知过程两个彼此独立又相互联系的维度构成，每一维度又由若干具体要素构成。其次，分析了框架的运作过程和方法。对开放类试题、选择题等常见试题文体关键点的鉴别方法进行了具体的探讨，并试做了相应的样例。再次，进行了框架应用的实证研究。最后，分析了框架对小说阅读教、考的作用。

三、文学作品赏析题的两难处境

鉴赏评价属于较高层级的语文能力。文学赏析题是语文试卷中常见题型之一，这类试题一般要求阅读者对文学作品的精妙之处给出准确而清晰的评价，而文学作品的含义本就是丰富而模糊的，因此，在试题命制和答案设置过程中，容易陷入两难处境，即：在赏析的细微精妙和答案的精确清晰之间难以达成平衡。

1. 试题命制之难

（1）文学批评溯源

提高学生的文学鉴赏能力是语文教育的题中应有之义，然而，文学作品的形象大于思想，作家风格千姿百态，文章旨趣更是千差万别，说到趣味无争辩，要想在外延如此广阔的背景下制作具有测量目标意义的试题，确非易事。

另外，中国传统的文学批评更是注重和文学旨趣一致的感性批评，诗话词话，笔记批注式的文学批评传统也影响了国人的鉴赏思维。我们看看明代杨慎《升庵诗话》记载敖器之对唐代著名诗人风格的评价，可见一斑。

王右丞如秋水芙蓉，倚风自笑。韦苏州如园客独茧，暗合音徽。孟浩然如洞庭始波，木叶微落。杜牧之如铜丸走坂，骏马注坡。……李太白如刘安鸡犬，遗响白云，覈其归存，恍无定处。韩退之如囊沙背水，惟韩信独能。李长吉如武帝食露盘，无补多欲。孟东野如埋泉断剑，卧壑寒松。……柳子厚如高秋独眺，霁晚孤吹。李义山如百宝流苏，千丝铁网，绮密环妍，要非适用。[1]

这些对于诗人风格的评价，本身也像诗歌一样具有丰富的意象，在熟读了诗人作品之后看这些评价应该是颔首会心，但对于陌生的阅读者来说，则如堕五里雾中。在鉴赏类试题的设计中，我们无法要求考生达到这种水准，同时，这种个性化的解读，也不利于建立一个准确的评价框架。

杨慎和《升庵诗话》

杨慎（1488—1559），号升庵。四川新都（今成都）人，明代著名文学家。30岁考中状元，官翰林院修撰。杨慎学识文才出众，著述四百余种，后人辑为《升庵集》。

《升庵诗话》主张向历代诗歌学习，特别是向六朝和唐代优秀诗歌学习，对宋诗亦予以肯定。论诗主"天然""清新"，推崇王维、韦应物，看重诗歌之"言外之意"与"含蓄蕴藉"，不满"直陈时事"，强调诗必有出处。其考订辞章韵律、用字得失较为精当。今人王仲镛有《升庵诗话笺证》（上海古籍出版社1987年版）。［王仲镛（1915—1997），四川南充人，四川师范大学教授。撰述有《唐诗纪事校笺》等。］

敖陶孙（1154—1227），字器之，福建人。南宋著名学者、诗人、诗论家。著有《江湖集》《敖器之诗话》等。

---

[1]　王仲镛.升庵诗话笺证［M］.上海：上海古籍出版社，1987：118.

（2）命题现状

文学赏析题主要出现在文学类作品阅读和古诗鉴赏两类试题中，提问方式较单一，以2014年全国卷为例，我们看看这类试题的命制方式：

【例1】作品为什么以渡夫的任情高歌为结尾，<u>结合全文，谈谈你的看法。</u>（8分，见2014年全国新课标卷Ⅰ，文本为叶紫的散文《古渡头》）

【例2】请分别对第三联中"过"和"随"两个字作简要赏析。（4分，见2014年全国大纲卷，文本为刘长卿《寻南溪常山道人隐居》："过雨看松色，随山到水源。"）

【例3】小说中守明是一个什么样的人物形象？她有什么样的心态，请<u>简要分析。</u>（6分，见2014年全国新课标卷Ⅱ，文本为刘庆邦的小说《鞋》）

从以上试题可以看出，赏析题的命制方式大概有这几种：

第一，赏析文章中某一个词（诗眼、文眼）、某一句话或某一文段的语言运用之妙、表现手法之巧（如上述例1、例2）；

第二，赏析作品塑造的艺术形象或营造的意境（如上述例3，但题干中的"简要分析"应为"赏析"，"鉴赏"和"分析"是两个不同能力层级的动词，不应随意使用）。

常见的提问方式还有："说说这个词（这句话）的表达效果（好处／作用）"；或者是"作者为什么要这样写，联系实际，谈谈你的看法"，等等。

文学作品语言的包蕴、表达形式的精妙、塑造形象的丰富、意境的优美等，最需要的是读者涵泳体味的功夫，需要沉潜到语言的细微区间，仔细品咂，反复揣摩玩味，这也是中国传统的文学批评最为讲究的地方，重感受，重体悟，重读书得间，重在反复诵读吟咏中窥其堂奥。

可是目前的试题设问方式粗略、简单、直接，难以引领阅读者进入文本情境，进行深入的体会和思考。如何巧妙设问，引发考生真正参与阅读的兴趣，值得命题者和教学者思考。

2. 答案拟定之难

（1）答案现状

任何检测都要有可操作性，再高妙的文学语言、技巧、意境、形象，都要用简明的语言来阐释，回答阅读题不可能运用文学批评的写法，也不能运用古诗文"鉴赏辞典"的笔法，实际阅卷过程一般采取采点赋分的方法，将分值分为若干点，答对一点得若干分；那些饱满的想象、精美的语言、令人叹为观止的手法，最后都要稳稳落入固定的答题格式和套路，否则，阅卷很难操作。

不信请看上面例1的答案：

（1）艺术结构上，通过突转产生戏剧性效果，最后以歌声结尾，余韵悠长，耐人寻味；

（2）情感表现上，以渡夫的无表情代替哭泣，以任情高歌代替诉苦，强化了表现苦难的力度；

（3）人物形象上，既表现渡夫的洒脱豪放，也反衬他的现实痛苦之深，使渡夫的形象更加丰满；

（4）思想内容上，从批判社会现实的黑暗到表现渡夫追求自由生活的信念，深化了文章的主旨。

叶紫（1912—1939）是深受鲁迅赏识的左翼作家，代表作有短篇小说集《丰收》等。散文《古渡头》描写了"我"从军队里回乡探望母亲，途中与渡口船夫相遇的片段，渡夫的儿子被军队拉夫，儿媳妇带着孙子改嫁他人，剩下孤苦无依的老人在古渡口艰难度日。以一般的阅读经验，读者会对这悲苦无告的渡夫产生无限的同情，结尾的任情高歌，实则是老人对命运的另一种抗争。他正直为人、勤恳劳作，最后还是家庭破碎老来无靠；命运加诸他的全是苦楚，在悲苦面前，他不改良善本质，知命而不认命，任情高歌是痛苦的宣泄。——以上的理解应该基本无误，但这样的答案是不行的。因为 8 分在语文试卷中是最高分的试题了，占写作之外试卷总分值近一成。为了让阅卷者好批阅，参考答案必须分成四点，分别从结构、情感、形象、主旨四个角度赏析结尾段的妙处，答出一点得两分，两点得 5 分，能从四点中任意答对三点即可得满分。

（2）批评与质疑

不少非语文专业出身的专家批评语文教学，可能会对以上答案提出不同意见，认为这种答案限制了学生的思维，是对鲜活文本的僵化解读，主旨解读也未必正确，笔者赞同行业外部专家的异质性思维，他们的批评意见可能会对语文教学带来正面的积极的影响；但是从语文课堂教学实践来看，以上所拟答案的确也无可厚非。因为在比较有经验的语文教师来看，回答这类问题，必须从结构、内容（情感、主旨）以及人物形象等角度考虑，这对于高三复习教学来说已是常识。

笔者并不以为这是当下的常识就完全认同这种状态，鲁迅先生说得好："从来如此，便对么？"

规范化的答案有要点一二三，有利于批阅，操作性强，也有利于训练学生清晰的逻辑思维，但同时也易于在概括中挤干文学作品丰盈的水分，对文学作品的鉴赏如果不能深入到文本内部，没有真切的体味，而是在应试训练中找到答题模式，在对文本没有切肤感受甚至对文本漠然的情况下，就能依循所谓的答题技巧，写出"形象丰满""余味悠长""深化主旨""更有力度"（以上 16 字基本采自上述例 1 答案）这类似是而非的套话，这对检测考生的阅读欣赏能力毫无意义。

普通读者阅读文学作品一般是轻松愉悦的审美阅读，考试中的文学作品阅读自然也是建立在审美阅读的基础上，但是需要更高层次的反思与评判。应试背景下的阅读训练，多半像医生一样，用冰冷的技术视角，在解剖台上研究本来鲜活的文学作品；用超声波穿透文本的肢体，照彻作者的各种居心；用手术刀来切割，冷而锋利，刀刀见血，切分出作者的思维过程；用无影灯全方位探照，作者所有技巧、手法无所遁形。——这些，当然均无不可。但是，医者要有仁心，必须将文学作品当作完整的生命来探索。离开了这些，也就违背了设置这类试题的初衷，也就无法检测考生真实的阅读鉴赏水准。

（3）教师的责任

一些教师将语文当作数学来教，是因为他们在应试训练中尝到了"甜头"，他们在多年解答同类试题的经验中发现，鉴赏题其实有模式可循，只要掌握了这些答题模式，基本就能拿到六七成分数；在紧张的应试训练中，教师自然愿意选择简单易行且有成效的教学方法，这样一来，试题与训练，考试与教学，互为因果，使得包蕴丰富、含义隽永的问题，多半用干巴巴的条目式答案来搪塞了。

至于欣赏品味，那是见仁见智的事，一些教师不愿意在这方面多费心思。

一篇文学作品叙述/描写了什么，表现了什么，有经验的教师跟学生讲解这些都不是问题。作品是如何表现这些的，这些文字有怎样的神奇魔力，某个词、某句话妙在哪里，王维的诗怎么就如"秋水芙蓉，倚风自笑"了？柳宗元的诗怎么就如"高秋独眺，霁晚孤吹"了？这些问题，却不是所有语文教师都讲得明白的。这是因为概括、分析能力比感受欣赏评价能力，相对容易掌握一些；文学作品的阅读需要更多的感受能力，需要语文教师拿起看家本领，即汉语言文学专业自身的能力。我们从不要求语文教师是作家，也不要求语文课堂培养作家，中学阶段"语文"的"文"也未必是"文学"，尽管如此，语文教师最应能读懂文学作品，也应该承担起文学教育的责任。

一些有才华的语文教师，他的语文课堂尤其是文学教育课堂更具感染力，原因就在此。因此，文学作品鉴赏题的改进，也需要教师的积极参与。

3. 关注有探索意味的新题

（1）值得肯定的探索

高考对教学具有强有力的导向作用，高考试题的命制更有责任进行改革，通过试题强制扭转教学上的错误倾向。我们看看下面一道题。

①时值拂晓之前，那是众鸟还没有开始啼鸣的一段沉静。湖泊轻轻地喘息着，像是还在睡梦之中，一起一落；依我看，它就像一块巨大的海绵将大地上所有的声音都吸了进去。那是宁静的时光——没有吹动树叶的风，没有泛起波浪的水，没有兽叫和鸟鸣。然而，我还是一如往常地倾听，绷紧了所有的神经去听——我也不知道听什么——只是试图捕捉到当黑暗离去时那一瞬间的意义。（2014年高考上海卷，文本为［美］西格德·F.奥尔森《宁静》）

第①段画线句运用了比喻的手法，形象而生动，请对此加以赏析。（3分）

赏析文学作品的一句话，是最常见的命题模式。有一点复习经验的教师都知道怎么教学生应对这类试题，先是回答修辞手法（或者句式、语言特点），然后说这种手法达成的结果，再结合句子内容略作分析，最后还要顺便说一下运用这种手法暗含了作者怎样的情感。经过这种训练的学生，一般都会辨认手法（或者句式、语言特点），熟记手法对应的效果，至于结合句子进行赏析，只占整个分值的三分之一了。因此，这类试题，一般考生都能得三分之二以上的分数。

上面这道试题，按照老规矩应该这样设计：赏析第①段画线句（3分）。

答案如果包含了"比喻手法""形象生动"这些得分点，就可以轻易获得2分。真正的赏析过程只占三分之一的分值。

现在，试题命制者剥除了原来的2分，直接在题干中显示了原来必须回答的答案要点，这种命题的努力，我们可以理解为对文学作品鉴赏题的正本清源，回到鉴赏本身，回到体悟感受。我们再看看参考答案示例：

该句将湖泊比喻为"一块巨大的海绵"，用海绵吸水来喻湖泊吸音，海绵"巨大"突出湖泊吸音能力强，把作者微妙的主观感受用常见物品传递给读者，形象而生动。

评分说明还指出，"海绵吸水"和"湖泊吸音"的关系，海绵"巨大"和"湖泊吸音能力强"的关系，"作者微妙的主观感受用常见物品传递给读者"，3点各1分。

这个答案是否最为允当，我们还可以讨论，至少，将3分全部赋予赏析过程这一点应该大加肯定。笔者认为，不一定所有的试题都采取采点赋分的评阅手段，是否可以学习 PISA 给定的参考答案和阅卷模式，根据表达上的完满、准确，分析上的细致、深切甚至别致，进行赋分？当然，命题者要制订出详细的评分量表，给出不同得分的答案示例；阅卷机构要培训阅卷教师，在评改过程中掌握这些评阅手段，保证评阅的公正。

（2）有待解决的疑难

上文提到了试题命制之难和答案拟定之难，是基于文学作品鉴赏题现状的分析。本文所谓的两难处境，是指这类试题在这两"难"的基础上，进行改革的艰难，即：赏析，必须真实进入文本，深切体味出原文词句的细微精妙之处；答案，却不能将个体的感悟一股脑儿写出，而必须精确、清晰，要言不烦，这两者难以很好协调起来。以上所举的上海卷试题，在形式上以强制手段倒逼考生说真话，是一大创举；在答案的拟定上，仍存在感悟粗略的不足。我们再看一道试题：

⑧年底，我收到了一份沉甸甸的礼物，是艾芜先生的儿子汪继湘先生和儿媳王莎女士为我签名寄来的艾芜先生的两本书《南行记》和《艾芜选集》，他们知道我喜欢先生的书，特意在书的扉页盖了一枚艾芜先生未出名时的"汤道耕印"的木头印章。<u>这枚小小的印章，像一扇落满晚霞的窗，看上去是那么的灿烂。</u>（迟子建《寒冷也是一种温暖》）

第⑧段画线句运用比喻的表达效果是＿＿＿＿＿＿。（2分）

这道题在题干上直接显示比喻手法，模仿上面举例的2014年高考上海卷。

参考答案：形象地表现了艾芜先生及其作品成就的辉煌，寄寓了作者的赞美、崇敬之情。

按照以前的答题模式，答案没有任何问题。但是，答案偏于概括，显得干硬，仍然没有很好地解决鉴赏题的本质问题。鉴赏的目的，不只是回答达成的最终效果，还要引导阅读者真实地进入文本，深切地体悟词句特点，写出自己的阅读感受来，应该允许答案细致一点，有个性一点，而非概述。

以本题为例，欣赏过程是：

木头印章，疏疏落落，呈网格状，形似窗户；夕阳透过窗格，温馨平和。——这是由红色印章产生的关于夕阳落满窗户的温暖联想，印章和窗户之间是比喻关系。不过，文学语言的丰富还在于它的歧异性，窗户的联想来自印章，却又可以由印章想到印章的主人，想到他的作品，再想到他年轻未成名时的才华和朝气、盛名之后乃至于今的沉寂。

窗户落满晚霞这一意象，也是颇堪玩味的。晚霞代表"夕阳无限好，只是近黄昏"，强调了作家的巨大成就和如今受到的冷落；晚霞又有一份恬静自得，暗示作家的价值终将为识货的读者认可，与"寒冷也是一种温暖"的标题遥相呼应。

当然，以上只是笔者未必准确的赏析文字，如何将其转化为易于评阅的参考答案，如何让文学赏析题的答案不那么枯涩，保持其应有的丰润和个性，还值得我们好好思量。

古典文学鉴赏资源举例

吴小如（1922—2014），安徽泾县人，历史学家，北京大学教授。在中国文学史、古文献学、俗文学、戏曲学、书法艺术等方面都有很高的成就和造诣，被认为是"多面统一的大家"。著有《京剧老生流派综说》《古文精读举隅》《今昔文存》《读书拊掌录》《心影萍踪》《莎斋笔记》《常谈一束》《霞绮随笔》，译有《巴尔扎克传》。

为提高文学鉴赏能力，可参考钱锺书、吴小如、莫砺锋等大家的古典文学研究成果。

吴小如的古典文学著述有：

《含英咀华：吴小如古典文学丛札》，北京大学出版社2012年版。该书

是作者的选集，包括《古典诗词札丛》《古文精读举隅》《古典文学丛札》等
几部书的部分内容。《诗词札丛》，北京出版社 1988 年版。《读书丛札》，
北京大学出版社 1987 年版。

四、鉴赏能力检测的新思路

——以古诗阅读为例

明代文学家杨慎说过这样一个故事：

伯乐《相马经》记载千里马的特征是额头高，眼睛大。他儿子拿着《相马经》找了半天，在池塘里发现一只蛤蟆，以为是千里马，就捉回来交给伯乐。父亲知道儿子愚笨，不生气反而笑道："这马喜欢跳，不好驾驭。"

这个故事的寓意很明显，看上去大家似乎不会犯这种低级错误。但故事嘲讽的现象一直存在，包括我们的语文教学和考试。本文且说高考语文鉴赏评价能力的检测。"考试说明"对检测鉴赏评价能力的要求是：1.欣赏文学作品的形象、语言和表达技巧；2.评价文章的思想内容和作者的观点态度。这两点要求相当于"相马经"的描述。如何循此找马，教会学生运用鉴赏策略、技巧去鉴赏文学作品，需要在试题设计和具体教学中去细加体会，认真探索。否则，学生按照僵化的答题思路去鉴赏文学作品，可能获得的不是千里马，而是蛤蟆了。

1. 鉴赏类试题命制时面临的困境

我们先看下面的例题。

阅读下面这首唐诗，完成8—9题。（2015年高考新课标Ⅱ卷）

残春旅舍　韩偓①

旅舍残春宿雨晴，恍然心地忆咸京②。树头蜂抱花须落，池面鱼吹柳絮行。

禅伏诗魔归净域，酒冲愁阵出奇兵。两梁免被尘埃污③，拂拭朝簪待眼明④。

　　[注]①韩偓（约842—923）：字致尧，京兆万年（今陕西西安）人，这首诗是作者流徙闽地时所作。②咸京：这里借指都城长安。③梁：官帽上的横脊，古代以梁的多少区分官阶。④朝簪：朝廷官员的冠饰。

　　8. 古人认为这首诗的颔联"乃晚唐巧句"，请指出这一联巧在哪里，并简要赏析。

　　这道题检测的是"欣赏文学作品的形象、语言和表达技巧"这一能力点。

　　此联描述的画面是：树上花开，花须（就是花蕊）飘落，蜜蜂在风中追逐飘落的花蕊；水池里落下了柳絮，小鱼儿与柳絮追逐嬉戏。

　　以上为解释诗句意思，属于"理解"这一能力层级。回答这道题，要求引导学生从"巧"这一角度赏析此联。古人认为此联为巧句，巧在何处？

　　本来是蜜蜂从花丛间飞过，"花落""蜂飞"是两件未必相干的事，但诗人以诗心窥看景物，发现了蜜蜂"抱"着花蕊从高处落下，用一个动词巧妙地将两个物象联系在一起，描绘了令人会心的美好画面。下句柳絮飘落池塘也是稀松平常的事，但是诗人注意到了水池中的鱼儿吐着泡泡，好似吹着柳絮前行，用"吹"字将两个物象联系在一起，富有天真童趣。诗人用想象将美好的物象勾连在一起，引发读者沉浸在富有生机和趣味的画面里，巧妙天成。

　　以上是笔者的赏析。再看命题者给出的参考答案：

　　①构思巧妙，把"花须落""柳絮行"这些常见的残春景象与"蜂抱""鱼吹"联系起来，十分新奇；②用词巧妙，"抱""吹"的使用虽然出人意料，却又显得非常自然。

　　参考答案没有问题。问题是：学生会这样回答吗？
　　笔者的赏析也没有问题，问题是：这样组织语言可以用来答题吗？

有责任心的教师肯定要反复揣摩参考答案，整理出一套答题方略给学生，以便学生应考。

问题就出在这里。

对优美文学作品的欣赏应重视激发欣赏者鲜活的体验，因为含英咀华是一个动态的过程，像雨水浸透禾苗，像月华滋润桂叶。如果要培养学生的鉴赏能力，应引导学生重视欣赏过程，而不是做出结果判断。上面的参考答案是精确的，但在欣赏的过程方面就显得太简略了。这种简略的能拆分的答案，有利于评阅，有利于教师授课，但这类试题讲多了，学生对诗歌鉴赏的兴趣就可能荡然无存了。

这个现象应该引起重视。为了再现教师的提炼过程，我们还是以此题为例。

答案从"构思""用词"两个角度切入，这是得分的要害。"用词"属于"语言和表达技巧"，"构思"算什么呢？勉强可以归入"表达技巧"范畴。

揣摩这个答案，教师可能会这样提炼：

第一，选择赏析角度。一首诗中的某一联很巧妙或某个字是"诗眼"，应从哪些角度赏析？教师会建议学生从语言的表现力（如叠音、动词的巧用）、诗句的表现手法（借景抒情、托物言志、借事说理、动静结合、虚实相生等）和修辞手法（比喻、拟人、排比、夸张等）这些角度考虑。可能较少涉及构思特点。——辨认手法一般不难，且这一点有规律可循。

第二，结合诗句内容，简要阐释。如本题参考答案的"把常见的残春景象与'蜂抱''鱼吹'联系起来"。

第三，写出效果。运用了一些技法之后达到了怎样的效果。如本题答案中的"十分新奇""出人意料，却又显得非常自然"等语。——一般来说，"效果"也有格式化的语言，除上例外，诸如"形象生动""亲切真实""形成气势，富有表现力""强调了 / 突显了 /……效果"等。

综上，教师提炼给学生可供模仿的答题思路是：角度（手法）+ 分析 +

效果。

学生拿一些示例反复训练,精通了答题策略,至少能指出手法和效果(这些是比较固定的模式),就能拿到基本分数了。遗憾的是,最重要的赏析过程恰恰被忽视了。更吊诡的是,一些学生甚至未能准确理解诗意,也能凭借这些策略获得"手法指认"和"效果"的分数。这种欣赏,相当于本文开篇说的拿着《相马经》找回了蛤蟆。这种命题形式,经过教师的揣摩提炼和学生的强化训练,已经很难检测出学生真实的鉴赏水平。

顺便说一句,虽然笔者拟定的答案符合题意,由于表述的个性化,且文字量较大,实际评阅时,教师难以据此量化打分,也不可取。

摆在我们面前的悖论是:答案简略,可能导致模式化,给了考生刻板模仿的机会;答案详赡,可能不够规范,给了阅卷者巨大的压力,也给判分的公平性留下了隐患。

也就是说,目前这种广泛运用的命题形式,要考虑适当改进和创新了。

2. 部分地区命制鉴赏题的探索

上文讨论的结论是,回答鉴赏题时,手法指认和说出效果,轻易拿到了分数,而对应该细致体味涵泳的欣赏过程则一笔带过,难以检测学生真实的鉴赏能力。针对此,上海卷近两年采用了新的设问方法。请看:

阅读下面的作品,完成第 13—15 题。(2015 年高考上海卷)

隐净山中大雨 　(南宋)张孝祥

青嶂度云气,幽壑舞回风。山神助我奇观,唤起碧霄①龙。电掣金蛇千丈,霆震灵鼍②万叠,汹汹欲崩空。谁泻银河水,倾入宝莲宫。

坐中客,凌积翠,看奔洪。人间应失匕箸③,高处独从容。洗尽从来尘垢,润及无边焦槁,造物不言功。天宇忽开霁,日在五云东。

　　[注] ①碧霄：隐净山有碧霄泉。②鼍：鼍龙，扬子鳄。③匕箸：羹匙和筷子。

　　15. 下阕画线句借雨写怀，生动形象，请加以赏析。（4分）

　　这道题如果按照例1的设问方式，应是：请从情景关系的角度赏析下阕画线句。如果这样设问，回答"借雨写怀""生动形象"就可以得2分了。这道4分题只剩下2分真正判给赏析过程。可喜的是，命题者将本来可以得2分的"借雨写怀""生动形象"写到了题干里，4分全部分配给赏析过程。请看命题者设计的参考答案：

　　画线句借雨写怀，借眼前大雨洗尘垢、润焦槁的景象，形象地表现作者涤污秽、惠天下的抱负，达到情景交融的效果；又以"造物不言功"，寄托作者不以功自居的宽阔胸襟。这样写言近旨远，物我浑然。

　　分析这个答案，先简要概述了雨景的特点洗尘垢、润焦槁，得1分；再从中提炼出作者"涤污秽、惠天下"，且"不以功自居"的情怀抱负，得2分。效果是：在题干"生动形象"的基础上做了拓展，"情景交融"且"言近旨远，物我浑然"，得1分。

　　命题者为了让学生在答题时摒除套话，可谓煞费苦心。这种追求还体现在以下这些试题里（均见2014年高考上海卷）：

　　7. 第①段画线句运用了比喻的手法，形象而生动，请对此加以赏析。（3分）

　　25. 赏析第⑤段运用整句的表达效果。（3分）

　　消灭套话，目的是挤干答案的水分，这种直指赏析过程的命题形式值得肯定和关注。但是，教师在复习应考过程中会不会道高一尺魔高一丈，提炼出新的答题策略来呢？因为，上海卷这种命题方式提供的答案也不是不可以揣摩的，特别是运用手法之后产生的"效果"，参考答案仍存在套话之嫌。

有没有更好的形式，可以避免答题者凭借操练某种模式得分呢？

就像伯乐相马，他的眼睛犀利、深刻，能辨真伪，伯乐靠的是相马过程中累积的丰厚经验，以及实践中获得的感悟，大致属于"夜来一笑寒灯下，始是金丹换骨时"（陆游《夜吟》）的顿悟和飞跃。功夫深处独心知，绝非模式可代替。——笔者设想，能不能通过训练，使得学生在鉴赏古诗和其他文学作品的反复历练中，练就一双火眼金睛，"诗眼"或者某种神妙的手法在这双慧眼下能马上被识别，好诗、劣诗能高下立判？

如果这样，就不会硬套答题模式，将蛤蟆当作千里马寻来了。

其实，中国传统的文学批评一直是这样：联想式点评、想象性感悟、类似主旨、表现手法诗句的贯通等，在大量的诗话、词话中，俯拾即是。现代学人如钱锺书、吴小如的文学批评文章，也有不少是这样撰写的。钱先生的《管锥编》自不必说，吴先生的《诗词札丛》《读书丛札》《文心与诗魂：诗文欣赏》也有不少是这个路数。

这肯定是高妙的鉴赏。没有套路，无迹可寻，却能慧眼识珠。

3. 新型鉴赏题的几则案例

高妙的鉴赏并非一日之功，但是测试要发挥指挥棒的作用，命题要引导师生关注文学作品本身，而非答题技法、策略。检测学生鉴赏能力，是否不必用主观题的形式，不让学生写出鉴赏的过程？是否可以提供若干各具其妙的诗句，让学生玩味这些诗句的相同点和不同点，再依据题干要求从中做出选择？——前文强调了鉴赏过程的重要，这里将过程隐藏起来，不是不重视鉴赏的心理变化历程，而是从甄选、判断的结果，来倒推学生的鉴赏是否正确，彻底避免了学生写套话的可能。——如果真的懂得诗句之妙，你就能将诗句中的千里马从平常的马群里牵出来；牵错了，只能怪你没有眼力。因此，笔者建议命制一些独具特色的检测鉴赏能力的选择题。

请看台湾地区的学业水平测试和指定科目考试（即台湾地区高考）的试题：

[多选题]文学作品常将个人的情感投射到外在景物，再透过对景物的状写，反映出人物的情思。例如《听海》的歌词："听海哭的声音，叹息着谁又被伤了心，却还不清醒。……听海哭的声音，这片海未免也太多情，悲泣到天明。"表面上是海在悲泣，其实真正哭泣、叹息的是听海的人。下列文句，运用这种手法的是（　　）。（2016年台湾地区学科能力测试卷第18题）

A.白云回望合，青霭入看无　　　B.青青河畔草，绵绵思远道

C.红烛自怜无好计，夜寒空替人垂泪　D.千里莺啼绿映红，水村山郭酒旗风

E.行宫见月伤心色，夜雨闻铃肠断声

题干很长，选项很短。不出现名词术语，不在概念上为难学生，甚至不说出这种手法的名称，只需意会。但，要求学生借助题干中的介绍和样例，对选项进行判断、归类。能从纷乱的群体中辨识出英才，更能证明你的慧眼。这不是很好地检测了学生的鉴赏能力吗？难道非得写一段公式化的鉴赏文字才能显示鉴赏水准？

鲜活的文学作品运用的手法很难穷尽，也不必试图穷尽，文字之妙有时很难概括，用蕴含近似手法的诗文名句去比对、辨析其中细微差别，更能帮助读者体味原文的妙趣。如上题，题干强调"将个人的情感投射到外

在景物"，景物中反映出人物情思，但这里并非借景抒情，而是王国维所谓"以我观物，故物皆着我之色彩"。这里需要辨析借景抒情与"有我之境"的景物的细微区别，才能从以上五项中选出 C、E 两项。

学业测试卷较容易，指定科目考试卷相对较难。再看一例：

[多选题]"前丝断缠绵，意欲结交情。春蚕易感化，丝子已复生"，其中"丝子"和"思子"为双关语，下列诗句画线处，属于相同表达手法的选项是（　）（2015 年台湾地区学科指定科目考试卷第 21 题）。

A.朝登凉台上，夕宿兰池里。乘月采芙蓉，夜夜得<u>莲子</u>。

B.虽无宾主意，颇得清净理。兴尽方下山，何必待<u>之子</u>。

C.五月南风兴，思君下巴陵。八月西风起，想君发<u>扬子</u>。

D.怜欢好情怀，移居作乡里。桐树生门前，出入见<u>梧子</u>。

E.今日还家去，念母劳家里。却与小姑别，泪落连<u>珠子</u>。

这道题在题干里明确指出了双关的修辞手法，要求从下面五个备选项里选择运用双关手法的诗句。这几句诗在理解上有一定难度，本题检测了理解、分析能力，在此基础上才是鉴赏。"之子"是"这人"（要寻访而未遇的隐士）的意思，与双关无涉；"扬子"是扬子江的省称；"珠子"是比喻眼泪如珍珠。只有"莲子"是"怜子"（爱你）的谐音，"梧子"是"吾子"（此诗为女主人公尊称所爱之人）的谐音。

下面是笔者近年来在区域性高考模拟卷中设计的试题。

阅读下面的作品，完成 14—16 题。

春阴　[宋]朱弁①

关河迢递绕黄沙，惨惨阴风塞柳斜。花带露寒无戏蝶，草连云暗有藏鸦。

诗穷莫写愁如海，酒薄难将梦到家。绝域东风竟何事，只应催我鬓边华。

[注] ①朱弁（1085—1144），江西婺源人。高宗时出使金国，被拘禁十五年。思念故国的诗歌婉转缠绵。

15. "酒薄难将梦到家"是说：本想借做梦解脱内心的忧愁，结果还是与愿望背离。下列写梦的诗句与此句意思相去最远的是（　　）（3分）

A. 卧冷无远梦，听秋酸别情。　　　　　　[唐]孟郊《秋夕贫居述怀》

B. 可奈梦随春漏短，不到江南。　　　　　[宋]韩疁《浪淘沙》

C. 夜来有梦登归路，不到桐庐已及明。　　[唐]方干《思江南》

D. 枕上片时春梦中，行尽江南数千里。　　[唐]岑参《春梦》

这道题的资源来自钱锺书《宋诗选注》中对朱弁《春阴》的注释。一流学者的注本，是命题的绝佳资源。他们视通万里思接千载，信手拈来就是最好的诗词妙语的语料库。另外，为经典做注最能见出学者水平的高下，我们援引一流学者的优质资源，也能引导学生在文学鉴赏方面有较高的起点。如本题，朱弁《春阴》最妙的地方是颈联，按照一般的命题思路，可以这样设问：颈联下句借"梦"写思家，含蓄委婉，请加以赏析。——这样就与本文开篇列举的例1命题思路完全一致了。这样命题的不足，不赘述。如果换一条思路，以选择题的形式，在备选项中给出与此句手法近似的诗句，对学生赏析诗歌也是一种间接的启迪。

学生在众多诗句中做出选择，其实是调动已有的古典文学知识和能力积累，在反复揣摩和体味诗句之妙后的决断。备选项列出的诗句都写了梦，都写到了思念，阅读和鉴赏这些诗句，是理解和赏析朱弁此句的最好的参考资料，试题在此基础上还要求学生辨析其中的细微差别：有三句和朱弁的诗句一样，都表达了"哪怕做梦，也难以遂愿"的曲折心路历程，只有D项，写作者在片时春梦中"了却心愿"的快慰。——这种细微差别，恰好检测了学生对诗歌的深切理解程度。如果有人认为这个能力点的设计是基于理解，那笔者要说，任何鉴赏都是基于理解和分析能力的，能理解体味到诗句最细微最巧妙的地方，且能在与近似的诗句对比中做出辨析选择，这比回答主观题"借梦写思家，含蓄委婉"之类的套话更接近诗歌本质，更能检测学生的鉴赏能力。

鉴赏家能鉴别真迹和赝品，也能说出真迹和赝品的区别；但能说出真迹和赝品区别的人，未必能通过鉴赏做出正确的选择。这是笔者希望推广上述具有新思路的鉴赏题的根本原因，希望借此练就学生真正识别千里马的慧眼，而非记诵一些鉴赏的技巧、法则、规训、策略。

当然，客观题呈现的只有选择结果，没有让学生的思考过程通过文字显现出来；即使选择正确，也不排除学生做题时只有模糊的感知而无清晰的判断这种可能。这给检测的精确化留下了一点设计上的遗憾，希望有志者就此问题继续探究，以使此类试题更臻完善。

台湾语文考试

台湾高中语文（国文）科目考试分为"学科能力测验"和"指定科目考试"两类。简介如下：

学科能力测验（简称"学测"）：包括国文、英文、数学、社会、自然五考科，旨在测验考生是否具有接受大学教育的基本学科能力，是大学初步筛选学生的门槛。

测验目标：测验考生是否具备高中生应有的基本学科知能，是否具备接受大学教育应有的学科知能，能否结合生活知能及整合不同领域的学科知识，是否具备理解及应用学科知识的能力。

考试时间：120分钟。总分：108分（客观题54分，其中单选题30分，多选题24分；主观题54分，其中素材说明9分，素材分析18分，写作27分）。

范围：以 2012 课纲为依据，高一必修科目国文、高二必修科目国文。

题型：以计算机可读的题型为主，如选择题（单选题、多选题），选填题；国文考科另有非选择题。

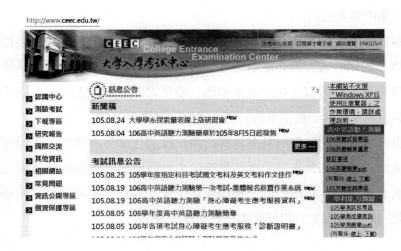

指定科目考试（简称"指考"）：包括国文、英文、数学甲、数学乙、历史、地理、公民与社会、物理、化学、生物十考科，旨在检测考生是否具备大学要求的能力，是大学考试入学招生管道的主要依据。

测验目标分为四方面：测验考生对重要学科知识的了解，测验考生数据阅读、数据判断、推理、分析等能力，测验考生表达的能力，测验考生应用学科知识的能力。

考试时间：80 分钟。总分：100 分（客观题 55 分，其中单选题 34 分，多选题 21 分；主观题 45 分，其中文章解读 18 分，作文 27 分）。

范围：以 2012 课纲为依据，高一必修科目国文、高二必修科目国文、高三必修科目国文 。

题型：选择题（单选题、多选题）、选填题及非选择题。各题型的比重，依各考科需求而异。

网上可以查看相关信息和历年试题。

后 记

笔者作为高中语文教研员，本职工作包括研究教材、教学和评价，传递和推广教师的教学经验，服务课堂教学和教师发展。

近年来，笔者在不同地区的培训班上与语文教师分享了自己的语文学习和研究成果，有的是先写成文章再据以讲授；有的是先讲课，再将听课教师的疑问和自己的思考整理成文。文章虽已陆续发表，但比较零散，不成系统。现在编为一书，笔者在每篇文章内部增添了新的内容，对全书结构重新做了规划，旨在传递语文教学与研究的一些基本方法。

感谢华东师范大学、南京师范大学、天津师范大学、四川师范大学、贵州师范学院、安庆师范大学、阜阳师范学院等高校主持的中小学教师培训班上听课的教师，他们的需求和疑问给了我写作的动力；特别是来自新疆、西藏等地的语文教师，他们的提问和质疑使我对讲课内容的思考有了新的角度。感谢宜昌市教科院、温州市教科院和南京、镇江、泰州教研室的同行，他们给了我交流和学习的机会。希望这本小书对语文教师的课堂教学和反思研究有一点促进作用。

2016 年 8 月